JN444365

한국사회과의 성립과정과 그 성격

- 한국민족주의 지향성과 관련하여 -

이 진 석 지음

부산대학교출판부

서문

본서는 필자의 학위논문 「해방 후 한국사회과의 성립과정과 그 성격」(서울대 박사학위논문, 1992)을 재구성한 것으로, 해방 후 신설된 교과인 한국사회과의 성립과정과 그 성격을 한국민족주의와 관련하여 구명(究明)하고자 하였다. 즉, 역사 · 구조적 접근으로 한국사회과의 성립과정을 밝히고, 사회교과교육학적 시각에서 당시 사회과교육 사료를 발굴 · 분석하여 한국민족주의의 지향성과 관련하여 그 성격을 총체적으로 밝혀보려고 구상된 것이다.

본서는 서론을 포함하여 1, 2, 3 부 그리고 결론으로 하나의 완결될 구조로 되어 있다. 그런데 한국과 일본의 사회과 도입이 시기적으로 제 2차 세계대전 후 미군정 초기에 이루어져, 미국의 영향을 받았다는 사실에서 「한국과 일본의 미군정 초기 교육정책과 사회과의 도입에 관한연구」(시민교육연구, 제 35권 2호, 2003)를 보론으로 함께 실어, 한국과 일본의 사회과의 도입과정과 그 특징을 살펴보고자 했다.

20여년이 훨씬 지난 오늘, 1992년 학위논문 감사의 글 중에서 다음 글귀가 새삼스럽다. 그리고 반성도 된다. "민주주의를 주요 내용으로 그것을 실천할 민주시민의 양성을 목표로 하는 사회과의 역사는, 하나의 교육사가 아닌 현재와 미래를 살찌워야 할 우리들의 그릇이기에, 그 생김새를 뜯어보고 또 민족적인 이상과 이념도 그 내용으로 담아야 한다는 확신이 이제 조그만 결실을 맺었나 봅니다. 그러나 역사는 흐르고 또 사람은 역사의 바다를 노 저어 가야하기에 항상 시작하는 마음으로 연구를 계속하겠습니다."

다소 부끄러움을 무릅쓰고 한국사회과 교육사 연구에 조금이나마 도움이 되었으면 하는 마음에서 이 책을 낸다. 그동안 여러 사람들에게 많은 도움을 받았다. 서울대 명예교수이신 윤용탁, 차경수 은사님께 먼저 감사드린다. 아울러 학문의 장에서 조언과 대화에 응해준 서울대 조영달 교수, 순천대 이윤호, 경상대 김경모 교수에게도 감사드린다. 그리고 한국사회과의 정체성과 발전을 위해 노력해온 강원대 김진영, 김해성 교수, 경인교대 정문성, 구정화, 설규주 교수, 광주교대 이광성 교수, 대구대 강운선 교수, 부산대 진시원, 곽한영 교수, 부산교대 전제철 교수, 서울대 박성혁, 모경환 교수, 서원대 옥일남 교수, 성신여대 박형준, 조대훈 교수, 전북대 강대현 교수, 제주대 염미경 교수, 청주교대 이혁규 교수, 춘천교대 노경주, 김왕근, 은지용 교수, 한국교육과정평가원 차조일, 이정우, 김명정 박사에게도 감사를 전한다.

지난 30여 년 동안 아내이자 엄마, 며느리로서의 자리를 지켜오면서 묵묵히 필자를 지켜봐 온 아내에게 이 책을 바친다. 아울러 어머니께 존경을, 그리고 큰딸 지은, 아들 동훈, 막내 승은에게 아빠의 사랑도 함께 보낸다.

2015. 8. 15

금정산 자락의 연구실에서

목 차

서 론

제 1 장
연구의 배경과 목적

1. 연구의 배경

한국사회과의 성립과정은 해방 후 미군정기에 도입된 'Social Studies'가 교수요목시기(1946-1954)를 거쳐 제 1차 교육과정에 의해 정식과목으로 재확인되는 과정이다. 그런데 정치사적으로 볼 때 이 시기는 해방 및 분단, 전쟁과 휴전으로 이어지는 민족의 격동기였기에 이데올로기적 갈등으로 점철된 시기였다(김학준, 1990 : 60). 미군정기와 한국전쟁을 계기로 분단국가체제가 고정・강화되는 한국민족주의의 시련기로서 '사회과의 도입 - 전개 - 성립'에 이르는 일련의 사회과 성립과정과 그 시기를 함께 한다. 따라서 이 시기는 사회과의 성립과정과 한국민족주의의 상호작용으로 한국사회과의 성격이 형성되는 과정이다.

한국의 교육학분야가 전반적으로 탈 역사적 성격을 띠고 있는 가운데, 특히 적게 다루어진 영역 중의 하나가 이 시기의 교육상황이기도 한데 한국사회과 연구도 이 경향에서 크게 벗어나지 못했다. 그리고 제한된 사회과교육사 연구조차도 단순히 교육과정 변천사 등 제도사 연구에 빠져버리거나, 사회과교육 동향의 평론사에 머물러, 시대적 상황과 주어진 현상과의 관계를 규명하려는 역사적 접근이 소홀히 다루어져 왔다. 또한 과거 사실의 단순한 편년사적 나열에 그치고 있어 진정한 의미의 역사적 연구와는 거리가 멀다.

이것은 물론 미군정기와 전쟁으로 관계 자료의 수집이 어렵고, 또한 제한된 기존자료마저도 관계집단의 이해관계와 사회상황을 고려하여, 객관적이고도 총체적이며 비판적인 분석이 따라야 한다는 어려움에도 그 원인이 있다고 하겠다. 그동안 전통적으로 한국교육의 변화와 기능에 대한 전반적 역사적 개관을 통해 발전적 의미를 부여하려는 노력이 주류를 이루어, 거의 모든 교육사 연구들이 그 서술방식에 있어서도 형식 교육의 발달사를 중심으로 연대기적 서술체계에 의한 편년체적 기술방식을 취하고 있었다(이광호, 1990 : 2-3; 김인회, 1982 참조).

그러나 1980년대 중반 이후에는 해방정국에 대한 관심이 고조되고 또한 미국의 관계 자료들이 공개됨에 따라, 이 시기의 교육사적 사실이 어느 정도 규명되고 연구물이 축적되었다. 이에 따라 교육사 연구도 전통적 인식의 한계를 극복하고자 하는 새로운 경향의 노력들이 크게 두 가지로 나타나기 시작했다. 그 하나는 미국이 한국교육에 끼친 영향을 발전적·순기능적으로 보는 전통적 시각에 의문을 제기하고 비판적인 시각에서 한국 교육체제의 이데올로기적 편향을 밝히려는 노력들이고(김인회, 1983; 이광호, 1985; 이숙경, 1984; 關英子, 1987; 정미숙, 1989; 한성진, 1989), 다른 하나는 급진적 시각에서 미국의 문화적 식민주의 침투의 일환으로 논의 분석하려는 노력들이다(한준상, 1987; 한준상·김성학, 1990; 이희수, 1989).

이러한 새로운 연구경향은 공통적으로 연구의 접근방법에서 종래 교육사 연구에서 결여되었던 역사성과 구조성을 토대로 하고 있다는 점에서는 진일보한 연구 성과를 올렸다고 평가할 수 있다. 그러나 아직도 다음과 같은 점에서 몇 가지 문제점이 남는다.

첫째, 이 연구들이 가지는 연구방법상의 문제이다. 즉, 역사를 현대적 시각에서 새롭게 해석한다는 점에서 의미는 있으나 사료의 검토와 비판이 철저하게 이루어지지 않고 있는 잘못이다.

둘째, 거시적 접근이 구조적 결정론에 빠지거나 미시적 접근이 개인적 결정론에 빠지는 위험을 극복하지 못했다는 점이다.

셋째, 이 연구들은 인간의 역사성과 사회의 구조성을 변증법적으로 파악하는 것이 아니라 구조 · 기능론이나 갈등론에 치우침으로써 역사성과 구조성의 불균형[1]을 통합적으로 극복하지 못했다는 점이다.

이러한 일반적인 문제와 아울러 본 연구의 주제와 관련하여 살펴보면, 교육사 연구 특히 교육사회학의 비판적 · 급진적 연구에서는 사회과의 도입을 '친미교육' 또는 '문화적 식민주의의 주요 이념교재'의 한 대표적이고도 구체적인 실증자료로써 파악한다(성내운, 1985: 105; 이희수, 1990: 103). 그리고 한국사회과의 성립과정에서 목표로서 제시되는 민주주의교육을 지배 이데올로기의 교육에의 침투과정으로 언급하고 있다(한만길, 1989). 이렇게 사회과 성격을 규정하는 근거로는 사회과가 미군정에 의해 도입 · 이식되었다는 점과 사회교과서 내용 일부가 친미 · 반공 · 독재권력을 합리화하고 있다는 점을 들고 있다.

그런데 여기서 지적해 두어야 할 사실은 이러한 주장을 하는 연구자의 대부분이 교과교육학적 시각[2]에 기초한 것이 아니라는 점이다. 교과교육학은 교육실천의 과학으로서 실천과 강하게 결합되어 있다. 따라서 실천 없이는 존재할 수 없는 교육학의 한 분야이다. 그렇지만 교육학이 각 교과의 구체적인 수업실천을

---

1) 여기서 '역사성' 이란 구체적인 역사의 상황에서 인간이 감행하는 의식적 행동을 말하며, '구조성'이란 인간행동의 교섭관계와 사회적 세력관계의 보편적 성격과 형식을 말한다. 보다 상세한 것은 박영신(1984)의 연구를 참조.

2) 교과란 학문(discipline)을 교사가 가르치기에 적합하고, 학생이 배우기에 적합한 것으로 재편성한 코스 또는 영역으로 일정의 원리에 의하여 선택된 교재를 부류별로 정리하고 교육학적 견지에서 재편성하고 체계화 시킨 것으로 정의 되는데 교과교육적 시각은 이러한 교과의 특성을 토대로 한다. 교과교육학의 본질과 원리는 곽병선 외(1998) 제 2장. 손태근(1986) 제 3장과 6장. 정인석(1991) 제 1장. 高久清吉(1968), 木原健太郎(1974), 廣島大學教科教育學研究會(1986) 등이 도움이 된다. 우리나라의 사회과교육학에 대한 학문적 논의는 최현섭(1983), 정세구(1988) 등이 있다. 1986년에 서울대학교 사범대학에 사회과교육학 박사과정이 개설되면서 사회과교육학 체계의 정립을 위해 노력하고 있다. 일본에서도 사회과교육학의 학적체계의 정립을 위해 1970년대 이후 논의를 계속하고 있다(谷本美彦, 1989: 13).

대상으로 하지 않고 수업일반을 주로 연구의 대상으로 삼는데 대해서, 교과교육학은 각 교과의 구체적인 수업실천을 직접 연구의 대상으로 삼는다는 점에서 서로 다르다. 따라서 교과교육학에서는 구체적인 실천 속에서 존재하는 원리를 해명할 뿐만 아니라, 직접적인 대책도 강구하게 되는 특성을 가진다(谷本美彦, 1989: 16).

이러한 교과교육학적 특성에 바탕을 둔 사회과의 본질은 사회인식의 형성과 이를 통한 시민적 자질을 함께 육성하는 것인데(伊東亮三, 1971: 72), 여기서 말하는 사회인식이란 일반적인 사회과학의 인식유형에 따른 역사, 지리, 정치, 경제 등의 인식을 총칭하는 것과는 다르다. 왜냐하면 이러한 사회과학의 제(諸)영역에 따른 사회인식들은 굳이 사회과가 아니더라도 역사과, 지리과, 공민과로 분리하여 교육하여도 될 것이기 때문이다(谷本美彦, 1989: 14-16).

그러므로 사회과에서 목표로 삼고 있는 사회인식은 시민적 자질의 형성을 함께 도모해야 한다는 점에서 역사, 지리, 정치, 경제 등의 제(諸)사회과학의 지적(知的) 측면을 통합하고, 또한 이러한 지적 측면을 민주시민의 자질로서 요구되는 태도, 능력을 함양하는 실천적 측면과 통합하는 두 가지 차원에서의 종합을 말한다. 따라서 사회과의 두 원리인 목표로서의 '시민성 원리'와 내용 구성방법으로서의 '통합성 원리'도 이러한 사회과교육학적 본질에서 나온다.

이러한 사회과의 시민성 원리와 통합성 원리는 다음과 같은 사회과 관련 학자들에 의해서 용어의 차이는 있을지라도 함께 주장되고 있다. 듀이(1916), 헌트와 매트칼프(1968), 차경수(1984)는 반성적 사고력을, 마시알라스(1950)는 탐구능력을, 뱅크스(1977)는 의사결정능력을, 넬슨과 마이클스(1980)는 사고의 과정을 시민성 자질을 위한 중요한 사회과의 목표로 보고 있다(차경수, 1984, 재인용). 최근에는 세계화와 다문화 사회의 진전에 따른 다중 시민성의 함양이 강조되고 있다(Baildon & Damico, 2011).

통합성 원리는 이러한 시민성 원리를 실현하기 위한 사회과 내용구성의 원리로서 주장되고 있는데, 듀이는 분과형의 사회과가 지식의 축적이나 사회의 어떤 특별한 목적을 교화하는 교과로 되는 것을 경계하여 사회과의 통합성을 강조하였다(John Dewey, 1938: 367-369. in Richard E. Gross, Walter E. Mcphie, Jack R. Fraenkel (ed.), 1970: 5-7). 그의 제자 러그(Rugg)는 제(諸)사회과학을 사회과로 통합한 최초의 교육자로서 (William B. Stanley, 1982: 85), 전통적인 교과가 현대생활의 긴급한 요구에 부응할 수 없다고 보고 전통적인 역사, 지리, 공민과는 독립된 새로운 통합교과로서 역사, 지리, 공민, 경제, 사회 등의 내용을 포함하는 광역교과인 사회과를 구상하였다(溝上 泰, 1990: 5).

한국사회과 성립과정과 그 성격을 밝히기 위해서는 이러한 교과교육학으로서 사회과의 특징을 고려하여 사회과의 교육목표, 내용, 방법, 교사 학습자의 4가지 관점에서 교육과정, 교과서, 평가, 의식연구의 각 연구영역들이 유기적이고 총체적으로 분석될 필요가 있다.[3)]

그러나 비판적・급진적 교육사회학 연구들은 비록 사회과가 논의의 중심은 아니지만 연구의 주장을 입증하는 예로서 사회과의 내용이나 교육과정을 분석하거나(한만길, 1989; 최원형, 1987), 미군정기 정치, 사회적 상황에서 교육체제를 주도세력을 매개로 사회의 지배적인 구조가 반영된 것이라고 이해하는 구조결정론적 시각에서(Apple, 최원형 역, 1987; Bernstein, B. 1975; Bowles & Gintis, 1976), 사회과 도입과 성격을 규정하고 있다. 그 결과 사회과 성립과정을 둘러싼 역동적인 제(諸)관계와 사회과교육학적 인식의 토대가 구조결정론에 매몰되어 버리고, 이 구조결정론에 기초하여 사회과의 성립과정과 그 성격을 추론하는 오류를 범하고 있는 실정이다.

---

3) 木村博一은 사회과교육연구를 교육과정, 교과서, 평가, 의식 연구로 나누고 사회과교육의 목표·내용·방법·학습자의 네 가지 관점에서 살펴보고 있다. 그는 각각의 사회과교육 연구영역은 서로 밀접하게 관련을 갖고 있는데 분리하여 연구되고 있다고 지적하고 있다(木村博一, 1986: 46). 그런데 본 연구에서는 한국사회과 성립과정기의 평가연구는 현실적으로 조사가 불가능하므로 넣지 않았다. 의식연구는 당시 교사, 학생들의 회고록이나 대담 등을 활용하였다.

이러한 오류가 비판적 교육사회학 영역에서 한국사회과의 성격으로 폭넓게 수용되고 있었던 것은 현상적으로 한국사회과의 성립과정에 대한 본격적인 연구가 활발하게 전개되지 못했다는 점에 일차적인 원인이 있다.[4] 이러한 현상적인 원인 이외에도 비판적 교육사회학이 방기하고 있는 부분, 즉 사회구조적 결정변인이 기계적으로 반영되지 않는 부분에 대한 연구가 소홀하게 다루어져왔다는 데에도 그 원인이 있다.

그러므로 본 연구에서는 한국사회과의 성립과정과 성격 규명에 초점을 맞추어 논의를 전개하고자 한다. 그리고 역사 · 구조적 접근[5]을 토대로 당시의 정치 · 사회적 배경을 살펴보되, 사회과 성립에 관여하였던 집단(배제되었던 집단도 포함)들과 그들의 사고체계를 설명함으로써 사회과 성립과정에 영향을 주었던 변인간의 역동적인 관계를 밝히고자 한다. 또한 사회과교육학적 분석을 함께 함으로써 구조결정론에 따라 일방적으로 규정되어왔던 한국사회과의 성격을 비판적으로 인식 극복할 수 있는 계기를 마련하고자 한다.

---

4) 석사논문으로는 박광희(1965), 마미화(1991) 등이 있다. 관련 논문으로는 김용만(1987), 이영기·김태영(1979), 강우철(1977), 이찬(1971), 홍웅선(1992), 이혁규(2012) 등이 있다. 그밖에 사회과교육론을 다룬 대학교재용 도서 등에서 통사적으로 다루고 있다.

5) 인간의 역사성과 사회의 구조성은 현실세계에서는 떼어 놓을 수 없다. 사회구조를 떠받들거나 바꾸거나 하는 실천적 측면이 인간행동의 역사성이며, 그러한 인간행동의 원인과 결과, 그리고 그것의 생산과 재생산이 사회구조이다. 관심을 두어야 할 곳은 실천적 인간의 행동과 사회관계의 구조라는 주체와 객체 사이에서 관찰되는 온갖 변증법적 엇물림이다. 이러한 현상의 인식을 중시하려는 이론적 관점을 역사 구조적 접근 이라한다. 그러기에 역사 구조적 접근은 실천적 인간의 행동과 사회관계의 구조라는 주체와 객체사이의 변증법적 과정에 관심을 집중한다(박영신, 1984: 24-31).

2. 연구의 목적과 범위

이 연구는 한국 사회과의 성립과정을 도입기와 성립기로 나누어[6], 이에 대응되는 사회과의 전개과정이 어떻게 이루어졌으며, 한국민족주의와 관련하여 그 지향성이 무엇인가를 밝혀보고자 한다. 이러한 연구목적을 설정하게 된 이유는 두 가지로 나누어 볼 수 있다.

하나는 연구의 배경에서 논의한 것처럼 한국사회과의 성립과정과 그 성격에 대한 논의가 역사 · 구조적으로 고찰되지 않고 있으며, 더욱이 교과교육학적 시각을 간과한 채 논의되고 있는데 대한 비판적 접근이 필요하기 때문이다. 이것은 한국 사회과 성립과정을 정치 사회적 배경과 관련하여 역사 · 구조적으로 살펴보되, 이러한 구조 속에서도 이를 수용하거나 변용하기 위한 사람(또는 집단)들의 상호작용을 사회과교육학적 시각에서 살펴보겠다는 것을 의미한다.

다른 하나는 당시 한국민들이 일제 압제로부터 해방된 민족이라는 정서감에서나 국가 건설기에 요구되는 민족자주성 교육에서 볼 때(馬越 徹, 1987: 172), 사회과와 같이 이념적 성격을 강하게 띠고 있는 교과(차경수, 1983: 14)의 성립과정은 민족주의와 관련성이 있으며, 또한 그 상호관련성이 구체적으로 구명될 필요가 있기 때문이다. 이것은 해방 이후 미군정과 한국전쟁, 분단국가의 형성·강화기에서 전개되는 한국민족주의 특수성이 한국사회과의 도입과 전개(모색기와 과도기)와 어떤 상호관련성을 갖는가에 대해서 연구할 필요가 있다는 것을 의미한다.

이러한 연구의 목적을 구체화하기 위해 다음과 같은 연구문제를 설정한다.

---

6) 한국사회과 성립과정의 시기구분은 제 1부의 제 3장을 참조.

첫째, 한국사회과의 성립과정은 어떻게 이루어졌으며, 한국민족주의와 관련하여 그 성격은 무엇인가?

1) 한국사회과의 성립과정은 어떻게 이루어졌는가?

2) 성립과정에 영향을 끼쳤던 요인들의 상호작용과 기제(機制, mechanism)는 무엇인가?

둘째, 성립과정기 한국사회과는 민족주의의 지향성과 관련하여 어떠한 성격을 갖고 있는가?

이러한 연구문제를 구체적으로 다루려는 연구영역은 시기적으로는 해방이후 교수요목기를 거쳐 우리 헌법과 교육법에 의거하여 새로이 공포된 1955년 제 1차 교육과정 제정 · 공포까지를 대상으로 한다. 이 시기는 한국사회과가 '도입 - 전개 - 성립'된 일련의 과정과 한국 민족주의의 지향성이 형성되는 시대사적 의미를 갖고 있다. 따라서 이 시기는 한국사회과가 한국민족주의의 지향성과 상호작용 하면서, 도입기는 '근대화우선 민족주의적 성격'이, 성립기는 '분단 민족주의적 성격'[7]이 형성되는 시기라는 의미도 갖고 있다.

여기서 본 연구의 논의에서 중요한 개념으로 사용되는 용어를 다음과 같이 정의한다.

사회과(사회생활과): 당시의 공식적인 명칭은 '사회생활과'이다. Social Studies를 '사회생활'로 번역, 이를 개념화한 사람은 1946년 7월에 『사회생활 해설』을 펴낸 허현이다(한기언, 1991. 3. 31: 8-11). 그는 이 책에서 콜로라도 주의 사회생활과 교수요목을 소개하고 있다. 이상선이 1946년 10월에 『사회생활의 이론과 실

7) '근대화우선 민족주의', '분단 민족주의' 에 대해서는 다음의 '용어 정의'와 '제 3장의 2'에서 구체적으로 논의될 것이다.

제』에서 콜로라도 주의 사회생활과 교수요목을 번역·소개하였고, 이어서 제정·공포된 우리나라 최초의 초등학교 교수요목에서 사회과가 콜로라도 주의 그것에 영향 받은 바가 많았다는 점에서 허현의 한국사회과 성립 초창기의 위치는 새롭게 평가되어야 한다. 사회생활과는 1963년 2월15일의 문교부령으로 사회과로 개칭되어 오늘에 이르고 있다. 본 연구에서는 과거 역사적 사실의 규명뿐만 아니라 앞으로 한국사회과 전개에 시사를 얻고자 한다는 점에서 사회과로 사용하되 논의의 전개상 사회생활과란 용어를 쓰는 것이 당시의 사실과 의미 전달에 적합한 경우에는 함께 쓰도록 한다.

시민성 원리: 어느 사회, 어느 시대를 막론하고 바람직한 시민(또는 시대에 따라 신민, 공민, 국민 등)은 교육을 통해 육성해 왔다. 이런 점에서 사회과 목표로서의 시민성 원리는 역사성과 보편성을 갖고 있다. 그러나 본 연구에서 논의할 사회과는 1920년대 미국 'Social Studies'의 영향으로 해방 후 신설된 사회과를 대상으로 한다는 점에서 시민성 원리는 인간 존엄성을 토대로 삼는 민주주의 교육을 의미한다.

통합성 원리: 사회과 내용 구성방법의 목표로서 통합성 원리란 과학적이고 객관적인 사회인식을 통해 사회생활을 이해하기 위해서 제(諸)사회과학(역사, 지리, 정치, 경제, 문화, 인류학 등)을 통합하는 지적(知的) 측면과, 이렇게 형성된 통합적 지식을 바탕으로 민주시민의 자질로서 요구되는 태도, 능력을 함양하는 실천적 측면을 통일적으로 형성하고자 하는 것을 뜻한다.

한국민족주의의 지향성: 신생국 일반이 갖는 민족 자주독립과 국가 건설발전이라는 민족주의의 지향성에서 나타나는 '자주우선 민족주의'와 '근대화우선 민족주의'의 전개 및 냉전체제에서 빚어지는 '분단 민족주의'와 '통일 민족주의'의 전개에서 나타나는 성격을 의미한다.

자주우선 민족주의와 근대화우선 민족주의: 한국민족주의의 전개에서 해방 직후에는 일제 식민지 잔재의 청산이 가장 중요한 과제로 제기되면서 통합적 모습을 보이지만, 이후 국가 건설기에는 이러한 민족주의가 분화된 모습으로 나타나게 된다(김우태, 1984: 49-53; 김중섭, 1984: 36-46; 차기벽, 1990: 제 7장).

이러한 배경을 토대로 자주우선 민족주의는 나라 안의 당면과제로서 민족의 자주와 주체성을 강조하면서 민족의 통합과 통일을 우선시하는 민족주의를 말한다. 근대화우선 민족주의는 민족의 발전을 앞세워 민주주의 국가건설을 우선적으로 지향하며, 자유민주주의 이데올로기와 친화력을 갖는 민족주의를 뜻한다.

분단 민족주의와 통일 민족주의: 한반도를 중심으로 한 냉전체제와 분단국가의 형성 및 한국전쟁으로 한국민족주의는 분단 민족주의와 통일 민족주의 형태로 전개된다. 여기서 분단 민족주의란 민족주의가 갖는 속성인 이데올로기와의 친화력으로 겉으로는 냉전논리와 민족주의가 결합한 모습을 띠지만 본질적으로는 냉전논리에 귀결되는 굴절된 민족주의로서, 민족전체의 관점보다는 분단국가의 절대성과 정당성을 바탕으로 하는 국가주의적 성격을 띠는 민족주의를 말하며(김우태, 1984: 67; 송건호 · 강만길 편, 1988: 5; 차기벽, 1978: 86), 통일 민족주의란 민족의 동질성과 정체성 회복을 토대로 통일을 지향하는 민족주의를 뜻한다.

제 2 장
선행연구에 대한 비판적 논의와 연구방법

1. 선행연구에 대한 비판적 논의

1) 교육사회학에서 한국사회과의 논의

교육사회학 영역의 논의 가운데서 사회과가 논의의 중심은 아니지만 부분적으로 다루어진 연구물들에서 보이는 한국사회과 도입이나 전개 · 성립에 대한 입장들을 살펴보면, 기능론과 갈등론에 근거한 두 입장으로 나눌 수 있다.

교육사회학 영역에서 기능론적 입장은 기존 교육사회학의 지배적인 입장이다. 이 입장에서는 한국사회과의 성립과정을, 도입기에는 미국의 민주주의 교육이념의 수용으로 근대화와 발전에 기여하는 이념교과로서의 순기능을 강조하고, 성립기에는 공산주의의 침략에 대항하여 자유민주주의를 수호하는데 공헌한 교과로 보고 있다(오천석, 1975: 95; 정영수 · 한만길 · 나정, 1985: 111-112; 유봉호, 1992: 300).

이에 대해 갈등론의 입장은 기능론에 근거한 입장이 인식론적 성격에서 비역사성과 강한 보수적 성향을 가진 체제기능론 또는 기능주의적 형태론을 띠면서 균형과 통합의 요소를 중시하고 있다고 비판한다. 이 비판을 토대로 도입기 한국사회과를 미국 교육사조의 무비판적 수용으로 보고 이를 반성해야 한다는 인식으로부터, 나아가서는 미국의 문화적 식민주의의 이식을 위한 이념교과로서 파악하기도 한다(김인회, 1982; 한준상, 1987). 그리고 성립기 한국사회과를 교육의 지배 이데올로기에의 종속과정으로 인식하고 있다(한만길, 1989).

이처럼 교육사회학 영역에서 한국사회과 성립과정에 대한 부분적인 논의들은 사회과의 성립과 그 성격을 그들의 주장을 입증하기 위한 중요한 근거로서 삼고 있다. 그러나 이러한 연구들은 사회과교육학적 접근에서 목표 · 내용 · 방법 · 학습주체에 대한 종합적이고 유기적인 관련성을 간과하여 논의를 전개하고 있으며, 거시적인 구조론에 매몰되어 버렸다는 점에서 공통점을 보이고 있다.

2) 사회과교육사적 선행연구

한국사회과의 교육사적 연구들과 자료는 매우 한정되어 있다. 여기서 이들 선행연구를 비판적으로 검토해 보면, 박광희의 논문(1965)은 사회과 도입과정에 대해 문화기술법을 적용하여 자료의 부족을 보완하고자 하였다는 점에서 높이 평가할 만하다. 더구나 당시 사회과 도입을 둘러싼 관계 인사들의 의식과 갈등이 부분적으로 밝혀져 있는 내용이 기술되어 있다는 점에서 역사적인 가치도 가진다.

그럼에도 불구하고 사회과 교육과정 변천사를 편년체 중심으로 기술하면서 구조적인 제 관계, 즉 미국의 초기 대한정책과 제 1공화국의 교육체제의 성격에 대해 발전적 · 순기능적 면을 검토 · 비판 없이 수용함으로써 당시의 한국사회과 성립과정에서 제기되었던 사회과의 정체성과 적합성에 대한 논의들이 역사 · 구조적으로 다루어지지 않고 피상적으로 다루어졌다는 한계점도 아울러 가진다.

김용만의 연구(1987)는 사회과를 민주주의교육과 함께 들어온 외래교과로 규정하고 이를 수용하여 시행해나가는 과정에서 본래의 사회과가 지녔던 성격도 크게 변하였다고 한다. 즉 통합교과로서의 사회과 모습은 초등학교 사회과뿐이고 중 · 고등학교에서는 지리 · 역사 · 공민의 3분법 형식에서 크게 벗어나지 못하고 있다고 비판하면서 반공 · 도덕과 국사교육을 강화한다는 명분으로 한국사회과는 파행적 구조를 지녔다고 지적하고 있다. 그러면서도 사회인식 교과로서, 인간성교육의 주도적 교과로서 역할을 다해왔다는 입장(강우철, 1977)에 동의하고 있다.

이러한 분석의 근거로서 한국사회과 교육의 변천과정을 교육과정 변동사를 중심으로 논의를 전개하고 있다. 사회과 도입은 박광희 논문을 인용하고 있는데, 제 1차 교육과정 이전의 사회과 형성과정기와 전시체제기 사회과의 과도기적 상황을 교수요목기(1946-1954)의 시기구분에서 일괄적으로 초기사회과로 논의하고 있다.

이 논문은 5차에 걸친 교육과정의 변천에서 한국사회과의 내용과 그 위치를 파악하고자 하였다는 점에서 의의(意義)가 있지만, 변천과정의 배경이 되는 역사성에 대한 인식이 부족하였고 한국사회과 성립에 관여한 제 집단 간의 상호작용에 대한 구조적인 논의가 결여되어 있다는 한계를 보인다.

마미화의 논문(1991)은 사회과 도입과정을 주체적 수용론의 관점에서 논의를 전개하고 있다. 교육사회학의 사회과 관련 논의 수준을 발전교육론적 관점, 외래교육 모방이식론적 접근, 문화적 제국주의론적 관점으로 구분한다. 그리하여 발전교육론적 관점은 미군정의 점령상황의 인식부족을, 외래교육 모방이식론적 관점과 문화적 제국주의론적 관점은 미군정이라는 외생적 변인에 지나치게 결정적으로 규정됨을 비판하고 있다. 이러한 논지는 당시 우리 측의 능동적 추진력을 강조한다는 점에서는 새로운 접근이라고 하겠으나, 그 입증 근거로 1946년 발행된 공민교과서 『군정청학무국, 초등공민 제오륙학년 함께 씀 (속판)』의 내용분석에서 민족적인 것의 기술과 몇 가지 관련 사례를 들어 사회과 도입을 주체적 수용으로 확대해석하는 논리적 비약을 보여주고 있다는 한계를 가진다.

즉 마미화가 내용분석에 사용한 공민교과서는 1946년 3월27일에 조선어학회가 발행한 『초등공민 5 · 6학년 합병용』의 내용과 거의 같다. 1946년 9월 1일에 '교과과정 시간 령' 발표 때 처음으로 '사회생활과' 란 용어가 공식적으로 등장하고, 또한 이 공민 교과서는 사회과 관련 교육자들이 만든 것이 아니라 다만 해방직후 일본 '수신'에 대신하여 애국심을 고취하기 위한 책으로 만든 것이다. 이는 다음의 글에서 그 내용을 알 수 있다.

> "한글학회가 국어학도 아니요, 국문학도 아닌 전연 부문이 다른 공민과의 교과서를 편찬한다는 것은 당치도 않는 일이다. 그러나 광복된 새 나라에 시급히 요구되는 교육이 국어교육뿐만 아니었다. … 새 나라 새 국민이 되기 위해서도 공민 교육이 필요했었다. 여기서 군정청 학무국은 광복 직후 혼란한 시기에 돌연 공민 교과서를 편찬할 능한 사람을 구하기 힘들어, 한글학회에 공민 교과서의 편찬까지도 의뢰하게 되었다. 광복 직후 긴급히 요구되는 공민과 교육에 크게 이바지하였던 것이다."
>
> 한글학회 편, 『한글학회 50년사』, 1971, p.303

그러므로 이를 사회과로 보고 그 성격을 추론하는 것은 한국사회과의 성격을 부분적으로 파악할 위험성이 있다.

홍웅선의 논문(1992)은 미군정 하의 사회생활과 출현의 경위를 미국 사회과의 등장, 일본사회과 도입의 경위를 들면서 미군정 시기의 사회생활과의 편제, 사회생활과 명명의 과정 및 당시 사회과 도입에 주도적인 역할을 한 인사들을 중심으로 한국사회과 도입 경위를 설명하고 있다. 이경호(2000)는 한국사회과 성립을 둘러싼 집단갈등을 사회과 도입반대파, 비판적 지지파, 전면적 지지파로 3분하여 논의하고 있다는 점에서 기존의 반대파와 지지파의 이분법적 사고의 틀을 확장하여 논의하고 있다는 점에서 의미가 있는 논문이다. 그러나 비판적 지지 집단의 활동이나 주장이 때로는 반대와 적극적 지지의 스펙트럼에 폭넓게 걸쳐 있다는 점에서 비판의 여지가 있다.

이상의 선행연구의 비판을 토대로, 본 연구는 한국 교육체제의 재편과정에서 나타나는 사회과 성립과정과 그 성격을 이해하기 위해서, 기능론적 인식보다 교육체제를 구성하는 각각 하위체계들의 상호 관련성과 상호간의 기능적 역할에 대한 규정성의 이해를 강조하는 구조론적·형성사적 접근(김기석, 1989)을 따르도록 한다. 아울러 사회과 성립과정의 외적 규정요인에 대한 분석을 통하여 한국 사회과의 성격을 규정짓는 특수성을 밝히기 위해 역사성의 문제도 민족주의의 전개와 함께 고려하고자 한다.

2. 연구 방법

본 연구는 한국사회과 성립의 역사적 사실을 해석하고, 또 그 성립과정과 민족주의와 관련하여 지향성을 설명하는데 있다. 이를 위해서 연구주제에 대한 사료들을 비판적으로 평가하여 사회과 성립과정에 대해 정확히 기술하는 동시에 이와 관련한 여러 요인들 사이의 관계를 밝히는 역사적 연구방법에 토대를 둔다. 아울러 체계분석과 내용분석법을 주로 사용하되, 사회과 성립과정에 직·간접적으로 관계한 인사들의 회고록, 면담 등을 자료로 활용하는 문화기술법(ethnography)[8]을 부분적으로 사용한다.

한국사회과 성립과정에 관여한 집단의 성격(미군정, 교육주도세력, 민간교육자 단체)과 성립관여 집단별 사고체계(민족주의, 민주주의, 이데올로기)를 규명하기 위해 체계분석을 한다. 여기서 체계의 개념을 중요하게 다루는 것은 체계를 하나의 이론으로보다는 분석을 위한 참고의 틀로, 즉 체계적 개념화를 위한 도식으로 볼 수 있기 때문이다(조광제, 1987; J. H. 터너, 김진균 외역, 1987: 61-95).

체계의 기본모형에 의하면 체계는 사회환경에서 정책에 대한 요구(demand)와 더불어 지지(support)가 투입되고, 이것이 전환과정을 거쳐서 제(諸)결정(또는 제(諸)정책)으로 사회 환경에 산출되며 일부는 환류의 과정을 거쳐 다시 [그림 1]과 같이 체계 속으로 흘러 들어간다(이용필, 1978: 178; 김창걸, 1986: 71; David Easton, 1969 : 30.)

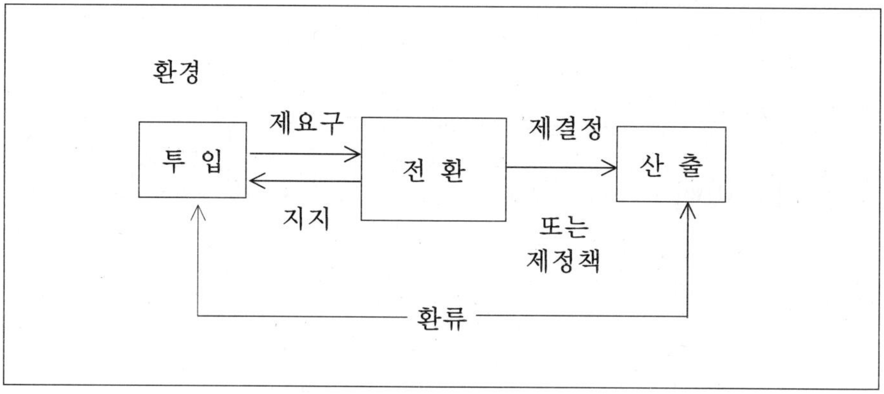

[그림 1] 체계의 기본 모형

8) 문화기술법은 양적 방법에서와는 달리 그 과정의 전개를 중시하게 되므로, 변인을 하나씩 통제하기보다는 변인들이 어떻게 조화되어 전체를 구성하는가 하는 전체적(holistic)접근을 사용한다. 이러한 질적 연구방법은 교육활동에 참여하고 있는 행위자들의 일화, 견해 등을 통해 교육현상에 관한 해석중심. 이해중심의 이론화를 시도하려고 한다. 연구자는 이를 통해 수업상황이나 학교환경에 대한 교사나 학생의 감각·태도·입장 등 상황정의를 알아낼 수 있으며, 학습 속의 상호작용에 대한 계속적인 해석으로 교사와 학생의 행위의 의미와 윤곽을 포착할 수 있다. 이때 연구자가 인간에 대해 상정해야 될 것은 교사나 학생이 주어진 교과서나 수업상황 사회상황을 능동적으로 해석하고 참여하는 존재라는 것이다 (이미나, 1987: 59-64 ; 이혁규, 2013).

이러한 체계의 기본모형을 본 연구와 관련시켜보면, '환경'으로는 한국사회과 성립과정기의 정치사회적 배경으로서, 국제적으로는 냉전체제의 전개와 국내적으로는 좌우 대립 및 민족주의의 지향성에 따른 갈등을 들 수 있다. 그리고 본 연구와 관련하여 '제(諸)요구 및 투입 → 전환 → 산출'의 흐름을 살펴보면 다음과 같다.

'제요구 및 투입'으로는 당시 한국사회과 성립을 둘러싼 관련 집단의 사고체계는 자주적인 민주민족국가의 출현에 대한 한국 국민의 요구와, 미 · 소의 분할 점령과 분단국가의 형성에 따른 권력집단의 정책적 요구가 반영되었고, '전환'으로는, 교육정책의 과정(미군정의 대한교육정책, 제1공화국의 문교정책)을 거쳐, '산출'로서 구체적인 교육정책(교수요목, 제1차 교육과정)과 사회과의 성립으로 드러나는 것이다. 이러한 체계분석은 다음의 분석틀에서 보다 상술(詳述)할 것이다.

문헌자료[9], 특히 한국사회과 성립과정기의 교과서 분석을 위해 내용분석을 한다. 교과서분석은 교과서에 실려 있는 내용을 분석함으로써 그 시대의 문화 · 가치구조를 알 수 있다는 점에서 교육과정사회학[10]의 주요 연구대상이 되어왔다. 특히 교과서는 교육과정의 가장 중요한 부분을 이루는 것으로서 한 사회의 지배적 가치나 이념을 가장 명시적이고 공식적으로 전달해 주는 도구이다(片岡德雄 編, 1987: 4-7). 이런 점에서 한국사회과의 성립과정에서 구체적인 성과로 나타나는 사회과 교과서의 내용분석은 무척 중요하다.

---

9) 미국의 미군정 문교관계 서류, 미국의 외교문서, 교과서, 기타 학교사 신문 등 관계문헌을 말한다. 당시의 자료가 분실 소실되는 등 자료의 부족과 함께 기존 우리 측의 자료와 미국 측 정보자료(G-2보고서, 미국무성기록, GHQ/SCAP문서 등)의 상호관련성에 대한 체계적이고, 비판적인 논의가 아직 활발하게 이루어지지 못하고 있는데, 이에 대한 연구가 시급한 상황이다.

10) 교육과정에 대한 사회학적 관심으로 교육과정 사회학 (sociology of the curriculum) 이라는 연구영역이 형성되었다. 이는 교과서에서 다루는 지식의 사회학적 분석으로서 이론적 입장에 따라 기능주의 접근, 해석론적 접근, 신마르크스적 접근, 구조주의적 접근으로 나누어진다(片岡德雄 編, 1987: 13-14). 이 네 가지 입장에 대해서는 같은 책, pp. 14-19 참조.

내용분석의 방법에는 양적인 접근과 질적인 접근이 있는데[11], 본 연구에서는 질적인 분석을 주로 하고 양적인 분석은 보완적으로 한다. 이는 당시 교과서가 해방과 한국전쟁으로 이어지는 과도기적 상황이었으므로 미비, 부족하기도 하고 더러는 분실되기도 하여 자료의 전집을 모을 수 없으며, 아직까지도 그 당시의 교과서가 체계적으로 정리 연구되어 있지 않기 때문이다.

따라서 단어, 문장, 행, 단락, 페이지, 단원 등 양적으로 쉽게 집계할 수 있는 단위들을 분석하는 기록단위보다는, 교과서 내용을 읽어가면서 한국민족주의의 지향성과 관련하여 성립과정기 한국사회과의 성격규명에 관계있는 문맥을 중심으로 분석하는 문맥단위를 분석단위로 삼는다. 분석대상은 해방 이후부터 제 1차 교육과정 공포로 발행된 사회과교과서를 연구자가 자료화할 수 있었던 교과서로 하고, 그밖에 교수요목과 제1차 교육과정도 분석대상으로 한다.[12] 관계문헌의 부족을 보완하고, 자료의 객관성 정확성을 기하기 위해 당시 사회과 관련인사의 면담, 회고록 등을 이용하는 문화기술법의 일부 방법을 활용한다.

---

11) 내용분석의 기법에 대한 설명은 차배근(1991)의 제 7장. Berelson, B.(1954)이 도움이 된다. 내용분석 이론과 실제를 보여주는 책으로서는 片岡德雄 編(1987) 등을 들 수 있다. 그리고 J. Anyon의 논문(1979)은 미국 역사교과서를 질적 접근 (부분적으로는 양적 접근)으로 분석하고 있다.

12) 사회과 성립과정기에는 교과, 교수요목, 교육과정이라는 말이 혼용되던 때였으므로 여기서 이들 용어를 간단히 살펴보고 논의를 전개하는 것이 이해하는 데 도움이 될 것이다. 교과란 곧 교사가 학생에게 가르쳐야할 내용의 주제 또는 제목을 열거한 것을 의미한다. 교수요목이란 교육과정의 초기 개념이었는데, 각 과목별로 학생에게 가르칠 만 하다고 생각되는 주제를 열거하는 것을 말한다. 교육과정은 각 과목의 교수요목을 작성하는 일보다는 학교에서 가르치는 모든 교수요목이 하나의 통합된 전체로서 어떻게 서로 연관을 맺어야 하는가를 밝힌 것으로 학자에 따라 다양한 정의를 하고 있다.

제 1 부
한국사회과 성립과정기의 민족주의의 지향성

제 3 장

한국사회과 성립과정기의 시기구분과 민족주의 관련성

1. 한국사회과 성립과정기의 시기구분

근대적 의미에서의 우리나라 사회과는 미군정 시대에 탄생된 것으로 이해되고 있다. 이 교과목은 미국에서 20세기 초 미국사회의 산업화와 함께 애국적인 시민을 양성하기 위하여 나타난 것으로써 다민족국가인 미국이 통합을 얻는 중요한 교육적 요구로서 성립된 것이다. 서구(西歐)나 제 3세계에서 민족의 통합과 발전을 추진하는 힘의 원동력인 민족주의를 대신하여, 200여년의 짧은 역사와 다민족국가인 미국은 국가의 통합을 얻는 중요한 이념으로써 민주주의를 내세우게 되었고, 그 교육적 실천교과로서 사회과는 전개되었던 것이다.

그러나 한국사회과는 미군정의 두 가지 신념 즉, 미국의 가치와 제도의 보편성에 대한 강한 신념과 일본의 군국주의를 극복하는 가장 효과적인 길은 민주사회를 건설하는 것이라는 신념에서(케네스 B.파일, 박영신 외역, 1986: 206), 그 교육적 실천교과의 성격을 지니고 출발하였다.

이렇게 출발한 한국사회과의 성립과정 시기구분을 위해, 먼저 편년사적으로 살펴보면 1945년 10월 21일 미 군정청 학무국의 교육과정표 시달로 일본 수신과를 대체하여 공민과가 등장하게 된다. 그런데 이 공민과는 애국애족적이고 민주공민으로서 필요한 자질을 함양하기 위한 교과로서 사회과적 교과의 성격을 띠지만, 미국 'Social Studies'의 성격을 지닌 도입 사회과는 아니었다. 광복 이후 민주주의 교육의 실천교과로서 사회과 도입을 둘러싸고 많은 논의를 거쳐 1946년 9월 1일부터 새로운 민주적인 각 급 학교의 교육과정이 교육심의회에서 제정되어 모든 교육내용이 이를 중심으로 구성하게 되었고, 이때 사회생활과란 교과 명칭이 공식적으로 등장하였다.

그리하여 1946년 9월 신학기부터 사회과를 실시하고자 하였으나 교과서문제, 사회과교사 연수문제 등으로 정상적인 수업을 하지 못하고 혼란을 겪게 되었다. 뿐만 아니라 사회과의 정체성과 적합성에 대한 논의로 상당기간 시행착오를 거듭하다가 1946년 12월 7일에 초등학교 사회생활과 교수요목이 제정・공포되고 이듬해에 교수요목집이 발간됨으로써 사회과의 틀이 잡혀지기 시작하였는데 이때까지를 도입기로 본다.

중등학교에서는 1948년에 가서야 사회과 교수요목이 공포되어 초등학교에 비해서는 1년 정도 시차가 있는데, 이 기간 동안에는 초등학교 사회과 교수요목이 교과서 편찬에 준거가 되었다. 그러다가 정부수립 후 1949년 12월 31일에 교육법이 제정・공포됨으로써 사회과는 법적으로 규정된 교과로서 등장한다. 이때까지를 한국사회과 성립을 위한 모색기로 본다.

그리고 이후 한국사회과가 성립되기까지는 한국전쟁으로 교육과정 없이 교과가 운영되는 등 혼란과 격동의 와중이었으므로 과도기로 본다. 1955년 8월에 제 1차 교육과정의 공포로 한국사회과는 법적 지위를 확보하게 되는 형식적인 요건과 함께 이때 성립된 사회과의 구조가 그 후 여러 차례의 교육과정 개편에서도 변함없는 한국사회과의 기본구조로써 존속되어 왔던 준거로 작용했다는 점에서 한국사회과의 실질적인 성립을 보게 되는 것이다.

이처럼 한국사회과의 성립과정을 크게 3단계로 나누어 살펴보았다. 그러나 실제 이런 기간들은 불확실하다. 왜냐하면 어떤 추세들은 계열적으로 한 시기에서 다른 시기에로 이어지고, 때로는 중복되어지기도 하며, 어떤 특정시점에서는 거의 구분되지 않기 때문이다.

이러한 시기구분은 사회과의 성립과정에 근거하고 있지만 다른 한편으로는 미군정 초기(1945-47년 초)를 도입기로 보고, 한국전쟁의 발발까지를 한국 사회과 성립의 모색기로 보며, 이후 제 1차 교육과정 제정 공포까지를 성립의 과도기로 본다는 것도 의미한다.

이상의 논의를 바탕으로 한국사회과 성립과정을 시기구분하면 다음과 같다.

〈 표 1 〉 한국 사회과 성립과정의 시기구분

미군정기				대한민국수립 (48년 8월 15일)					제1공화국
45년 8월	45년 10월	46년 9월	46년 12월	48년 ?월	49년 12월	50년 6월	51년 2월	53년 ?월	55년 8월
해방	공민과등장	사회생활과 교과명등장	사회생활과 교수요목제정	중등학교사회과 교수요목제정	교육제정법 공포	한국전쟁	전시하특별요강 제정공포	새교수요목시달	제1차교육과정 제정공포
(도입기)				(모색기)		(과도기)			(사회과성립)
도입기				성립기					사회과성립
성립과정									

2. 한국사회과의 성립과정과 민족주의의 관련성

교육현상은 한 국가의 정치 · 경제 · 사회 · 문화적 현실과 밀접한 관련성을 지니고 있으며(정영수, 1988: 77), 특히 국가건설기에는 교육을 정치사회화의 중요한 통로로서 인식하기 때문이다(윤용탁, 1983: 177). 이러한 정치사회화는 그것이 의도적이든 아니든 간에 사회구성원에 대한 정치학습이며 넓은 의미에서 하나의 사회과교육과정으로 볼 수 있다. 이런 의미에서 정치사회화와 사회과의 성립과는 밀접한 관련이 있으며, 한국민족주의의 지향성은 이 시기의 구체적인 정치상황과 상호작용하면서 형성되었다.

한국민족주의는 근대사회로의 이행과정에서 식민지과정을 겪고, 해방 이후 미군정의 실시와 냉전체제, 그리고 한국전쟁을 거치면서 파행적으로 전개되는 가운데서도 민족의 자주발전과 통합을 위한 저력의 원천으로 그 기능을 수행해 왔다. 이러한 민족 저력에 바탕을 둔 민족주의 교육의 전통은 개화기(開化期) 뿐만 아니라, 일제 식민지하에서도 저항적 민족주의의 특성과 결합하여 한국교육의 주체적 발전의 원동력으로 작용해 왔다(강윤호, 1973; 김원희, 1983; 손인수, 1981; 이광린, 1974; 차경수, 1980; 차석기, 1982).

그리하여 해방 직후 미 · 소의 분할점령에 따른 상이한 이데올로기에도 불구하고, 한국민족주의는 일반 국민들과 교육자들이 일제 잔재의 청산과 민족독립국가의 형성이라는 공동 목표를 성취하기 위한 이념으로 작용할 수 있던 상황이었다. 이런 상황에서 해방 후의 한국민족주의 과제는 민족주의가 민족의 통일 · 독립 및 발전을 지향 · 추진하는 이데올로기와 그 운동을 총칭하는 뜻으로 사용된다는 점에서 '독립=자주', '발전=근대화' 는 물론이고 '통일=남북통일'도 포함된다(차기벽, 1990: 307).

그러나 해방 직후에는 식민지 잔재의 청산이 가장 중요한 과제로 제기되면서 민족주의는 통합적 모습을 보이지만, 이후 국가건설기에는 이러한 민족주의가 분화된 모습으로 나타나게 된다. 즉, 나라 안의 당면과제로서 민족주의의 주체의식을 먼저 내세우는 부류와 발전의식을 우선순위로 주장하는 부류 사이의 갈등이 그것이다(김중섭, 1984: 38).

그런데 사회과 도입기에는 민족의 해방이 바로 통일로 귀결될 것이라는 인식이 성립기에 비해 상대적으로 강했다. 따라서 도입기의 한국민족주의는 위에서 들었던 '통일=남북통일'의 과제보다는 국가건설을 위한 지향성에 따라 '독립=자주'를 강조하는 '자주우선 민족주의'와 '발전=근대화'를 강조하는 '근대화우선 민족주의'로 나누어진다. 여기서 이데올로기와 친화력을 갖는 민족주의의 속성으로 '근대화우선 민족주의'가 '자주우선 민족주의'보다 더욱 강조된다. 그리고 사회과 성립기에는 분단국가의 형성과정 및 한국전쟁에서 비롯되는 냉전체제로 '통일 민족주의'는 공동화(空洞化)되고(김영작, 1990: 121-122), 국가주의적 성격을 띠는 '분단 민족주의'가 전개되는 과정이었다.

이러한 사회과 성립과정기(도입기와 성립기를 포함)의 한국민족주의 전개와 함께 사회과는 신설교과로서 성립과정을 밟았다는 점에서 당시의 교육정책과 밀접한 관련이 있다. 즉, 교육정책은 한 조직체의 교육목표를 달성하기 위한 총체적 계획이 정치적 권력과정을 거쳐서 수립되고 집행되는 일체의 행위를 말한다(이군현, 1987: 229).

이처럼 교육정책은 일종의 정치과정을 거쳐서 이루어지는 것이므로 해방정국에서 분단국가의 형성기에 이르는 사회과 성립시기에는 한국민족주의가 단순한 가치로서만 남아 있지 않고 교육정책을 통해서 그 정당성의 근거로 작용하고 있었다.

이 과정에서 교육정책을 세우고 수행하는 집단들에 의해 민족주의는 다른 이데올로기와 결합하기도 한다. 이때 교육정책이 지향하는 성격에 따라 도입기에는 '자주=주체성'을 강조하는 '자주우선 민족주의'와 '근대화=발전'을 강조하는 '근대화우선 민족주의'로 나뉘어져서 서로 갈등을 빚기도 한다. 성립기에는 냉전 체제의 영향으로 '분단 민족주의'가 전개됨에 따라 기본적인 집합적 가치의식인 민족의 통합을 지향하는 '통일 민족주의'와 갈등상태가 생겨 사회변동의 씨앗이 되기도 한다[13]. 그런데 이러한 교육정책의 지향성 모두가 민족주의로부터 정당성을 구하게 된다.

이렇게 볼 때, 민족주의는 전체적 수준에서 교육체계 속에 작용하고 있음을 보게 된다. 그리고 한국민족주의는 생겨난 배경에서부터 성장하며 변화되어 가는 과정에 이르기까지 사회 내적인 현상으로만 이해될 수 없다. 반드시 다른 사회-일제의 식민지하, 외세에 의한 분할점령, 양체제 속의 편입 등-와의 관계 속에서 파악되어야 할 것이다. 그렇기 때문에 한국민족주의는 세계체계[14]의 수준에서 따져봐야 하며, 아울러 그것은 사회 내적인 변동과도 밀접히 이어져 있다(김중섭, 1984: 44-45; 노재봉 편, 1983; 차기벽, 1990).

이상의 논의를 바탕으로 한국사회과의 성립과 민족주의와의 관련성을 그림으로 나타내면 다음 [그림 2]와 같다.

---

13) 신생국가의 민족주의는 사회유대의 강화와 통합의 이데올로기로서 작용하든가 아니면 민족적 잠재력과 의지를 결집하여 외세에 계속 저항하는 이데올로기로서 기능하게 된다. 전자의 경우는 민족주의 이념은 더 이상 열정을 갖지 않는 내부통제의 이념으로 전화되기에 이르고, 후자의 경우는 민족주의 이념은 역사와 전통의 재창조를 통해 민족정신을 앙양시키는 한편 민족감정에 호소함으로써 비합리적인 힘을 동원하려 들게 된다. 어느 경우이건 오늘날 아시아 아프리카 신생국가의 민족주의는 긍정적 측면과 부정적 측면도 아울러 가진다(차기벽, 1990: 119). 즉, 역사적 상황이나 담당계층에 따라 성격을 달리해온 내셔날리즘은 해방과 진보를 위해 놀라운 추진력이 되기도 하고, 보수와 침략의 엄청난 원동력이 되기도 한다. 이처럼 민족주의는 긍정적 측면과 부정적 측면이 동시에 나타나기도 하고 단계적으로 나타나기도 한다(차기벽, 1990: 86).

14) 이 개념은 왈러스타인에 의해 널리 쓰이게 되었는데, 주로 경제적 개념으로서 종속이론의 설명 틀로서 이용되었다. 그러나 여기서는 단순히 경제영역만이 아닌 정치·사회·문화 등의 보다 넓은 영역에서 세계의 여러 부분이 유기적으로 뒤얽혀 있으면서도 하나의 체계로서 작용하고 있다는 의미로 사용한다(김중섭, 1984: 45).

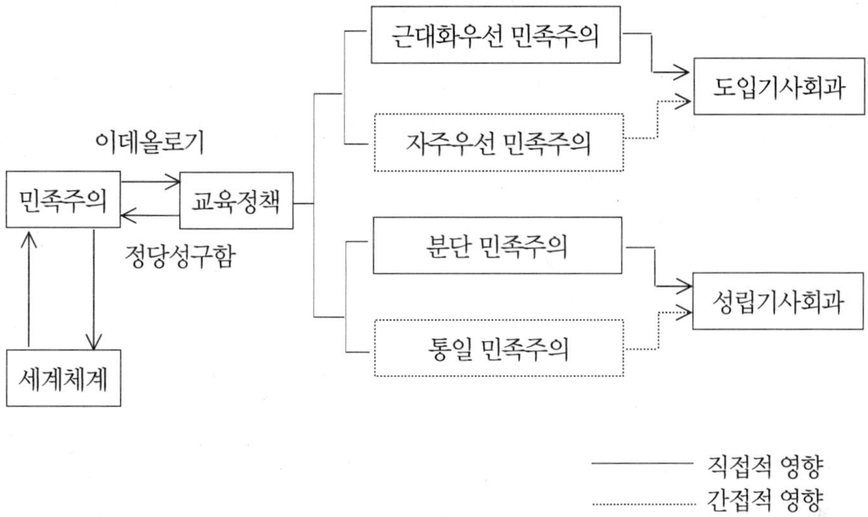

[그림 2] 한국사회과 성립과정과 민족주의와의 관련성 모형

제 4 장
한국사회과 성립과정기의 정치사적 배경과 민족주의의 지향성

1. 사회과 도입기의 정치사적 배경과 근대화우선 민족주의의 전개

사회과 도입기의 정치사적 배경으로서는 세 가지를 들 수 있다. 즉, 2차 세계대전의 성격과 해방의 의미, 그리고 미군정 초기의 정치적 성격이 그것이다. 이러한 당시의 정치적 배경은 한국민족주의의 전개와 상호작용하는 가운데 자주우선 민족주의 보다는 근대화우선 민족주의가 강조되게 된다. 이는 [그림 3]처럼 요약할 수 있는데, 이를 설명하면 다음과 같다.

첫째, 제 2차 세계대전의 성격이다.

우리나라의 해방이 제 2차 세계대전의 종결로서 이루어졌다는 점에서 제 2차 세계대전의 성격을 조망해 볼 필요가 있다. 제 2차 세계대전은 반파쇼민주주의 연합과 파시즘과의 투쟁이었다. 즉, 파시즘 추축국과 자본주의 사회주의 연합국 간의 전쟁일 뿐 아니라 추축국의 침략에 대한 피침략 민족의 해방전쟁이기도 했다(이상준 편역, 1990: 11-14; 小川誠一郎, 1961: 2-7).

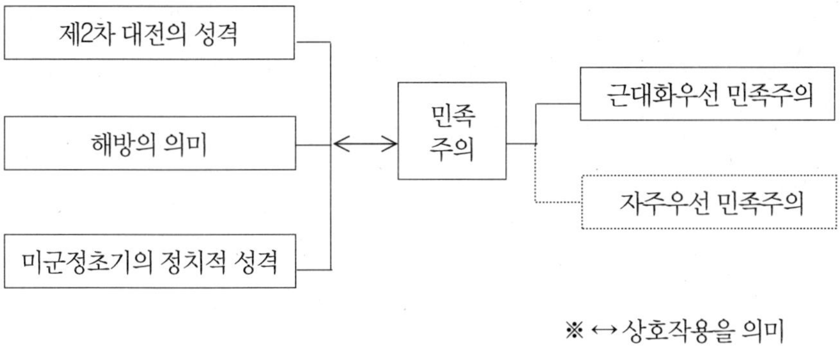

[그림 3] 사회과 도입기의 정치사적 배경과 민족주의의 전개

이 전쟁에서 연합국의 승리로 끝난 결과, 다음 두 동향이 세계사의 기본 조류가 되었다. 사회주의 세력이 동유럽뿐 아니라 아시아에서도 크게 신장하게 되었고, 피침략 민족들의 민족독립운동이 더욱 세차게 전개되게 되었다(차기벽, 1990: 392). 그리고 전후 연합국들의 합의에 의해 성립된 얄타체제는 파시즘 타도, 추축국의 비군사화, 민주주의 옹호, 세계평화의 확립을 위한 연합국(미 · 영 · 소)의 일치원칙, 즉 반파쇼 민주주의를 그 원칙으로 하였다(歷史學硏究會, 1980: 21). 그리하여 오랫동안 세계사 형성을 주도해오던 서유럽을 중심으로 하는 제국주의는 몰락하고 미 · 소가 초강대국이 되어 미국은 이른바 자유진영의 지도권을 확립하게 되었다(역사문제연구소편, 1989: 제 1장, 이상준 편역, 1990: 14).

그러나 얄타체제는 두 가지 주요한 한계를 안고 있었다. 첫째는 체제를 달리하는 미 · 소 강대국 간의 갈등이 전쟁 중에 나타나고 있었으며, 둘째는 얄타체제 그 자체가 전 세계 민주주의의 역량의 요구를 반영하는 것이면서도 다른 한편으로는 미 · 영 · 소 강대국의 논리가 개입되고 있었다는 점이다(여현덕, 1988: 29-30). 이후 세계질서 재편기에서 일본제국의 붕괴로 아시아에서는 힘의 공백이 초래되었고, 일본과 유럽의 식민지로부터 독립하여 자유를 갈망하고 있었던 아시아인들은 미국을 인권을 수호하고 자유를 위해 싸우는 국가로 환영하였다. 미국은 모든 국가들이 '미국의 호의'(미국의 호의란 미국의 주도권을 완곡하게 나타낸 말이다)어린 후원으로 정치적 독립과 경제적 자립을 꽃피울 수 있을 것이라고 확신하고 있었다(Toshio Nishi, 1982: 2).

이처럼 반파쇼 민주주의의 승리와 신생국의 민족주의 제고(提高)로 특징되는 제 2차 세계대전은 우리에게 민주주의 교육과 민족주의 교육을 통일적으로 발전시킬 수 있는 가능성을 제시하였다. 그러나 체제를 달리하는 외세가 제 2차 세계대전의 종결과 함께 한반도에 진주함으로써 한국 민족주의는 갈등이 야기된다. 그리하여 민족의 자주와 통일보다 자유민주주의의 이데올로기 선택을 우선하는 정책과정을 거쳐, 도입기 사회과에는 민족의 발전을 민주주의 국가건설에서 찾고 또 그 정당성을 인정받으려는 '근대화우선 민족주의'적 성격이 반영되게 되었다.

둘째, 해방의 의미이다.

우리의 현대사에서 8·15의 의미를 어떻게 규정지을 것인가에 대한 합의는 아직까지도 완전하게 이루어져 있지 않다(김광식, 1985: 19). 당시 대부분의 사람들은 일제의 억압으로부터 벗어나는 것이 곧 자유를 얻는 것으로 간주하고 매우 감격해 했다. 해방과 더불어 일제 식민지의 중앙집권적 통치를 청산하고 국민들 자신이 직접 이끌어 갈 수 있는 국가를 원했기 때문에 민주주의를 무척 갈망하기도 하였다. 8·15 직후 우리 사회에서 민주주의를 요구하거나 내세움은 좌·우파 가릴 것 없이 모두 일치했다. 그러나 민주주의를 주장하는 용어나 내용, 방식에는 각각 일정한 차이가 있었다. 한민당의 이데올로기로서 중도통합론적 민주주의와 함께 '반공=민주주의라'는 극우적 논리가 대두하게 되었고, 좌익측은 '민주주의=진보적 민주주의' (공산주의를 말하는 것은 아니다)를 주장하였다. 이처럼 민주주의 해석에서도 계급적 입장에 따라 정반대의 방향에서 해석하였다(여현덕, 1988). 이리하여 한국 국민들은 힘의 공백상태 에서 정치적 운명을 선택해야 하게 되었으나, 보수적인 세력들은 너무도 취약했고, 변혁을 바라는 민중들의 열망은 너무나 거세었다(차기벽, 1990: 326). 다음의 글은 이를 잘 나타내고 있다.

> "8·15해방이 되자 민족 독립주의자인 민족주의자, 자본주의자, 친일파, 중간파, 외세추종파 등으로 이루어진 우익은 굳게 단결하지 못하고 다만 얼떨떨할 뿐이었다…"
>
> 안호상의 회고(한국교육10년사간행회 편, 1960: 44)

그런데 당시 대처할 준비도 없이 갑자기 해방을 맞은 민족주의 및 좌파의 정치 지도자들은, 해방이 연합군의 승리에 의해 가능했으며 미군과 소군이 진주한 상황이라고 하더라도 한국 민족의 주체적인 노력에 의해서 통일국가의 수립은 가능하다고 인식하여, 미군정과 불편한 관계가 되어서는 안 된다는 입장을 공유하고 있었다(김구, 1982: 243 ; 여운형, 1945.: 8).

그러나 1920년대 이후 전개된 이념적 갈등의 골, 즉 좌익과 우익의 이념적 대결은 심각했다. 그 대결은 끝내 타협점을 찾지 못했으며, 그리하여 해방 이후에도 적대적인 갈등을 심화시켜 민족내쟁의 한 원인을 제공하였다(김학준, 1990: 63; 한국정신문화연구원, 1987: 5-17).

한편으로 해방은 민족주의라는 관점에서 볼 때, 우리 민족에게 일제 식민통치 못지않게 새로운 과제를 안겨 주었다. 일제의 패망은 우리 민족의 기대와는 달리 즉각적이고 완전한 독립을 가져오지는 못했다. 우리 민족이 맞이한 이른바 8·15 해방은 또 다른 외세의 군사적 점령 하의 해방이었으며, 그것도 각기 이데올로기를 달리하는 미·소가 각각 남북을 분할 점령한 분단 하의 해방이었다(김영작, 1990: 109).

따라서 해방 후 민족적 과제인 민족의 자주 실현과 근대화에로의 추구, 자주적 민족국가의 확립은 민족주체적인 실천에 의해 현실적인 것으로 구체화되지 못했다. 그것은 8 · 15 해방이 남북분단과 동시에 외세의 개입을 낳았으며, 이것에 대응하는 민족주체적인 힘은 민족적 과제의 실현을 가로막는 모든 요인을 제쳐버릴 수 있을 만큼 강력하지 못했기 때문이었다(송건호 · 강만길 編, 1989: 49-50).

셋째, 미군정 초기의 정치적 성격이다.

1945년 9월 9일 맥아더 사령관의 포고문에 의하면 ①미군이 북위 38도선 이남의 조선 영토 점령, ②통치의 전권한은 사령부에 있음, ③점령군에 대한 반항행위 금지, ④영어를 공용으로 사용할 것 등을 명시하고 있다(고영민1987: 49 ; 조선일보사, 1985: 27-28). 즉, 한국은 일제로부터 해방됨과 동시에 미국에 의한 점령지로 간주하고 있다. 당시 미국의 한국점령은 해방 후의 정치적 혼란을 수습한다는 것을 제 1목적으로 하는, 독립국가를 수립할 때까지의 과도적인 조치에 지나지 않는 것이었다.

그러므로 미국은 한국의 정치 문화에 대한 예비지식이 없는 전투부대에 의한 군정을 개시한 것이다(브루스 커밍스, 김주환 옮김, 1986: 215-219; 한국정신문화연구원, 1987: 15-19; 이기백, 1992: 474; 한우근, 1992: 565). 미군정 초기의 통치 방침은 '미점령 하의 조선지역에 있어서의 민정에 관한 미국육군최고사령관에 대한 기본지령-SWNCC 176/8 (1945년 10월 13일)'에 엿볼 수 있다. 이에 따르면, 38도선 이남의 질서유지, 자유 독립의 국가수립, 이를 위한 일본 식민지 지배의 잔재 불식이 기본방침으로 되어있다(關英子, 1987: 56).

이처럼 미국은 군정을 실시함에 있어서 한국에 대한 사전연구가 없이 군정에 임하였으며, 다만 한국과의 관계가 미국의 안정과 정치적 목적만을 절대기준으로 삼고서 이를 수행하였다(한국정신문화연구원, 1984: 101-102). 이렇듯 미국은 태평양에서 자기 이익을 옹호하기 위하여 한반도의 정치발전에 관심을 가지고 자유민주주의 정부를 수립하려는 기본정책을 가지고 있었다(최원형, 1987: 324). 아울러 미국의 가치와 제도의 보편성에 대한 강한 신념과 일본 군국주의를 극복하는 가장 효과적인 길은 민주사회를 건설하는 것이라는 신념에서 미국식 민주주의[15)]가 한국에 정착되기를 원했다.

그러나 이 정책을 구체화한 전략과 준비가 부족하였고, 미군정의 이해를 바탕으로 한국 내 정치구조를 형성시켰으므로, 우리 민족의 완전한 독립을 주장하는 정치적 기반은 도태되었다. 따라서 미・소 냉전체제에 편승한 정치세력의 형성에 미군정은 결과적으로 기여하게 되었다. 그리하여 해방 후 남한에서의 한국민족주의적 선차적 과제인 일제잔재의 청산이라는 민족주의적 정통성의 확립에 갈등을 야기함으로써(김영작, 1990: 110-112), 장차 우리나라 민주주의를 짓밟는 독소를 남겨놓았다는 점에서 비판받을 여지가 있다.

그러나 이 시기에 폐쇄사회로부터 개방사회로 사회구조가 급격히 변화하였고, 제국주의의 국가이념으로부터 민주주의이념으로 바뀌었으며 식민지 수탈경제로부터 자유 자본주의 경제체제로 급격히 바뀐 시기였으며(최원형, 1987: 319), 민주주의이념이 남한에서 자유민주주의의 가치 확산과 발전의 이념적 원동력이 되었다는 점에서(김학준, 1990: 69), 제한적이나마 긍정적 가치가 있었음을 부인하기는 어렵다.

이러한 사회과 도입기의 정치사적 배경은 한국민족주의와 상호작용하면서 한국민족주의의 갈등을 야기하였다. 그리하여 민족의 자주와 주체성을 강조하고 통일지향적인 '자주우선 민족주의'보다는 한반도 분할점령에 따른 미군정의 대한

15) 미군정 해당지역(독일, 이탈리아, 일본, 남한)에 주입하였던 '미국식 민주주의'가 무엇을 의미하는가에 대해서는 군정 담당자들 간에도 서로 다른 입장이었다고 한다. 이는 세 가지 견해로 나눌 수 있는데, ①미국식 민주주의란 공산주의와는 절대로 공존하지 않는다는 개념, ② 자유시장 경쟁과 개인주의에 입각한 자유민주주의 개념, ③국민에 의한 국민을 위한 자유민주주의 개념이 그것이다. 우리나라에 적응시킨 이념은 가장 극우파적인 자유민주주의였다는 주장도 있다(박태순, 1985: 31-33).

정책으로 자유민주주의 이데올로기가 민족주의와 결합함으로써, 민족의 발전을 강조하고 그 발전을 민주사회의 건설에서 찾는 '근대화우선 민족주의'가 세력을 얻어가는 환경을 형성하고 있었다.

2. 사회과 성립기의 정치사적 배경과 분단 민족주의의 전개

사회과 성립기의 정치사적 배경으로서는 두 가지를 들 수 있다. 즉, 냉전체제의 전개와 한국전쟁의 총체적 인식이 그것이다. 이러한 당시의 정치적 배경은 한국민족주의의 전개와 상호작용하는 가운데 민족의 통합과 동질성을 강조하는 '통일 민족주의'보다는 분단국가의 정당성과 절대성을 바탕으로 국가주의적 성격을 띠는 '분단 민족주의'가 강조되게 된다. 이상의 논의를 [그림 4]처럼 요약할 수 있는데, 이를 구체적으로 설명해 본다.

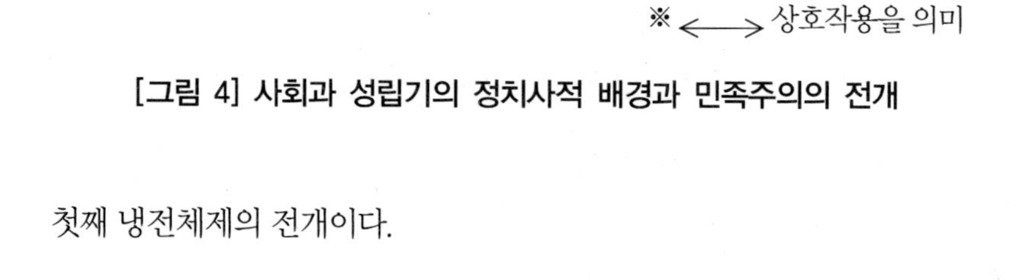

[그림 4] 사회과 성립기의 정치사적 배경과 민족주의의 전개

첫째 냉전체제의 전개이다.

전후(戰後)에 싹트기 시작한 미 · 소의 냉전은 트루먼 대통령이 후에 '트루먼 독트린'으로 불리는 1947년의 연설에서 전체주의라는 말을 사용하여 공산주의 침략의 위협을 강조하고, 자유세계를 수호하기 위한 반공정책의 강화를 주장함으로써 실제화 되었다(대한민국사편찬위원회 편, 1988: 51). 그리하여 소위 냉전구조 속에서 매카시즘으로 상징되는 공산주의에 대항하기 위한 반공정책이 전개되었다.

베를린 위기, 소련의 핵개발 등 국제정세의 변동과 중국의 공산화, 그리고 한반도에서 좌우대립의 상황전개로 점차 냉전이 격화되면서 미국은 '포츠담선언'에 바탕을 둔 비군사화 · 민주화정책을 포기하고 일본을 반공방파제로 재 부흥시킨다. 특히 동북아시아에서 미 · 소가 직접 대치한 유일한 지역인 한반도에서는 냉전의 전개가 매우 빠르게 진행됨에 따라 미군정은 현상변혁보다는 현상유지에 급급하여(차기벽, 1990: 327), 남한에 친미 · 반공정권을 세울 구상을 더욱 구체화하였다. 이에 따라 미군정의 기본임무는 한반도에 소련 공산주의의 팽창정책을 저지하고, 한반도에 친미적인 민주주의 국가를 수립하는 것이었다.

그리하여 미군정은 조선인민공화국(인공)과 한국민주당(한민당) 사이의 갈등에서 중립을 표방하면서도 실제로는 한민당의 입장을 뒷받침하였는데, 한민당은 대체로 지주 출신이며 때로는 친일파로 지목받던 이들로 구성되어 있었다. 이것이 한민당의 기본성격을 반혁명적이며 현상유지적이라고 보는 까닭이다. 이리하여 해방 3년의 통치사는 미군정과 한민당의 제휴에 의한 통치사라고 할 수 있으며, 여기서 우리는 친미적 · 반소적 · 반공적이면서 현상유지적인 우익 · 보수노선의 공식화를 보게 된다(김학준, 1990: 68-69).

이렇듯 냉전체제의 전개로 한민당에 비해 상대적으로 민족의 자주성과 통일을 강조하는 임정(임시정부)과 건준(건국준비위원회)세력이 제거된다. 그리고 냉전의 격화와 더불어 반공 · 자유민주주의 이데올로기를 내세운 이승만과 한민당에 의해 대세가 장악되어 나감으로써, 남한에서의 민족주의는 분단국가체제의 정당화를 위한 수단으로 전화한 '분단 민족주의'의 전개를 보게 된다.

둘째, 한국전쟁의 총체적 인식이 필요하다.

한국전쟁은 일제시대부터 시작되어 해방과 분단과정을 통해 폭발적으로 분출되었던 국내적 갈등의 최종적 판가름이며, 세계사적 수준에서도 한국전쟁은 제2차 세계대전 이후부터 심화된 체제 간 대립과 갈등의 폭발이며, 그것의 종결은 곧 미·소를 중심으로 양 체제간의 대립구조를 뚜렷이 한 세계사적 획기로서의 의미를 지닌다(박명림, 1989: 51; 브루스 커밍스, 김주환 옮김, 1986; 박세길, 1988).

그리고 한국전쟁에 의해 기본적으로 완성되는 동북아 냉전질서 재편의 총체적 귀결이라는 점에서 한 시대의 종결점이라 할 수 있다. 그러나 다른 한편으로는 한국전쟁의 결과 고착된 냉전체제 속에서 남·북한이 서로 다른 체제와 이념 속에서 각기 상반된 방향으로 나아갔다는 점에서 분단시대의 출발점이기도 하다. 바꾸어 말하면, 제 2차 세계대전 이후 동북아에서 냉전의 격화와 국내에서 해방과 분단을 둘러싼 갈등의 격화가 중첩되면서 한반도에서 전쟁이 발발하였고, 전쟁의 결과는 남한에서 분단체제가 구축되고 북한에서는 사회주의 혁명이 본격화되도록 만들었던 것이다(최장집·정해구, 1990: 33).

한국전쟁은 수많은 인적·물적 손실을 가져왔으며, 이외에도 준전시체제가 지속되게 되었고, 따라서 남·북한의 군사적 대치로 인한 적대감이 고조되었다. 그리하여 한국전쟁으로 인한 분단은 남·북한 두 사회가 사회체제, 정치, 경제, 이데올로기의 각 수준에서 완전히 다른 두 이질적인 사회로 나아가는 출발점이었고 한국전쟁은 그 계기였다. 그 결과, 한국전쟁은 남한 사회를 정치적으로 반공·반북·분단논리에 기반을 둔 사회 구조로 나아가게 되었으며, 이데올로기적으로는 반공·반북·친미 이데올로기가 지배이데올로기로 내재화되는 계기가 되었다(김학준, 1990; 대한민국사편찬위원회 편, 1988: 462-467; 박명림, 1989:

72-73).

한편 한국전쟁은 민족주의 운동에 대하여 세계적으로 주어진 냉전체제의 고착화와 함께 보다 큰 질곡을 가져오게 하였다(송건호 · 만길 編, 1989: 52). 당시 해방 후 한국민족주의에 부과된 역사적 과제는 외세에 의한 분할점령을 극복하는 통일 민족주의였다. 그러나 한국전쟁의 결과 통일보다는 이데올로기의 선택을 우선하는 남 · 북의 정치세력에 의해 각기 독자적 정부가 수립됨으로써 분단이 고착화되고 '통일 민족주의'는 공동화되었다(김영작, 1990: 121-122).

이러한 사회과 성립기의 정치사적 배경은 한국민족주의의 전개와 관련하여, 분단국가의 형성을 반대하고 통일된 민족국가의 수립을 강조하는 '통일 민족주의'보다는 분단국가의 형성과 냉전체제의 전개 그리고 한국전쟁으로 이어지는 상황에서 결국 냉전논리로 귀결되는 '분단 민족주의'가 전개되는 과정으로 작용하고 있었다.

제 2 부
도입기 한국사회과의 전개과정과 근대화우선 민족주의적 성격

제 5 장
사회과의 도입과정

1. 미국사회과의 발달과정과 진보주의 교육사조

1) 미국 사회과의 발달과정

사회과(Social Studies)는 미국에서 처음 성립을 보았고 사회과의 도입이 미국의 영향을 받았다는 사실에서(김용만, 1988; 박광희, 1965; 차경수, 1984; 오준영, 1948; 이상선, 1946; 이영기 · 김태영, 1979; 이태근, 1983; 홍웅선, 1992), 미국 사회과의 발달과정, 특히 성립과정을 중심으로 살펴볼 필요가 있다.

미국사회과는 1830년 경, 중학교에서 독립된 과목으로 산발적으로 나타나기 시작했나. 19세기 말에 이르러 국가 수준의 여러 위원회에서 당시의 혼동을 바로 잡고자 사회과교육과정의 기초를 제시하였다. 당시의 여러 위원회 중, 1893년의 '10인 위원회(The Committees of Ten of the National Education Association)'와 1899년의 '7인 위원회(The Committees of Seven of the American Historical Association)' 가 가장 중요한 두 위원회로 활동했다(The Social Studies in General Education, 1939: 2-3).

미국사회과는 20세기 이전에는 주로 역사교과를 중심으로 애국심 고취와 시민성 훈련을 목적으로 전개되고 있었는데(Dorothy McClure Fraser (ed.), 1969:

36; 한기언, 1990: 91-94), 오늘날과 같은 의미로 사용되기 시작한 것은 1910년대 이후부터이다(오영태, 1984: 7; 차경수, 1984: 58). 특히 제 1차 세계대전은 19세기 전통적인 엘리트 중심의 사회과 교육과정을 시민성 교육을 강조하는 현대적인 20세기 교육과정으로 변모시키는 데 큰 영향을 끼쳤다(George L. Mehaffy, 1987: 24).

제 1차 세계대전을 통해서 피난민들이 많이 몰려오자, 미국민들은 미국의 생활양식과 미국이 내세우는 가치와 이상을 영구히 보존하는 길은, 전적으로 미국시민으로 하여금 민주적인 참여와 민주적인 행동을 하도록 교육하는 일의 성공 여부에 달려 있다고 생각한 것이다(홍웅선, 1992: 112). 그리하여 교육자들은 일반 시민들에게 국가에 대한 확고한 충성과 비민주적 가치에 대한 민주주의적 가치의 우월성을 교육할 필요성 때문에, 그전까지 각각 독립된 교과목을 교수해 오던 사회과 교과목(역사, 지리, 정치, 경제, 법률 등)을 '미국시민의 형성(making of American citizens)'이라는 목표아래 역사와 지리를 통합하여 가르치기 시작했다(차경수, 1984: 59).

이러한 상황에서 '전국교육협회의 중등교육 재조직위원회 중등 사회과위원회(the committee on social studies of the commission on the Reorganization of Secondary Education of the National Education Association)'에 의해, 1916년 '사회과 Social Studies'란 용어가 교과의 명칭으로 공식적으로 등장하였다(John. Jarolimek,1981: 1).

사회과란 교과의 명칭이 공식적으로 등장한 것은 이 때이지만 그 이전에도 사회과 성립에 영향을 주었던 선진적인 연구가 있었다. 즉, J. S. Welch의 "A Social Science Outline-The Point of View"(1906), J. M. Gillete의 "An Outline of Social Study for Elementary School"(1914)이 그것이다.

웰치는 종래의 역사, 공민과를 합친 사회과학을 설치할 것을 주장하고 그 목표로서 시민성 함양에 두었다. 질레트는 웰치의 이론을 이어받아 1914년 '사회학습'이라는 명칭의 초등학교 교과과정을 계획하여 공동체의식의 함양에 교과의 목적을 두었다(社會認識教育學會 編, 1989 : 267-282).

이 1916년 N. E. A(전국교육협회) 사회과위원회의 보고에 의하면, 7학년부터 12학년까지의 사회과 과목의 종류를 대별하여 '지리', '역사', '공민', '미국민주주의의 제(諸)문제'로 나누고 있다. 이 네 종류의 사회과 과목은 사회과학의 명칭과 관련해 볼 때, 이미 사회과학에서 학적 체계를 갖추고 있는 '지리', '역사' 과목과 그렇지 않는 '공민', '미국 민주주의의 제 문제'로 나눌 수 있다. 그런데, '공민', '미국 민주주의의 제 문제'는 사회과의 시민성 원리와 통합성 원리의 특성을 담은 과목이었다.

'공민'의 내용은 공민이 '지역사회 공민과'형으로 다루어져야 하며 그 특질로서 관심을 '정치 기관'보다는, 오히려 '사회행복의 요소'들에 집중되어야 한다고 주장하고 있다. 사회행복의 요소들은 새로운 형태의 공민과에 체계적 원리를 제공하는데 이는 다음의 주제들로 학습된다. 즉, 건강, 생명 및 재산보호, 휴양, 교육, 도시, 부, 통신, 이주, 자선, 교정, 정치기관의 행정, 정치기관의 재정, 사적 기관의 행정 재정이 그것이다(臼井嘉一, 1988 : 62-64에서 재인용).

그리고 '미국 민주주의의 제 문제'는 "중등학교 6년간의 최종학년에 있어서 통합적인 사회과목을 통하여 사회생활의 기본문제에 관한 종합적인 지식을 학습하고 지적(知的)이고 행동적인 시민적 자질을 육성한다. …생활에서 일어나는 현실 문제를 정치 경제 사회적 관점에서 학습한다."고 하여(臼井嘉一, 1988 : 63), 사회과의 두 원리인 목표로서의 '시민성 원리'와 내용 구성방법으로서의 '통합성 원리'가 기초를 이루고 있다.

이 두 과목의 공통성은 사회생활의 문제를 종래의 여러 사회과학별 관점과는 다르게 별도의 관점 즉, 사회행복의 제 요소와 생활 속에서 일어나는 현실문제에 따라서 내용구성이 이루어져있다. 즉 융합에 의한 내용구성이 되어 있는데, N. E. A 사회과위원회 보고서에 나타난 사회과교육 계통관(系統觀)의 특질을 다음과 같이 들 수 있다.

(1) 사회과교육의 계통은 사회의 요구에 부합되도록 구성되어 있다.
(2) 사회과교육의 계통은 4종류의 사회과 과목(지리, 역사, 공민, 미국 민주주의의 제 문제) 에 따라 구성되어 있다.
(3) 사회과교육의 계통은 사회과학적 관점에 따른 과목(지리, 역사)과 이것과는 다른 융합적 과목(공민, 미국 민주주의의 제 문제)의 통일이다.
(4) '공민'은 '사회행복의 요소들'을 주제로 학습하는 것이다.
(5) '미국 민주주의의 제 문제'는 최종학년의 과목으로서 사회생활의 기본 문제에 관한 종합적인 지식을 학습하고, 지적이고 행동적인 시민적 자질을 학습하는 것이다.

이렇듯 미국 시민의 미국화를 목적으로 1916년에 탄생된 사회과는 1920년대와 1930년대 미국 사회에서 나타난 몇 가지 문제들-세계대공황(1929-1933)과 정치・사회・경제적 혼란과 불안-을 대처하고, 특별히 모든 시민들에게 시민성 교육을 위한 중심교과로서 인식되게 되었다(이태근, 1979: 14-16).

더구나 보통 의무교육의 실시로 초등교육과 중등교육이 폭넓게 보급되어감에 따라 이들 학교에서는 학문적으로 어려운 내용을 교수하는 것보다도 보편적이면서도 생활문제와 관련된 기초적인 것 즉, 건강, 재산, 오락, 교육, 교통, 협동생활 등이 강조되었다. 또 심리학의 발달과 진보주의 교육사상이 사회과 교육의 발전을 뒷받침하였다.

그리하여 듀이(J. Dewey)에 의하여 체계화된 진보주의 교육은 주입식 교육을 부정하고 아동중심의 교육을 주장하였으며(차경수, 1984: 60), 로빈슨(J. H. Robinson)은 듀이의 이론에 동조하여 시민성교육과 민주적 가치교육에 사회과를 적용할 것을 강조하였다(George L. Mehaffy, 1987: 24).

마침내 1945년에는 미국에서 사회과가 곳곳에서 초등학교뿐만 아니라, 중등학교에서도 시행되게 되었다(片上宗二, 1982: 17). 이것은 사회과의 특성이 미국의 상황에 국한된 것이 아니라, 점차 상호의존적으로 되어가는 세계에서 학생들을 인간적이며 합리적이고 적극적으로 참여하는 시민이 되도록 준비하는(John Jarolimek, 1981: 5), 사회과의 근본목표로서의 '시민성 원리'와, 학생들을 제(諸) 사회과학의 종합적 지식을 갖게 하는 동시에 이러한 종합적 지식을 민주시민으로서 요구되는 태도 · 능력의 실천적 면과 통일적으로 형성하고자 하는 사회과 내용 구성방법으로서의 '통합성 원리'가 보편성을 띠고 있기 때문이었다.

제 2차 세계대전 이후 미국사회과는 계속 진보주의 영향을 받아왔으며, 특히 초등학교 수준에서는 이러한 현상이 두드러지게 나타났다. 즉, 사회과는 교육과정의 '통합중심(integrating center)'이 되었다. 그리하여 읽기, 셈본, 과학, 건강, 음악, 연극, 기술 등이 '단원(unit)'들로 관련되어 있었으며, 주된 교과는 역사와 지리였다. 이에 따라 교사들은 학생들이 참여하는 학습활동을 강조하였으며, 사회과는 초 · 중 · 고 모든 수준에서 직접 실천하는 프로그램이었고, '문화연구'는 점차 초등학교 상급학년이나 중등학교에서 강조되었다. 여기서 '문화연구'란 만들고, 여행하고, 그림을 그리고, 춤추며, 노래 부르고, 탐험하고 확신에 따라 행동하는 것을 말한다 (John Jarolimek, 1961: 6).

그리고 중등학교의 학생들에게 제공되었던 과목들과 계열성은 주로 1916년 N. E. A위원회의 사회과에 관한 권유 등을 따랐다. 즉, 9학년의 공민(정부), 10학년의 세계사(서구 문명사), 11학년의 미국사, 12학년의 미국 민주주의의 제 문제가 교수되었으며(John Jarolimek, 1981: 6), 저학년에는 '환경 확대(expanding environment)'에 따른 교육과정 구성이 사회과 계열을 지배하게 되었다(〈 표 2 〉 참조).

〈 표 2 〉 미국 사회과 교육과정 조직상의 지배적인 유형

학 년		과 정
유치원		자기자신, 학교, 공동체, 가정
국민학교	1	가정
	2	이웃
	3	지역사회
	4	각주의 역사, 지역(남부, 동부, 북부, 대서양, 태평양연안)
	5	미국사
	6	세계문화, 서반구
중학교	7	세계지리, 세계사
	8	미국사
	9	공민, 세계문화
고등학교	10	세계사
	11	미국사
	12	미국정부

출처; H.D. Mehilinger & O.L .Davis Jr. 편, 한국사회과교육회 역, 1986: 20; 조도근, 1991: 71.

이러한 미국 사회과의 발달과정에서 20세기 초 사회과 성립 이후 지금까지 변하지 않고 지켜오는 두 원리를 발견할 수 있다. 그 하나는 사회과 성립의 계기이자 존립의 기반이기도 하였던 민주시민성 자질의 함양(good citizenship)을 목표로 하는 '시민성 원리'이며, 다른 하나는 복잡한 현대 생활에서 객관적이고 과학적인 사회인식을 통해 사회생활을 이해하기 위한 제 사회과학(역사, 지리, 정치, 경제 등)을 통합하는 지적 측면과 이렇게 형성된 지식을 민주시민의 자질로서 요구되는 태도 능력의 실천적 측면을 통일적으로 형성하고자 하는 '통합성 원리' 이다.

2) 진보주의 교육사조

해방 후 한국에 소개된 민주주의 교육론과 함께 사회과의 교육철학적 기초로서 근거하고 있는 진보주의 교육사조는(강인순, 1984: 456; 임영철, 1985: 147), 그 철학적 배경이 경험주의에 근거하여 유럽에서 오랜 동안 주류를 이루었던 것이 미국에 들어와 적응되고 변화되어 형성된 교육철학인데(김원희, 1977: 317; 박영만, 1991), 오늘날까지 한국교육에 지대한 영향을 미치고 있다(정영수, 1988: 177; 김원희, 1977: 329-331). 특히 20세기 전반, 사회과는 학교 교육과정의 어떤 다른 영역들 이상으로 진보주의 교육운동의 영향을 받았다.

진보주의 교육철학은 실용주의적 · 도구주의적 · 실험주의적(pragmatism-instrumentalism-experimentalism)인 사상위에 세워진 교육철학으로서 자유주의에 입각하여 개개인의 자기표현과 자기 활동을 키워주며 전진적이고 역동적인 경험과정을 중요시하였다(한기언, 1984: 85). 진보주의 교육자들은 교육은 일반 시민들에게 사회적으로 유용한 것이어야 하며 학습자의 현실 생활태도에 기여해야 한다고 주장하였으며, 또한 교육은 단지 삶을 위한 준비가 아니라 삶 그 자체로서 교사는 학습자를 문제해결, 사회문제의 분석, 사고, 추론으로 이끌어야 한다고 주장하였다. 이러한 주장은 1920년대부터 1960년대 초기까지 사회과 교육과정의 주된 이념이 되었다(John Jarolimek, 1981: 6).

이렇듯 사회과 교육과정에 영향을 끼친 진보주의는 다양한 원천에 근거하고 있기 때문에 주창자에 따라서 교육론이 다르다. 즉, 진보주의 교육은 아동중심, 실험주의 중심, 사회재건 중심의 세 가지 강조점에 따른 교육론으로 나누어진다(Dong-Koo Kim, 1984: 80-90). 그렇지만 공통적 특징으로 아동중심주의, 평등주의, 일상적 생활경험의 중시, 실험주의를 들 수 있다(讚岐和家, 1980: 2).

미군정기 우리나라에 주로 소개 도입된 것은 이 세 가지 진보주의 교육사조 가운데서 아동중심의 학습활동이었으며, 실험주의 방법과 사회재건을 위한 진보주의는 미군정기 한국 교육개혁에 적용되지 못하였다(Dong-Koo Kim, 1984: 205). 그러므로 당시 우리 교육자들은 미국의 진보주의 교육사조를 아동들의 타고난 개인차를 존중해서 교육해야 한다는 아동중심의 학습활동을 강조하고, 아동이 교육의 과정에서 중심적인 위치를 차지하며 주로 그들의 흥미와 욕구에 따라 교육활동의 내용이 선정되는 교육양식으로 이해하였다.

듀이는 진보적 교육운동의 극단적인 아동중심주의를 반대했고, 그의 지성주의를 오해하여 생활의 적응에만 치우치거나 민주적 사회복지의 실현을 전제하지 않은 개인의 자유를 강조하는 것을 배격하였다. 그리하여 듀이는 아동중심주의, 생활중심교육이 지적인 태도와 조화를 이룰 것을 강조한다.

이러한 입장에서 듀이를 진보주의 교육운동 속에 포함시켜 생각하는 것이 보통이나, 듀이 자신은 그를 따르는 진보적 교육자들의 잘못된 교육 실천에 대해 비판적이었다는 점에 대해서도 재인식이 필요하리라고 본다(박봉목, 1971: 2). 그러나 본 연구에서는 듀이의 주장에 의해 사회과 교육과정 구성에 종래의 획일적, 지식위주의 교육에서 아동중심, 생활중심으로의 인식전환에 영향 입은 바가 크다는 입장에서 듀이의 진보주의교육을 이해하고 논의를 전개한다.

이러한 진보주의 교육사조가 대두하게 된 배경은 1930년대의 광범하고도 급속하게 진행되고 있던 미국 자본주의 사회의 변동기에 듀이의 교육론이 풍미하게 됨에 따라[16], 전통적인 교과중심 교육과정으로는 아동 학생들이 급변하는 사회에 적응할 수 없으며 현실생활과는 거리가 너무 멀다는 비판 때문이었다(이형행, 1990: 177).

이리하여 1930년대 '8년 연구'를 위시하여 미국의 여러 주에서는 교육과정 개정이 활발하게 전개되었다. '8년 연구'는 1934년부터 1942년에 걸쳐 버지니아 주 교육위원회가 개발한 연구로서 이때 개발된 교육과정 구성이론에서는 청

16) 듀이와 진보주의 교육운동과의 관계는 Lawrence A. Cremin(1975), pp.146-156 참조.

소년의 공통욕구와 민주사회의 성원으로서 갖추어야할 인격적 특성을 기초로 한 교육목표를 설정하였다.

즉, 민주적 문화의 이상과 일치하는 행동 패턴을 지니는 것 같은 모든 개인의 최적의 발달을 교육목표에서 바라는 것이었다(이경섭, 1975: 70). 이 버지니아플랜은 중핵교과과정(Core-Curriculum)의 전형적인 예의 하나로서 사회과는 다른 교과를 포괄·종합하는 광역교과로서 교육과정 개정운동에 중심으로 기대되었다(山本芳孝, 1980: 221). 이 교육과정 개정운동으로 오늘날 사회과라 부르는 교육과정이 두드러지게 변화하였다(George L. Mehaffy, 1987: 23). 이런 상황에서 생활과 학습의 관련성을 강조하는 듀이 교육론[17]은 변화하는 미국 사회 환경에 직면하여 문제를 해결하면서 생활의 창조적 발전을 꾀하기 위해 무엇보다도 주체적 생활자로서의 실천적 지성을 강조하였다.

듀이는 기존의 지식체계나 문화유산의 전달 혹은 인간의 체제적 동화가 곧 교육의 본질이라고는 생각하지 않았다. 오히려 현실의 생활문제를 해결하는 가운데 주체가 탐구·사고·창조하는 과정을 중시하며 경험의 재구성, 그것의 연속적인 발전을 교육의 과제로 삼았다. 그리고 지식체계 그 자체를 완결체로서 아동에게 전달 주입하는 것이 아니라 현실경험으로부터 출발하여 문제를 탐구해가는 가운데 그것에 필요한 지식을 과학적으로 조직할 필요가 있다고 주장하였다[18]. 이 때문에 문제해결식 탐구학습과정이 사회과 교육과정에서 중시되었는

17) 듀이의 교육사상에서 생활과 학습의 관련성을 강조한 것은 다음의 글귀에서도 나타난다. "Learning? Certainly, but living primarily and learning through and in relation to living" (The School and Society, 1915: 36) 이를 우리말로 옮기면 "학습? 확실히 이것은 필요하다. 그러나 먼저 생활하는 것이 중요하며, 학습은 생활을 통해서 또한 생활과 관련하여 이루어져야한다." 전후(戰後) 일본에서 생활학교 이론을 제창하였던 梅根悟는 이 듀이의 글귀를 "좀 과장하여 말한다면, 20세기 신교육 운동은 결국 이 한 구절에서 시작하여 이 한구절로 돌아간다." 고 기술하고 있다. 梅根悟 (1984: 1).

18) 그렇다고 전통적인 문화, 지식 전달의 교육을 반대한 것은 아니다. 듀이는 전통적 교육과 진보주의교육의 조화와 균형을 주장하고 있다. 이에 대한 보다 상세한 내용은 John Dewey, Experience and Education, New York, Macmillan, 1938 편집자 서문과 1장을 참조.

데, 이러한 입장은 종래의 주입식 교육을 타파하는데 커다란 역할을 하였다.

이러한 진보주의 교육사조는 미국의 좌・우익으로부터 비판을 받았다. 즉 좌익은 진보주의 교육이 가지고 있는 딜레마로 진보주의 교육이 아동의 자율성과 자아계발을 강조하면서도, 필연적으로 사회화를 위해 기능하고 있다고 지적한다. 이에 대해 우익의 진보주의교육 비판의 핵심은 진보주의가 진정으로 실천되는 경우에는 잠정적이나마 자본주의적 규율에 적대적이게 된다는 점이다(M.사럽, 이종태 역, 1988: 18-30).

제2차 세계대전의 종결과 함께 진보주의 교육이론까지도 사회주의 경향으로 보는 1950년대 미국 우익적 매카시즘(McCarthyism)의 선풍이 자리잡혀감에 따라, 점차 영향력을 잃게 되었다(佐藤三郎, 1986: 38). 그 결과 1955년에 진보주의 교육협회가 해산되고 협회의 기관지 진보주의 교육은 1957년에 폐간되어, 미국의 진보주의 교육운동은 막을 내리게 되었다(한기언, 1984: 87; 讃岐和家, 1980: 2).

그러나 이 진보주의 교육사조는 획일주의, 주입식교육을 부정하고 아동중심주의, 자유주의를 존중하고 생활경험을 중시하는 교육으로 바꾸는 데 결정적인 기여를 하였다. 특히 사회과에서는 이러한 진보주의 교육사조의 영향으로 학습내용은 지식체계 중심이 아니라, 학습자가 당면하고 있는 생활의 문제들을 중심으로 구성되게 되었으며 이에 따라 문제해결 학습이 전개되게 되었다.

2. 미군정 초기의 대한교육정책과 사회과의 도입

1) 미군정 초기의 대한 교육정책

미군정기의 교육정책을 초기(1945-1947. 3)와 후기(1947. 3-1948. 8. 15)로 나눌 수 있다. 미군정 초기는 제 2차 세계대전의 얄타체제에서 확인된 반파쇼민주주의 승리와 포츠담회담에서 교육에 대한 합의 사항 즉, "파시즘과 군국주의의 이념을 완전히 불식하고 민주주의 이념으로 발전할 수 있도록 한다." 는 규정이 겉으로는 실천에 옮겨지는 과정에 있었으며(土持ゲ-リ 法一, 1985: 31), 이 시기에 사회과의 도입이 이루어졌다. 이에 비해 미군정 후기는 1947년 초 냉전체제의 전개에 따라 미국의 대한정책이 확연하게 반동화 · 보수화로 전환되는 과정이었다.

우리나라는 일제 통치하에서 전체주의적 식민지 교육을 받아왔다. 특히 전시체제기(1938-1945)는 식민지 교육정책의 성격이 두드러지게 나타나는 시기이다. 이때의 교육정책의 성격을 가장 잘 알 수 있는 것은 제 3차 교육령의 공포(1938. 3. 3)와 함께 재시된 총독의 유고(諭告;1938. 3. 4)인데, 이 유고에서 국체명징(國體明徵), 내선일체(內鮮一體), 인고단련(忍苦鍛鍊)이 3대 교육방침으로 강조되어 있다(朝鮮總督府, 1940: 780-781; 손인수, 1991: 1330). 교육방침에 덧붙여서 '총후의 수(銃後の守)'라 하여 후방 방어자로서 여자의 역할 강조가 각 교과교수내용, 생도교양, 요지 등으로 나타나고 있다(佐野通夫, 1981: 228).

그러나 해방을 계기로 우리나라는 이러한 과거 식민지교육의 잔재를 불식하는 한편, 미군정 하에서 민주주의 이념에 따른 교육의 근본적인 개혁이 시도되었지만, 이러한 교육개혁은 미국의 추축국에 대한 점령정책과 관련이 있었다. 미국은 전시 중인 1942년 6월 19일에 국무성에 설치된 자문위원회를 통하여 점령지구의 교육재건 문제를 처음으로 검토하기 시작하였다. 그리하여 교육에 관한 합의사항은 1945년 8월 2일 포츠담회담에서 미 정부의 정책안이 그대로 받아들여졌다. 이 합의 사항은 추축국의 파시즘과 군국주의의 불식 및 민주주의 이념의 발전을 규정하고 있었다.

이러한 정신은 1945년 9월 18일 미군정 당국이 최초로 지시한 미군정 법령 제6호 '신조선의 조선인을 위한 교육방침'에서 확인된다. 이 방침에는 교수용어로서는 국어를 사용할 것과 교과목에서는 조선의 이익에 반하는 교과목의 교수 금지를 내용으로 하고 있다. 또한 이 정신은 "교육제도 재조직의 목적은 일본식의 것을 뿌리 채 뽑아 없애고, 그 대신에 미국식 제도를 세우려는 것" 이라 하여 미군정의 기본정책이 미국식 민주주의의 수립에 있음을 지적한 미드의 주장에서 드러난다(E. G. Meade, 1951: 213; 손인수, 1991: 1482).

그러나 이러한 추축국에 대한 비군사화 · 민주화라는 과제를 실제로 추진할 구체안에 대해서는 충분히 검토되지는 않았다(土持ゲ-リ · 法一, 1985: 31). 더구나 미군정은 한국점령이 급작스럽게 이루어졌고 한국에 대해 거의 백지상태로 한국인에 대한 지식이나 정보는 물론 한국문화에 대해 아무런 이해를 갖지 못했다(라우터.백 R, 1983: 37-38; 이기백, 1992: 474; 한우근, 1992: 565; 한국정신문화연구원, 1987: 15-19). 이는 재조선 미군사령관 하지(John R. Hodge)의 일차적인 임무가 한국에 대한 각종 정보와 자료의 수집이었다는 사실에서 확인된다(진덕규, 1985: 124).

이러한 상황에서 1945년 9월 2일에 공포된 하지의 포고 제 1호에 "미군은 근일 중에 귀국에 상륙하게 되었다. … 미군은 연합군 대표로서 상륙하는 것으로 그 목적은 귀국을 민주주의 제도 하에 있게 하고 국민의 질서유지를 도모하는 데 있다. … "고 하여(조선일보사, 1985: 21), 민주주의 제도의 구축과 질서유지를 미군진주의 목적으로 삼고 있다. 그러나 9월 9일에 공포한 포고 제 2호에는 "미군은 일본군의 항복을 여행하며 한국의 재건 및 질서 있는 정치를 실행코자 근일 중 상륙하게 되었습니다. 이 사명은 엄격히 실행하고자 하오나 불행한 국민에게 자비심 깊은 민주국인 미국에서 실시하는 것이니 확실한 것입니다. 국민의 경솔 · 무분별한 행동은 의미 없이 인민을 잃고 아름다운 국토가 황폐되어 재건이 지연될 것입니다. …"라는 내용으로서(조선일보사, 1985: 22), 민주주의의 제도화보다는 질서유지에 강조점이 옮겨감을 알 수 있다. 따라서 점령업무 중 치안과 질서유지가 가장 중요한 것으로 부각되어 교육분야는 특별한 관심사가 될 수 없었다(최원형, 1987: 324).

미군정의 기본적인 임무가 한반도에서 소련 공산주의의 팽창정책을 저지하고 한반도에 친미적인 민주주의 국가를 수립하는 것이었지만(정영수 · 한만길 · 나정, 1985: 42), 미군정 초기의 교육정책은 일제잔재의 불식과 현상유지(평화와 질서유지)를 전제로 한 당면 과제 해결방식을 그 특징으로 하고 있었다.

즉, 1945년 9월 22일에 군정청 학무국에서는 당면한 교육방침을 결정, 발표하였는데 일반방침으로서 "(1) 교육제도와 법규는 금후 실시해 나갈 교육정신에 저촉되지 않는 한 당분간 현실대로 시행하되 일본주의적 색채에 관한 일체의 사항을 말살함. (2) 평화와 질서를 당면의 교육목표로 함 …"을 들고 있다. 그리고 교육상 유의할 점으로서 8개의 항을 나열하고 있는데, 그 요지는 평화와 질서유지, 공민적 자질함양, 공덕과 공법의 준수, 실천적인 지식의 연마 등이다(한국교육30년 편찬위원회, 1980: 392-393; 안상원, 1982: 708-709).

교육의 당면 과제로는 학교교육의 재개와 교육관계자의 인사문제, 그리고 교사 충원문제와 교과서문제였다. 이들 교육문제는 군정청에 설치된 학무국[19]이

19) 미군정청 학무국은 직제 시안 단계를 거쳐 1945년 10월 6일에 첫 직제(7개과)를 제정하였다. 이후 1946년 3월 29일에 군정청 문교부로 승격 개편될 때까지 6개월 동안에 여섯 차례나 기구변경이 있었다. 이와 같이 직제가 자주 바뀌게 된 이유는 첫째로 업무내용 파악의 미숙과 운영방식의 불확정성 그리고 무계획적인 인원보충으로 인한 수시 기구조정의 필요성, 둘째로 미국식 특히 미국군대식 행정관례에서 오는 학무국의 내부조직권이 국장에게 사실상 일임되어 있어 변경이 용이했다는 점을 들 수 있다. 제 3차 학무국기구 개편 때(1945. 11. 16)

맡고 있었는데, 학무국은 이들 문제를 처리하는 과정에서 한국인을 군정청 문교부문의 요원으로, 혹은 군정청 자문기관의 구성원으로서 적극적으로 등용했다. 이것이 나중에 이른바 '한국화정책=Koreanization Policy'의 일환이며(關英子, 1987: 66). 여기서 형성된 교육주도 세력은 해방 후 한국 교육체제의 형성에 결정적인 역할을 하게 된다.

미군정은 당면한 교육적 과제의 해결과 함께 정치사회화의 중요한 통로로 대한정책의 기본 방향을 구체적으로 구현할 수 있는 중요한 수단으로 교육을 생각하였다. 그리하여 미군정 초기 대한정책의 기본방향인 민주주의의 적극적인 보급이었다. 그런데 미군정에 의한 민주주의의 보급은 크게 두 가지의 형태로 나타났다. 하나는 매스미디어를 이용한 영화, 라디오 방송을 통하여서이고, 다른 하나는 사회과를 통한 민주주의의 보급이었다. 이러한 민주주의의 보급 방식은 일본에서도 적용되었다(Dong-Koo Kim, 1984: 144-151; Toshio Nishi, 1982: 181-186).

민주주의 보급을 위한 교육적 실천교과로 등장한 사회생활과는 당시 한국의 교육전문가들에게는 교육방법적 측면에서 구 교육을 버리고 신교육, 즉 생활본위와 경험중심교육, 소위 새교육 운동을 지향하는 중심 교과목으로 인식되었을 뿐만 아니라, 당시 교육목표인 민주주의 국가건설의 중요한 통로로서 이해되었다(이상선, 1946; 오천석, 1975; 오준영, 1948; 한기언1960; 심태진, 1971).

제 1차 미 · 소 공동위원회(1946. 3. 30)가 결렬되고 좌 · 우의 정치적 대립은 심화되고 있었다. 이와 관련하여 분단이 지속될 것이라는 전망으로 미국의 대한정책은 전체적으로 재검토될 수밖에 없었다. 이러한 정책적 고려와 함께 일반 국

부터 조직상 미국인과 한국인의 2중 조직을 처음으로 도입하였다. 그러나 한국인 직원은 미국인 직원의 보좌관적인 지위에서 상대역을 맡게 하였다. 제 4차 학무국 기구 개편(1945. 12. 19)으로 유억겸이 한국인 국장으로 임명됨으로써 모든 직을 한 · 미 이중 인사체제로 전환하였다. 정태수(1988) pp. 82-91 참조. 그러나 한국 측의 권한은 미군정 측의 정책적 고려 범위 내에서만 상대적 자율성이 있었다. 오천석(1975: 57). Dong-Koo Kim(1984) pp. 108-110의 워스(Richard Werth)의 증언을 참조.

민의 생활고와 정치테러 등으로 미군정에 대한 반감이 고조되어갔다.

이는 다음의 증언에서도 나타난다.

> "미군이 점령한지 채 1년도 못 되어 남한사회는 모리배(부정이득자)와 정치테러단이 날뛰는 세상이 되고 말았다. 미군정청은 곡물 징집령으로 농민을 수탈하는 한편, 접수한 귀속재산을 악덕 매판자본가에게 불하하는 등의 정책을 실시함으로써 많은 생산시설이 가동되지 않은 채 방치되었고, 식량사정은 날로 악화되어 쌀을 요구하는 부녀자들의 시위가 매일같이 벌어졌다. 또한 조선은행권의 남발과 생활필수품의 결핍으로 물가는 하늘을 찌를 듯 치솟았고, 각 도시에는 실업자·반실업자가 들끓는 등 민중의 생활고는 극에 달하게 되었다. 이와 같은 사정으로 인해 당시 한국 민중의 군정청에 대한 감정 또한 점차 험악해지고 있었다."(고영민, 1987 : 110).

이에 따라 한국민의 이해를 증진시키기 위한 수단으로서 교육개혁은 필요한 절차이기도 하였다.

이와 같은 대내외 정세의 변화에 따른 적극적 교육개혁의 필요성에도 불구하고, 화순탄광노동자 사건(1946. 8. 15)과 대구폭동사건(1946. 10. 2) 등 국내 상황의 악화로 정치적으로 시급한 문제를 해결하지 않을 수 없게 되자 구체적인 교육계획의 수립은 지연되었다. 또한 1946년 주한 미 군정청이 요청한 교육조사단의 한국파견은 맥아더의 반대로 중지되어[20], "우선 한국의 교육에 대한 과학적 조사

---

20) 미국의 교육사절단 파견은 일본에 이어 독일에서도 이루어졌다. 미국 측으로서는 일본의 교육사절단 파견에는 적극적이었지만 독일에 대해서는 소극적이었다. 그것은 미국내부에서 독일의 교육개혁에 대한 의견의 불일치때문이었다. 즉 하나는 진보주의에 입각하여 독일 교육제도, 커리큘럼을 철저하게 개혁하자는 입장과 다른 하나는 독일 교육의 세계적 수준을 인정하고 오히려 배워야 한다는 소극적 입장의 갈등이 있었다(土持ゲ-リ· 法一, 1985: 32). 우리의 경우도 교육사절단의 파견이 논의되었으나 그 당시 소련과의 협상에 장애가 될 것을

를 행하고 그것을 근거로 교육재건을 위한 응급책 및 장기간 계획을 세운다."고 하는 국무성의 구상은 좌절되었다. 그리고 미국으로부터 장기적 전망에 입각한 대한교육정책 및 그것에 의거한 한국교육 재건을 위한 효과적이고 구체적인 정책을 명확히 세우지 못한 채, 현지의 군정청에게 교육정책을 적절하게 실시하도록 맡기는 도리밖에 없었던 것이다(阿部洋, 1987: 23).

이상과 같이 미군정 초기의 교육정책이 미군정의 한국에 대한 사전 정보의 부족과 미 · 소의 분할점령이라는 한반도의 특수성으로 대한정책에서 소련과의 협상타결을 고려해야 한다는 점에서 응급조처적인 현상유지의 성격을 띠게 된다. 그렇지만 한국에서 반공을 전제로 한 민주주의 국가의 건설이라는 일관된 기본정책 수행만은 교육을 통해서 철저하게 이루어졌다.

1947년 3월 미국은 이른바 '트루먼 독트린' 을 발표하여 전체주의의 직접 간접 침략으로부터 자유주의 진영을 지킨다는 대소 봉쇄정책 (Containment Policy)을 펴 나갔다. 이것을 계기로 미국의 대한정책도 그때까지의 소련과 협상에 의한 남북통일, 임시정부 수립이라는 방향에서 전환하여 38도선 이남에 단독정부를 수립하고 한국 내정에 적극적으로 개입하는 방향으로 크게 전환되었다.

이렇듯 미군정 초기의 대한 교육정책은 그 당시 한국을 둘러싼 복잡한 국제정세와 한국 내의 정치적 사회적 혼란으로 그렇게 정비된 방식으로 일관성 있게 전개되지는 못했다. 그리하여 일제 잔재의 불식과 민주주주의 교육을 그 목적으로 내걸었던 미군정 초기의 교육정책은 실제 실천과는 많은 괴리가 있었다.

우려하여 맥아더는 반대하였다.

2) 사회과의 도입과정

한국 점령 직후에 미군들은 일본 제국주의 이데올로기로 가득 차 있는 초·중등학교 교육과정을 발견하였는데 학교 수업시간의 대부분이 제국주의적이고 군국주의적인 이데올로기와 그 실천이었다. 즉 일본어, 일본사, 일본지리, 그리고 세 가지 종류의 훈련 등이 수업시간의 대부분이었다(최원형, 1987: 335-339; 최양호, 1992: 403-420). 그러므로 해방된 한국이 민주국가로 수립되기 위해서는 민주주의의 기본정신인 인간의 존엄성을 바탕으로 교육을 혁신하는 것이 무엇보다도 요청되었던 것이다(한국교육10년사간행회 編, 1960: 80).

군정이 실시되자 우선 교육내용의 개편에 착수하게 되었고 일제의 잔재인 군국주의적 색채를 없애고자 노력하였다. 이 과정에서 교육과정을 전면적으로 개혁하는 일이 시급한 과제로 되었으나, 이를 위한 인적·물적 여건의 미비로 교육과정개혁은 쉽게 이루어지지 못하였다. 그러다가 교육심의회의 초등교육분과위원회에서 심의, 채택된 교육과정(1946. 1. 10)에서 일제의 수신을 대신하여 민주주의 교육을 위해 새로 대두된 분야가 '공민'이었다(이영기 · 김태영, 1979: 2).

'공민'은 국가 건설기라는 특수한 상황에서 새로운 민주적인 공민을 양성하기 위해 등장하였던 점에서 민주주의의 일반원리와 민족적인 것을 주요내용으로 하고 있었다. 다음은 조선어학회회가 1946년 3월 27일 발행한 『초등공민 5·6학년 합병용』의 목차이다.

그러나 이때 등장한 '공민'은 사회과의 한 주요 영역의 하나일 뿐 사회과는 아니었다. 왜냐하면 사회과는 공민, 역사, 지리를 새로운 교육사조에 따른 교육과정의 구성원리에 의하여 구성한 통합교과이기 때문이다(한국교육10년사간행회 編, 1960: 81; 김용만, 1988: 62).

미(美)정부는 이데올로기의 근본적 변혁을 달성하는 최선의 수단으로 교육을 생각하였다(Toshio Nishi, 1982: 141). 이에 따라 미 군정청은 초기 대한정책의

〈 표 3 〉 공민교과서 목차

단원	단 원 명	단원	단 원 명
1	자유	9	세종임금과 한글
2	인격	10	시간지키기
3	민주정치	11	용기
4	정의	12	화랑도
5	노동	13	나라 사이의 교제
6	사회	14	우리 민족성
7	보건과 위생	15	우리 겨레의 구실(사명)
8	개천절		

기본 방향인 미국의 이해(利害)에 기초한 민주주의의 적극적인 보급을 위해 한국 교육의 재편기에서 사회과의 신설을 구상하게 된다. 이 구상을 실현하기 위해서는 우선 해결해야 할 두 가지 문제가 남아 있었다. 첫째는 사회과 신설을 위해서 한국의 새로운 학교교육의 내용과 방법을 계획하고 만드는 일이며, 둘째는 한국 측 즉, 교육심의회를 움직여서 사회과의 본질을 이해시켜 사회과와 이를 유지하는 교육과정을 만들게 하는 것이었다.

왜냐하면, 사회과 도입이란 단순히 한 교과의 개폐라는 수준으로 해결될 문제가 아니라, 종래의 교육과정 체계의 전환과 교육방법의 근본적 개선을 요하기 때문이었다. 따라서 미 군정청 측에서도 사회과 도입은 새로운 학교교육 내용과 방법의 계획 범위 내에서 비로소 가능한 성질의 문제였다. 다른 한편으로 사회과 도입이란 한국의 학교 교육과정에 도입되는 것이고, 이 때문에 미 군정청 측이 일방적으로 결정하는 것보다도, 교육심의회에 조언과 지도를 함으로써, 한국 교육자들에게 납득시킬 필요가 있었다. 따라서 사회과 신설은 이 두 가지 문제가 해결되어야 비로소 구체화될 수 있었다.

그러나 교수요목(나중의 교육과정) 제정과 교과서 편찬에 도움을 줄 자료는 거의가 일본자료뿐이어서, 군정청 문교부[21]는 일제의 잔재 청산과 민주주의 교육 창달을 위해 미국 여러 주의 교과서를 소개하기도 하였다. 그런데 사회과 도입을 둘러싸고 관계 편수관과 일반 교육자들 간의 찬·반에 따른 갈등이 있었다.[22] 사회과 도입에 대한 찬·반 논란은 크게 두 가지로 나누어 살펴 볼 수 있다. 하나는 사회과 도입 그 자체에 대한 논의이고, 다른 하나는 사회과의 학적 체계와 실천에 대한 논의이다.

찬성론자들인 앤더슨(Paul.S. Anderson; 미군정 편수국 고문관)[23], 오천석(문교부차장), 김상철(문교부 중등교육과 교육관), 이상선(편수국 번역사, 후에 편수관) 등은 획일적 지식을 주입하는 일제의 전제적 교육잔재를 청산하고 민주주의 교육의 창달을 위해서는 사회과의 창설이 필요하다는 입장이었다(이상선, 1946: 서문). 이에 대해 편수관회의에서 반대론을 펼친 황의돈, 고석균은 사회과는 미국 학제의 무비판적 도입이며, 학문의 체계에도 맞지 않는다고 주장하였다. 아울러 관련 대학교수들은 교사 재교육의 필요성과 사회과의 통합교과적 특성에 맞는 교과서의 미비를 들어 반대하였다(박광희, 1965: 50-51). 그리고 일선 교사들은 "사회과는 도대체 어떠한 교과인가," "무엇을 어떻게 가르쳐야하는가,"라는 의문과 문제를 내포한 곤혹과 혼미의 상태였다(심태진, 1955; 이상선, 1946; 이준하·이원학, 1947: 서문).

이렇듯 사회과의 도입을 둘러싸고 논의를 계속하다가 최종적으로 결론짓기를 초등학교는 통합하고 중학교는 다음으로 미루고 그러한 정신만은 통합교과인

---

21) 군정청 학무국은 1946년 3월 29일에 군정청 문교부로 승격 개편된다.

22) 사회과 도입을 둘러싼 이러한 갈등은 일본에서도 나타났는데, 종래의 공민, 지리, 역사를 통합하는 데는 찬성하면서도 사회과라는 명칭에는 반대가 있어서 위원회 내에서 갈등이 있었다. 사회과 도입에 대한 비판과 저항은 오히려 중등교육 수준에서 더욱 강했다. 野村는 계통적인 토대에 기초를 두고 조직된 각 교과를 중학생은 배워야한다고 주장하였다. 그러나 결국 위원회는 제 7학년부터 10학년까지는 통합사회과를 두는 것이 적절하며, 일본사를 어디에 둘 것인가의 문제는 계속 연구하기로 결론지었다. (片上宗二, 1982: 21).

23) 앤더슨은 1945년 11월 23일 전입하여 제 4차 학무국 기구개편 때에 편수과장보의 직위에 있다가 제 6차 학무국 개편 때(1946.3)부터 편수과장으로, 이후 군정청 문교부에서는 편수국 미국인 고문이었다. 편수국의 주요 업무는 교수요목, 교과용 도서, 참고도서의 번역 발행 검정이었다(정태수, 1988: 89-97).

사회과로 하기로 하였던 것이다(박광희, 1965: 54). 그리하여 1946년 9월 1일부터 새로운 민주적인 각급학교의 교과과정이 교육심의회에 의해서 제정되어 모든 교육내용이 이를 중심으로 구성하게 되었고, 이때 사회생활과란 교과의 명칭이 공식적으로 등장하였다(〈 표 4 〉, 〈 표 5 〉참조).

이 교과과정의 가장 큰 특징은 사회과의 내용과 형식이 모두 바뀐 데 있다. 사회과는 종래에 각각 독립된 과목이었던 역사, 지리, 공민을 통합하여 하나의 과목으로 만든 것으로서 사회생활을 영위하는데 필요한 기본적인 교양을 내용으로 하는 교과로 특히, 민주시민의 육성에 그 중점을 두고 있었다(함종규, 1976: 189). 그런데 이 사회과는 세 과목을 단순히 합한 것이 아니라, 아동들에게 생활에 관한 기본적인 지식과 기능을 습득시키기 위하여 통합되고 재구성된 과목이었다.

이러한 사회과의 특징은 다음 〈표 6〉에서 볼 수 있듯이 특히, 초등학교 저학년인 1학년에서 4학년까지의 단원내용 구성에서 두드러지게 나타난다. 즉, 자신의 주변 생활에서 고장, 사회, 세계의 생활로 확대되고 있으며, 고학년인 5 · 6학년에서는 지리, 역사, 공민이 중점적인 내용으로 구성되어 있다.

〈 표 4 〉 초등학교교과목 및 년 간 교수시간표 (1946. 9. 단위: 시간 수)

학년 / 교과목	1학년	2학년	3학년	4학년	5학년	6학년
국 어	360	360	360	360	320	320
사회생활	160	160	200	200	남240, 여200	남240, 여200
이 과						
산 수	160	160	200	200	200	200
보 건	200	200	200	200	200	200
음 악	80	80	80	80	80	80
미 술	160	160	160	160	남160, 여120	남160, 여120
가 사					여80	여80
계 ( )안은 주당 교수 시수(時數)	1,120 (28)	1,120 (28)	1,200 (30)	1,360 (34)	1,360 (34)	1,360 (34)

자료 : 한국교육10년사간행회 편(1960: 81).

〈 표 5 〉 중학교 필수과목 교과과정표 (1946. 9. 20. 단위: 주당 시간 수)

필수과목	1학년	2학년	3학년	4학년	5학년	6학년
국 어	5	5	5	3	3	3
사회생활	5	5	5	5	6	5
수 학	5	5	5	5	0	0
일반학과	5	5	5	·	·	·
체육보건	5	5	5	3-5	3-5	3-5
실 과	2	2	2	·	·	·
음 악	2	2	2	·	·	·
과 학	·	·	·	5	5	5
외국어	·	·	·	0-3	0-3	0-3

* 1-3학년은 중학교, 4-6학년은 지금의 고등학교에 해당됨
* 선택과목은 생략함

자료 :문교부 조사기획과, 1949?: 87(함종규, 1984: 29-30에서 재인용), "Summation" No. 12. Sept. 1946: 68-69(關英子, 1987: 95-96에서 재인용).

〈 표 6 〉 초등학교 사회과 지도 내용 단원 (1946. 9)

학년	내용 단원
1학년	가정과 학교—우리 집, 우리 학교, 우리 집 동물, 우리 가족의 음 식, 우리 가족의 의복, 우리 가족의 휴양.
2학년	고장 생활—우리의 식량, 우리의 의복, 우리의 집, 우리 고장에서의 여행, 우리의 통신, 그밖의 사회생활을 돕는 이들, 1 년 중의 기쁜 날, 우리나라 국기와 다른 나라 국기
3학년	여러 곳의 생활—우리 지방, 각 지역 (한대, 열대, 산간, 해양, 도시), 사회 양식이 다름, 사람의 자연에 대한 적응
4학년	우리나라의 생활—우리나라의 지도 공부, 우리나라 생활의 자연 환경, 우리나라의 자연과 산업, 우리나라의 교통, 우리나라의 도시와 촌락, 우리 집의 생활, 우리 민족의 고문화, 우리나라와 외국과의 관계
5학년	다른 나라의 생활—지구 이야기, 원시인의 생활, 고대문명, 아시아와 그 위치, 유럽과 그 주민, 아프리카와 그 주민, 남북 아메리카주와 그 주민, 대양주와 그 주민, 우리나라와 세계
6학년	우리나라의 발달—원시 국가와 상고 문화, 삼국의발전과 문화, 남북 조선의 대립과 그 문화, 고려와 그 문화, 근세 조선과 그 문화, 일본인의 압박과 해방, 건전한 생활, 우리나라의 정치, 우리나라의 산업과 경제, 우리 민족성, 우리의 자각과 사명

출처: 문교부(1987: 55-56).

군정청 문교부는 이 새로운 교과목에 대한 올바른 지식을 보급시키기 위해 전국적인 강습회를 계속 개최하는 한편, 교수요목 제정위원회로 하여금 사회생활과 교수요목 작성을 착수하게 하여 1946년 12월 7일에 초등학교 사회생활과 교수요목을 제정 공포하였다(이태근, 1979: 22).

문교부가 제정한 초등학교 사회생활과 교수요목은 미국의 콜로라도 주의 8년 과정을 6년으로 단축한 것으로(심태진, 1971: 53), 이는 당시 편수국장 고문이었던 앤더슨(Paul S. Anderson)이 자기 출신 주인 콜로라도의 사회생활과 교수요목을 비롯한 자료들을 들여와서 한국인 직원들에게 넘겨주었으며(홍웅선, 1992a:

27), "콜로라도 주의 덴버 시(市)가 사회생활과를 시범적으로 채택하여 선진적인 발전을 하고 있었다(한기언, 1960: 79-80)"는 점과 이상선이 편찬한 『사회생활과의 이론과 실제』(1946년 10월 방행)가 콜로라도 주의 사회생활과 요강을 참고한 것이었다는 사실과 관련이 있다고 생각한다.

그런데 이 교수요목을 접한 종래의 강의식 분과교육에 젖은 일선 교육자들은 신설된 사회과를 이해하기 곤란하여 그 정체를 잡고자 우왕좌왕하였다(심태진, 1971: 53). 1947년 12월 미군정청에 의해 만들어진 중등학교 교수요목에 의해 국사, 공민, 지리와 함께 사회생활과로 통합되었다.

3. 도입기 한국사회과의 의의(意義)와 한계

도입기 한국사회과의 의의와 한계를 사회과 도입의 수용 자세와 사회과 목표・내용・방법・교육자들의 인식에 이르는 일련의 사회과교육학적 실천으로 크게 두 가지로 나누어 살펴본다.

첫째, 사회과 도입의 수용 자세에서 주체적 인식이 있었다는 점에서 의의가 있으나, 그 주체적 인식이 당시 한국 국민의 요구와 사회적 여건을 철저하게 고려하지 못했다는 점에서 그 한계가 있었다.

1946년 9월 군정청 문교부의 교과과정에 따른 초등학교 사회생활과 교수요목이 제정 공포된 것이 같은 해 12월 7일이었다. 이 초등학교 사회생활과 교수요목은 이후의 중등 사회생활과의 교수요목에 준거가 되었다는 점에서 중요한 의미를 갖는다. 전술한 바와 같이 우리나라 최초의 사회생활과 교수요목은 미국 콜로라도 주 사회생활과 교수요목을 참고하여 작성된 것이다. 그러나 이곳의 사회생활과 교수요목을 번역 소개하였던 이상선은 『사회생활의 이론과 실제』에서

> 우리나라의 초등교육 연한이 6년이며 또한 우리나라는 우리나라의 독특한 성격을 가지고 있으므로…콜로라도 주의 교수요목을 함축하여 새로 편재함도 조선에서의 사회생활과 교수요목의 일안은 되리라고 믿는다(p.11).
>
> … 콜로라도 주의 교수요목을 설명하여 그 중에서 취할 것은 취하고 버릴 것은 버려, 선진교육가들의 조선적인 사회생활과의 참신한 명안이 나오기를 기다리는 의미에서 콜로라도 주의 지도요령을

설명하기로 한다(p.16).

… 이 과목에서는 각양각종의 교재가 필요하게 된다. 그러나 아동 일상생활에 관한 것은 아동들이 자수(自手)로 모집케 할 것이요, 기타의 것은 박물관, 도서관 기타의 기관에서 널리 모집하여야 할 것이다. 그러나 조선현하(現下)의 사정으로는 이 교재의 모집이 난사(難事) 중 난사일 것이므로, 지방에서 구득할 수 있는 것으로만 사용할 수 밖에 없으며, 완성은 후일의 조선의 발전을 기다릴 수밖에 없다 (p.17).

… 교수요령을 보면 기술적이고 효과적인 방법을 쓰고 있다. 그렇다고 이것이 최상의 것이라고 할 수 없는 것이다. 우리 조선에 있어서는 조선에 적합한 더욱 적당한 방법을 창안하며 발견하여야 할 것이다(p.123).

라고 하여 사회과의 교수요목 제정을 위해 콜로라도 주의 교수요목을 참고하되, 당시 한국의 실정을 감안할 것을 주장하고 있다.

이보다 앞서 허현은 『사회생활 해설』(1946년 7월 발행)에서 미국의 'Social Studies'를 맹목적으로 영어의 뜻대로 'Social(사회) + Studies(공부)'를 합친 '사회공부'라고 할 것이 아니라, "외국에서 어떠한 관계로 이러한 개념을 구성하게 되었느냐를 해설하는 동시에 이 개념은 우리에게도 적용할 수 있느냐를 검토할 필요가 있는 것이다. 단적으로 말하자면 이 용어는 미군이 38도 이남 조선에 진주할 때 휴대하고 온 것이다."라고 하여 'Social Studies'를 '사회생활'이라는 말로 쓸 것을 이론적으로 규명하여 사회과 도입 · 수용 자세에서 주체적 인식이 필요함을 주장하고 있다(허현, 1946: 1-3).

이러한 사회과 도입에서 주체적 인식의 필요성은 조선교육 연구회 주최의 제1회 민주교육강습회에서 '사회생활과 교육론'의 강사였던 심태진의 다음과 같은

주장에서도 보인다.[24)]

> 미국의 'Social Studies'를 수입하자는 생각은 없습니다. 미국과 조선은 국정이 다릅니다. … 미국의 요목을 그대로 가져온다는 것은 반대합니다. 그것은 사회생활과의 본질에 위배됩니다. … 미국의 교재를 참고로 하여 받아들일 때 조선식으로 고쳐야 합니다. … 자연적, 사회적 환경이 다르고 보니까 우리가 사회생활과를 지도하는데 조선에 맞는 교재내용을 잘 연구할 필요가 있습니다(심태진, 1946: 115-147).

라고 하여 사회과 도입에 있어서 민족 주체적 입장에서 조선에 맞는 사회과 내용 구성이 되도록 연구할 필요가 있다는 점을 강조하고 있다. 이러한 입장은 우리나라 초등학교 사회생활과 교수요목이 제정 · 공포된 이후 그 해설서인 오준영의『사회생활 교육원론』(1948년 10월 발행)에서도 다음과 같이 확인된다.

> 조선 문화향상은 다만 타국의 모방만이 아닐 것이다. 물론 외국문화의 수입을 부인하자는 의미는 아니다. 그러나 우리 조선겨레가 어떠하면 잘 현시대상에 맞도록 살아 나갈 수 있을까가 문화향상의 길이겠다.
>
> 외국인이 빵으로 매일의 식사를 한다 하여 급속히 국민전체가 조선의 미곡생산을 좌우하며 소맥의 생산여하 또는 수입여하에 무관계하며 서양인과 같은 생활을 함이 도저히 불가능한 사실임과 같이

---

24) 심태진은 당시 서울대학교 사범대학 부속 초등학교 교감으로 사회과, 특히 초등학교 사회생활과의 새로운 학습방법의 연구 보급에 앞장섰으며, 안호상이 주도하는 조선교육연구회의 중요 멤버였다.

다만 외국문화를 직수입하야 소화 불량증을 생(生)함이 그 모도(모두)가 아닐 것이다 (p.29).

이러한 인식은 사회과 도입 시기에 편수관이었던 황의돈[25]의 사회과 도입 반대 의사에서 확연하게 드러난다. 그는 관계관 연석회의에서,

크게 교육내용이 달라지는 것도 아니고 거저 지리, 역사, 공민을 합쳐서 미국식을 본떠 보려고 하는 '사회생활과'라는 과목을 둔다면 이것은 우리의 역사를 팔아먹는 것이나 다름없다. 순수한 우리의 것이 엄연히 존치하고 있는데 무엇 때문에 외국의 것을 수입해 와서 잡탕을 만들려고 하느냐? 이것은 우리의 문화를 매장하려는 것이지 무엇이냐? 나는 국사를 팔아먹지 못하겠다.

라고 호통을 치고 퇴장하였다고 한다.[26]

당시 교과서 편찬과정에서는 용지의 부족과 활자의 미비 등의 물적 어려움과 함께 저자의 확보, 사회과의 성격에 맞는 교과서 편찬의 어려움 등이 있었다.[27] 또 당시에는 '대학교수가 중학교 교과서를 어떻게 쓰느냐?' 는 인식으로 대학교수가 중 · 고등학교 교과서를 집필하는 것을 탐탁하게 여기지 않는 분위기였다. "지금 중 · 고등학교에서 가르칠 교재가 없다. 그러나 교육현장에서는 당장 필요하다. 일본교과서를 가지고 쓸 수는 없는 노릇 아니냐. 우리말 교과서 발행은 민족의 시급한 과제다" 는 설득과 인식으로 서울대 문리대 각과 교수들이 총망라하여

25) 황의돈(1890-1964)은 전통적인 유학 가문의 출신으로 1919년 안창호가 설립한 대성학교에서 국사교육을 담당하였다.
26) 1965년 9월 1일 성정여고 교장실에서 최병칠과의 면접; (박광희, 1965: 50에서 재인용).
27) 한성일보, 1946년 3월 4일자 '배우려도 책없는 서름(서러움)'의 기사 참조(돌베개 편집부 編, 1986).

의욕적으로 교과서 집필을 하였다. 당시 사회과 교과서편찬에 저자로서 관여하였던 서울대 교수로는 육지수, 박종홍, 이병도, 김상기, 조의설, 이준하, 김두헌 등이 있었다(한국 2종교과서 협회, 1990; 1991).

이렇듯 사회과 도입에 있어서 우리의 실정을 감안하여 주체적으로 수용하려고 노력하였고, 어려운 여건에서도 주어진 상황 속에서 최선의 교과서를 만들기 위하여 노력하였다는 점은 나름대로 평가받을 만하다. 그러나 이러한 주체적 수용자세는 일부 교과전문가의 인식수준에 국한되었을 뿐, 우리나라 최초의 사회생활과 교수요목의 사회생활과의 교수목적 · 교수방침과 콜로라도 주의 그것과의 비교(〈 표 7 〉, 〈 표 8 〉참조)에서 볼 수 있듯이, 그러한 주체적 인식이 사회과의 목표 내용으로 구체화되지는 못했다.

〈 표 7 〉 사회과 교수목적 비교 (콜로라도 주와 우리나라)

콜로라도 주 사회과 교수목적(1943년)
인간과 자연환경 및 사회환경의 관계를 밝힘에 있다. 따라서 그 중점은 단체생활의 상호관계 및 사회생활을 밝힘에 있다. 이러한 상호관계의 연구와 경험을 통하여 아동들은 사회화한 인간으로 도야하며 단체생활에 있어서 책임감을 가진 인격을 도모함을 목적(으로)한다
출처 : 이상선(1946: 5).

우리나라 사회과 교수목적(1946년)
사람과 자연 환경 및 사회환경과의 관계를 밝게 인식시켜 사회생활에 성실 유능한 국민이 되게 함을 목적으로 함
출처 : 문교부(1987: 2).

〈 표 8 〉 사회생활과 교수방침 비교 (콜로라도 주와 우리나라)

콜로라도 주 사회생활과 교수방침(1943년)
1. 사회생활에 필요하고 유효한 태도, 기술, 습관을 함양할 것 2. 단체생활에 제 관계와 책임에 대한 이해를 얻게 할 것 3. 사람과 환경과의 관계를 이해시킬 것 4. 미국의 역사와 그 제도에 관한 지식을 함양할 것 5. 민주주의적 생활법의 개량에 관한 지식을 얻게 할 것
출처 : 이상선(1946: 8).

우리나라 사회생활과 교수방침(1946년)
1. 단체생활에 필요한 정신 태도 기술 습관을 양성할 것 2. 단체생활의 모든 관계를 이해하게 하며 책임감을 기름 3. 사람과 환경과의 관계를 이해하게 함 4. 우리나라의 역사와 제도에 관한 지식을 얻게 함 5. 우리나라에 적당한 민주주의적 생활방법에 관한 지식을 함양함 6. 실천을 통하여 근로 정신을 함양
출처 : 문교부(1987: 2).

둘째, 도입기 사회과는 시민성 원리로서 민주주의의 교육을, 통합성 원리로서 사회과 내용구성의 통합을 목표로 삼았는데, 이는 오늘날에도 사회과의 존재의의이자 지향해야 할 목표라는 점에서 시사를 준다. 그러나 이러한 의의에도 불구하고, "당시 우리의 교육여건상 이 두 원리가 사회과교육 실천에 적합하였겠는가?"라는 의문점을 남겨 놓았다. 이상선은 앞의 책에서

> 신교육제도의 뚜렷한 노선으로는 민주주의에 입각한 교육과 종합교육의 두 가지를 요약해 낼 수 있다고 믿는다. 그리하여 이러한 노선의 실질과 수단을 주는 가장 기본적인 과목이 사회생활과이다.

… 현하(現下) 우리 조선사회에 있어서는 민주주의국가를 건설하는 도상에 있으므로 우리가 아동에게 가르치고 체험시켜야 할 것은 민주주의란 어떠한 것인가 또 민주주의의 실천은 어떻게 할 것인가를 가르쳐야 할 것이다. 현재 우리들은 거의 전부가 민주주의적 생활은 체험하지 못한 사람들이다. 이제 이러한 사회생활과의 등장으로 아동들이 민주주의적 생활훈련을 받게 된다면, 그들의 대에 가서는 그 얼마나 진정한 민주주의가 확립될 것인가… 사회생활과는 인간의 상호관계를 취급하는 것이므로 사회생활과는 실로 각 교과목의 핵심이 되어 있다. … 사회생활과는 독립한 교과목의 하나이면서도, 그러한 한낱의 교과목이라는 성격을 벗어나서 전 과목을 융합 통일하는 성능을 갖추고 있으며, 또한 이 과목의 정신은 각 과목에 침투되어 있는 것이다 (pp.2-9).

라고 하여 사회과를 통한 민주주의적 생활훈련을 강조하고, 사회과는 각 교과목의 핵심으로서 인간의 상호관계를 다루어야한다고 주장한다. 이는 사회과 목표로서 민주적 시민의 자질 함양이라는 시민성 원리와 내용 구성방법으로서의 통합성 원리를 상정하고 있는 것이다. 이러한 입장은 당시 문교부차장으로서 민주주의교육의 도입에 적극적이었던 오천석의 다음과 같은 주장에서도 확인된다(이상선, 1946: 서문).

우리 초등학교 교수내용 중에서 가장 혁명적인 개선을 요하는 부분은 사회생활에 관한 것이다. 종래의 수신과는 소위 사회생활을 관념적으로 아동에게 주입시키기에 전력하였고 지리, 역사 등 학과목은 그들에 대한 성인의 지식을 피교육자에게 전달하는데 주력하여 왔다.… 이러한 지난날의 과오를 고치고 사회관계 학과목을 아동의 생활에 접근시키며 피교육자의 심리에 호흡을 맞추기 위하여 금번 문교부에서는 재래 분산 각립하였던 과목을 합하여 사회생활과로 종합교수하게 한 것이다. 민주주의가 사회생활과에 부치는 기대는 크고, 그 지우는 짐은 무겁다.

이렇듯 사회과의 시민성 원리와 통합성 원리는 당시 사회생활과 교수요목 '셋째, 사회생활과 교수요목의 운용법'의 '제 6항 지리, 역사, 공민의 혼연 융합을 기할 것'과 '제 8항 민주주의교육을 할 것'에서도 규정되어 있다[28].

이러한 사회과의 두 원리에 따라 전통적인 '교사중심, 주입주의'교육방법을 탈피하고 개성을 존중하며 '아동중심, 문제해결 중심, 생활중심 교육방법'으로의 전환이 모색되었다. 그리하여 실제 교과서 내용에서도 이러한 움직임이 나타나고 있다. 즉, 1947년 동지사가 이 교수요목에 따라 발행한 초등학교 6학년용 사회생활과 교과서인 『우리나라의 발달』[29] '8. 우리나라의 정치 (1)정치의 의미'의 내용을 보면,

여러분 정치는 무엇일까요?

정치라면 나라를 다스리는 것을 말한 것이겠지요.

---

28) 당시 사회과의 구성에 있어서 종합, 융합, 결합, 통합 등의 개념이 확실하게 구분되어 쓰인 것은 아닌 것 같다. 이는 당시 사회과의 도입기라는 점에서 비롯되었으리라고 생각된다. 종합, 결합이란 용어는 사회과교육학에서 잘 쓰이지 않는 일반적인 뜻으로의 의미를 말하는데 이는 사회과 교육과정 구성원리인 상관(Correlation) 즉 제 과목의 상호 관련성을 말한다. 통합(Integration)이란 한 과목을 중심으로 하든지, 또는 각 사회과적 교과의 영역을 통합한 것을 의미하고 융합(Fusion or Unification)이란 사회과적 교과의 영역구분 없이 어떤 일정한 준거 하에 융합되어 있는 것을 말한다. Rolla M.Tryon, 1935: 456-481 ; Edgar Bruce Wesley, 1937: 239-247 (臼井嘉一, 1988: 66-67에서 재인용) 웨슬리는 융합형과 통합형만을 사회과라고 밝히고 있다(한기언, 1960: 127-129 재인용)

29) 이 책은 1948년에 문교부가 교수요목에 따라 사회생활과 교과서를 발행하기 전에 동지사가 출판하였다. 당시 초등학교 1-6학년의 대상으로 한 사회생활과 교과서 중에서 6학년용으로 편찬된 것이다. 이 책들은 당시에 100만부나 팔렸다한다(이대의, 1991: 101).

> 그러면 다스린다는 것은 무엇일까요?
>
> 여러 사람이 살랴면 거기에 일정한 법을 만들어 그 법대로 모든 사람들이 살아가는 것을 말하는 것입니다. (p. 73)

와 같이 기술되어 있다. 이는 설문식으로 학습을 전개하는 것으로 종래 지식위주의 주입식 학습방법의 탈피가 사회과에 일어나고 있음을 보여 준다.

이러한 시도는 중등학교에서도 나타난다. 당시 서울대 사범대학 초창기에 사회과에 큰 관심을 가졌던 이준하[30]가 편찬한 『중등사회생활-세계각국의 발전-』의 머리말에는 "1. 이 교과서는 종래 교과서의 탈을 벗어 그 제제에 있어서나 내용, 분량에 있어서나 단연 쇄신한 것이다. 생도들의 다른 참고서를 읽드시 자미(滋味)있게 읽을 수 있게 하였다. 그리하여 암송을 피하고 생도의 활동력, 사고력을 자극식힐(시킬) 여러 문제를 곳곳에 제공하였다."고 하여 전통적인 교사중심, 지식주입에서 벗어나 문제를 중심으로 학습자의 사고력과 활동력을 신장하고자 하였다. 이는 이 책의 내용에서도 확인된다.

즉, 이 책의 '제 1장 근대사회의 경이적인 발전, 1. 인구의 변천; 세계 인구는 얼마나 되나?' 에서는

> …지난 1세기동안에 이러한 놀라운 변천 중의 하나는 세계 인구가 많이 늘었다는 것이다. 어떤 중학교에서 세계 인구수에 관하여 자미있는 문답이 있었다. 사회연구시간에 선생님이 생도에게 "세계 인구는 얼마나 되느냐?"하는 질문을 하였다. 반중에서 늘 빨리 대답하기로 유명한 A라는 생도가 곧 대답하기를 "일천만 가량 된다."고 하였다. 이 대답을 들은 B라고 하는 생도가 말하기를 "A의 생각은 너무

30) 한기언은 이준하를 김계숙, 허현과 함께 우리나라 초창기 사회과에 특히 관심을 쏟은 사람들로 언급하고 있다. 그런데 이준하는 납북당하였다(한기언, 1991: 8-11).

유치하다. 조선인구만 하여도 삼천만이나 되는데 일천만이 무어냐. 내 생각으로는 3억이나 4억은 될 듯하다."

> 다른 생도의 대답은 B보다 많은 것도 있고 적은 것도 있으나, 대체로 그 정도에는 10억을 말한 생도도 있었다. 제군은 얼마나 되리라고 생각하는가? (p. 2)

로 기술되어 있다. 여기서 알 수 있듯이 세계 인구수를 단순히 '몇 명'이라고 제시하는 것이 아니라 실제 수업의 상황을 설정하여 학생들의 관심과 흥미를 끌면서 문제를 통해 학습하도록 하고 있다.

그러나 이러한 사회과의 두 원리와 새로운 교수-학습 방법의 모색은 학교현장에서 구체적으로 실천되지는 않았다. 즉, 도입기 사회과는 그 실천과의 괴리가 있었다. 사회과 실천에서의 어려움은 '과밀학급의 여건을 고려하지 않았다'는 당시 교육환경에 대한 인식 부족과 함께 교사들에게는 '사회과는 도대체 어떠한 교과인가?' '무엇을 어떻게 가르쳐야하는가?'라는 의문과 문제를 던져주었다.

그런데 이러한 사회과 교육실천에서 생긴 문제들은 당시 사회과 도입에 관여하였던 교육자들도 미리 인식하고 있었다. 사회생활과의 창설에 많은 기대를 걸었던 문교부 중등교육과 교육관인 김상필은 "이 교과목의 출현은 신교육 실시에 있어서 흥미의 초점이 되는 동시에 제일선에 있는 교육실천가들에게는 적이 의구 방황의 자료가 아니 될 수 없다. …"며(이상선, 1946: 서문), 사회과 교육의 실천을 염려하였고, 사회과의 도입에 실질적으로 주도적인 역할을 했던 이상선도『사회생활과의 이론과 실제에서,

> 실지로 교단에 서서 교수하려면 이 과목의 성질상 그 범위의 광대함과 내용의 복잡함에 비추어 누구나 막연한 느낌을 가지지 않을 수 없을 줄 안다. … 더욱 현재 우리 교육계에서 이 과목에 대한 이론

> 의 빈곤과 경험의 전무(全無)에 직면한 교육자들은 일종 방황에 가까운 불안감을 가지지 않을 수 없다 (p. 4).

며 사회과 도입에 따른 교육현장의 어려움을 내다보고 있었다. 실제로 사회과를 교수하는 경우에도 교과서의 내용미비, 과밀학급, 종래의 획일적 주입식교육에 대한 일종의 향수 등으로 도입기 사회과는 시민성 원리와 통합성 원리를 아동중심적 · 민주적 교수방법을 통해 구체화시키기에는 어려움이 있었다. 특히 중등학교에서는 초등학교에 비해서 이러한 현상이 더욱 두드러졌다. 이러한 실정은 1947년 10월에 발간된 이준하 · 이원학의『중등사회생활 -세계각국의 발전- 』교과서 서문에서도 나타난다.

> 문교부 교과목 개정에 사회생활과를 설정한 것은 확실이(히) 조선교육계에 있어 한 가지 중요한 발전이다. 그러나 아즉(직) 사회생활과에 관한 일반의 인식이 부족한 것과 또한 그에 관한 적절한 교과서가 없으므로 중학교에서는 교과목으로는 사회생활과가 있으나 실제 교수에는 지리, 역사, 공민을 종래와 다름없이 그냥 각과별로 교수하고 있는 형편이다. 그러므로 문교부의 교과목 개정의 의도는 아즉(직) 중학교에서는 실시되지 못하고 있는 현상이다.…

이러한 사정은 상당한 기간 동안 계속되어 사회과 교육실천에 회의를 갖게까지 하였다. 즉, 1953년에 문교부에서 발간된『여러곳의 생활 3-1』에서도 책 끝에 '선생님에게'라는 말까지 실어서 이를 입증하고 있다.

> 사회생활교과서를 국어교과서와 같이 다루는 선생님이 있다고 합니다. 이것은 가장 졸렬한 방법입니다. 사회생활과의 목표는 어디

> 있을까요? 그것은 인생과 자연, 인생과 인생과의 관계를 밝힘으로써 실생활에 대처하는 힘, 곧 이해, 능력, 태도를 발전시키는데 있읍니다. 이러한 목표를 달성하기 위하여 어린이들을 현실생활의 중요한 문제와 겨루어, 이것을 해결하고자 전심전력의 여러 가지 활동을 전개하여야 됩니다. (현장학습, 시청각교육, 구성활동 등)이것이 사회생활과의 정상적인 학습형태입니다…

이렇듯 도입기 한국사회과는 사회과의 두 원리인 목표로서의 '시민성 원리'와 내용 구성방법으로서의 '통합성 원리'가 시도되었다는 점에서 의의가 있지만, 당시 우리나라의 사회현실 내지는 교육적 현실에 대한 면밀한 검토가 없이 도입되었다는 점에서 그 한계를 안고 있었다.

제6장
도입기 한국사회과의 근대화우선 민족주의적 성격

1. 사회과 도입의 체계 분석

사회과의 도입체계에 영향을 주었던 요인들은 크게 미군정 초기의 대한교육정책과 진보주의 교육사조, 사회과 도입에 실제 관여하였던 교육주도세력과 이와 갈등관계에 있었던 민간교육단체를 들 수 있다. 이를 그림으로 나타내면 다음 [그림 5]와 같다.

이들 요인들의 상호작용 속에서 도입기 한국사회과의 성격은 외부적으로 규정되었다. 이제 이들 요인들 중에서 도입기 한국사회과 성격형성에 직접적이고 중요한 영향을 끼친 요인 즉, 미군정 초기의 대한교육정책과 교육주도세력의 지향성을 민족주의를 매개로 하여 살펴본다.[31)]

첫째, 미군정 초기는 앞서 밝혔듯이 제 2차 세계대전의 얄타체제에서 확인된 파시즘에 반대하는 민주주의의 승리로 종결됨에 따라 포츠담회담에서 교육에 대

31) 여기서 진보주의 교육사조를 살펴보지 않는 것은 미국의 민주주의 교육과 진보주의 교육사조는 밀접하게 관련되어 있고, 또한 당시 교육주도세력 중 미국유학자들의 대부분이 듀이의 진보주의 교육사조의 본산지라고 할 수 있는 컬럼비아 대학교에서 수학하여 듀이와 직접 또는 간접적인 관련성을 갖고 있다는 점에서 중복을 피하기 위해서이다. 당시 교육주도세력의 학문적 배경은 한성진(1989) pp. 147-149를 참조.

한 합의사항 즉, 추축국의 파시즘과 군국주의를 불식하고 민주주의 이념을 발전시킨다는 합의사항은 실천에 옮겨지는 과정에 있었다. 그러나 이러한 실천은 얄타체제가 안고 있는 자체의 한계로 일관되게 전개되지는 못하였다.

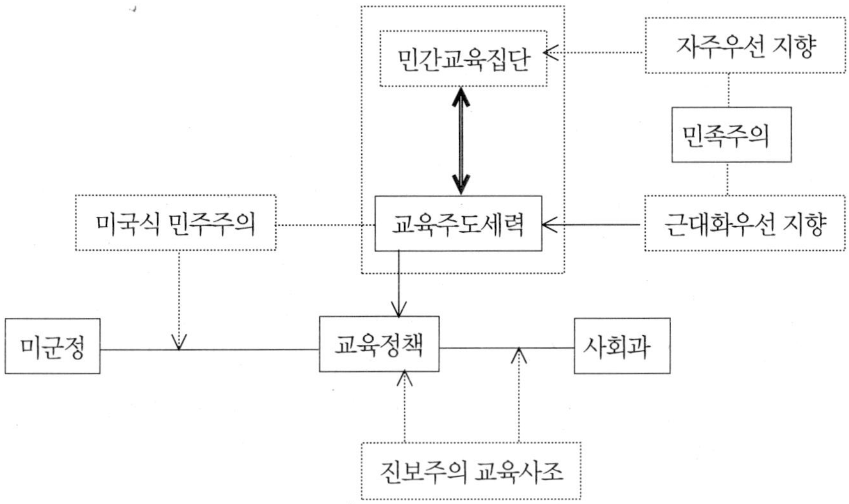

※ ——— 직접적 관계, ········· 간접적 관계, ⇔ 갈등관계
('직접적', '간접적'은 상대적 개념임)

[그림 5] 사회과 도입체계 모형

제 2차 세계대전을 통해서 지도권을 확립하게 된 미국은 전후 초기의 대동북아정책에서 통일 중국의 건설, 친미적인 통일 한국의 수립, 일본의 비군사화 · 민주화 구상을 주도적으로 실천에 옮길 수 있었다. 이러한 구상에 따라 미군정의 기본적인 임무는 한반도에서 소련 공산주의의 팽창정책을 저지하고 친미적인 민주주의 국가를 수립하는 것이었다(정영수 · 한만길 · 나정, 1985: 42; 김학준, 1990a).

미군정 초기의 교육정책은 일제잔재의 불식과 현상유지(평화와 질서유지)를 전제로 당면한 교육문제의 해결방식을 그 특징으로 하면서 미국의 한반도 정책의 기본방향과 결코 분리될 수 없는 것이었다. 현상적으로는 국내 교육전문가들에게 정책 결정의 상당부문을 위임하여(오천석, 1975: 7) 상대적 자율성이 있었지만, 실상 이러한 상대적 자율성은 미국에 우호적인 정부수립과 냉전 이데올로기에 기초한 반공이념의 강화라는 미국의 한반도 정책의 기본방향에서 크게 벗어날 수 없는 제한적인 것이었다(Dong-Koo Kim, 1984: 108-110).

미군정 초기의 대한교육정책은 제 2차 세계대전 이후 세계교육의 동향이 민주주의 교육의 건설에 있었으며(박은묵, 1982: 16), 민주주의를 실천하는 이상적인 국가가 미국이라는 인식 속에서 민주주의교육이 한국교육의 재건을 위한 이념으로 등장하였다.[32]

둘째, 당시 교육주도권을 둘러싸고 갈등관계에 있었던 집단들의 성격규정이다. 여기서 주목해야할 점은 "일반적으로 말하면 신생 독립국가의 교육이념은 강렬한 '민족화'의 이념이 전면에 표출되는 것인데(馬越徹, 1987: 172; 임영철, 1985), 미국식 민주주의를 모델로 한 이 '민주화'이념이 해방 후의 한국교육을 일관한 중핵적인 이념이 된 까닭은 무엇인가?" 라는 점이다. 이 물음에 답하기 위해 다음과 같이 가정해 본다.

해방 이후 어떠한 교육집단이 교육주도권을 잡기위해서는 두 가지 조건을 만족시켜야 한다. 하나는 그 구성원이나 주장이 해방정

32) 당시 미국민들의 민주주의에 대한 확신은 다음의 맥아더 1945년 9월 2일 미국민에게 행한 연설에서도 나타난다. "… 우리는 포츠담선언의 규정에 따라 일본 인민을 노예상태로부터 해방시키고자 전념하고 있다. 나는 이 과업을 가능한 빨리 실행하고자 한다.… 민주주의는 시작되고 있다. 오늘날 유럽뿐만 아니라 아시아에서도 해방된 인민들이 자유의 달콤함과 공포로부터의 구원을 음미하고 있다 (MacArthur, Massage to American People Concerning the Surrender, SCAP, Political Reorientation, p. 737; Toshio Nishi, 1982: 41에서 재인용). 주한 미군정은 맥아더의 지휘 하에 있었으며 패전 후 일본에 강조되었던 민주주의교육에서 미루어 볼 때, 이러한 민주주의에 대한 미국민(특히 맥아더)의 확신과 교육적 실천과는 어떤 상관관계가 있다고 생각한다.

국에서 일반 국민과 교육자들이 공유하고 있던 민족주의적 정서에 부합되어야 한다는 점이고,[33] 다른 하나는 미군정청의 입장에서 반공의 보루로 친미적 민주주의 국가수립이라는 대한정책의 기본임무에 배치되지 않아야 한다는 점이다.

이러한 조건을 충족시켜 형성된 교육주도세력[34]은 일반 국민과 교육자들의 묵시적인 동의를 구할 수 있는 민족주의 지향성과 미군정이 요구하는 미국식 민주주의 이념을 연결할 수 있는 고리로서 '근대화우선 민족주의' 입장을 취한다. 근대화란 근대정신에서 찾아야 하며 근대정신의 핵심은 합리주의로서 인간의 존엄과 가치를 존중하는데 있다. 따라서 민주주의 원리를 떠나서는 근대정신을 이해할 수 없다. 여기서 민주주의 사상을 제외하고는 근대화가 성립될 수 없다는 점에서 '민주주의=근대화'의 등식을 발견하게 된다(오천석, 1977: 제 5장). 즉, 그들은 '근대화=민주주의 국가건설=민족의 발전'이라는 이념으로 한국교육 재편기에 주도세력이 되었고, 이와 갈등관계에 있었던 자주우선 민족주의 입장에 선 집

33) 대표적인 예가 1945년 9월 16일에 구성된 조선교육위원회가 친일파로 구성되었다는 비판이 일자 미군정은 이들에 대한 신분조사를 완벽하게 했으며, 조선교육위원회에는 친일분자가 없다고 공언함으로써 조선교육위원회의 친일파 시비에 대한 다른 교육패권 경쟁자들의 비판을 묵살시키려 시도했다는 점(한준상, 1990: 105-106)에서도 잘 알 수 있다.
또 다른 보기로서는 점령 초기부터 미국 측의 준비부족이나 대소 전략적 차원에서 교육개혁 실시에 있어서는 항시 한국 측의 협력이 기대되어 실제로는 오히려 한국 측이 주도적인 입장에 섰던 적도 종종 있었다 (阿部洋, 1987: 41)는 점과 문교부 사범교육 고문관인 워스(Werth, R.)의 다음과 같은 당시 상황의 기술을 보면 알 수 있다.
"…추측하건대 현실적인 관점에서 미국 측 교육심의회 위원들은 한국 학교체제의 재건에 보다 적극적인 것 같았다. 그에 비해 한국 측 위원들은 민족주의의 부흥을 가능케 한다는 데에서 일종의 만족감을 얻는 것 같았다." (Werth, 1949: 306; 이광호, 1990: 37에서 재인용) 또한 개인적으로는 고립감과 정체성의 위기, 민족적으로는 정치적·경제적 굴욕감에 시달리고 있는 당시 서구화된 지식인층들로서는 민족주의가 사회적 갱생과 개인적 자기실현을 추구하는 하나의 이데올로기이기 때문에 우선 민족주의에 매력을 느끼지 않을 수 없었다.

34) 이 부류에 속하는 미 군정기 교육엘리트들은 학무 문교당국, 조선교육위원회, 조선교육심의회 등의 구성원으로서 미군정기 한국교육 체제 형성에 실제적 영향을 끼쳤던 집단들이다. 미 군정기 교육엘리트의 유형화에 대해서는 한성진(1989) 논문을 참조.

단들은 배제되었을 것이다.

이러한 가정 하에 교육계의 주도권을 둘러싸고 일어난 갈등을 살펴보면, 해방 직후 한국 교육계에는 신생국가의 교육을 모색하려는 움직임에는 크게 세 갈래가 있었다. 하나는 김성수, 유억겸, 백낙준, 김활란, 오천석 등으로 구성된 해외에서 고등교육을 받은 당시 교육전문가들의 모임이었고, 다른 하나는 안호상을 중심으로 한 일선교사들의 모임이었다. 그 밖의 하나는 좌익계 교육자들의 활동이었다(關英子, 1987: 59-61).

이 세 집단 중에서 좌익계 활동은 해방 한국을 반공을 전제로 한 독립 민주국가로 건설하기 위해 철저하게 좌익계 엘리트를 불식시키고자 하였던 미군정의 정책으로 교육정책의 결정과정에서 배제되었다(브루스 커밍스, 김주환 옮김, 1986: 232-233). 나머지 두 집단은 미국교육 수용에 적극적인 입장과 이에 반발하여 미국교육 수용과정을 비판하면서 민족주체성 교육의 방향을 찾으려는 입장으로 서로 차이가 있었다. 즉, 이들은 모두 국가 건설기에 '민족주의'라는 공통분모를 갖고 있으면서도, 그 지향성('자주우선'이냐, '근대화우선'이냐)에 따라 교육에 대한 관점은 약간 상이했다.

이 두 집단 중에서 안호상을 중심으로 하는 일선교사들의 모임인 조선교육연구회는 그들의 자주적 민족주의의 지향성으로 미군정 시절 주요 교육정책 결정에서 배제되었다. 이 집단에 대해서는 교육주도세력과 대비해 볼 필요가 있기 때문에 좀 더 구체적으로 논의할 필요가 있다. 조선교육연구회의 구성원들은 대부분이 미국 유학의 경험이 없으며 조선어학회나 진단학회에 참여한 국어학자나 역사학자들이 중심인물이었다(〈 표 9 〉 참조).

안호상은 미 군정청 한국 문교관리들의 교육사상적 기저, 즉 미국식 진보주의 교육사상에 대한 학문적 견제책으로서 유럽식의 교육사상을 소개했다(한준상, 1990: 124). 안재홍은 신민족주의, 신민주주의의 입장에서 "통합된 민족국가의 건설을 위해 자본주의와 공산주의와의 지양회통(止揚會通)의 필연성 또

〈 표 9 〉 조선교육연구회 핵심 멤버의 학문적 배경

주요 구성원	최 종 학 력	1945년 이전 경력	1945년 이후 경력, 소속
안 호 상	독일 예나 대학	보성 전문 교수	서울대학 교수
손 진 태	일본 와세다 대학	연희 전문 교수	서울대학 교수, 진단학회
사 공 환	일본 광도고등사범	중동 학교 교사	문교부 사범교육 과장, 조선교육심의회
최 현 배	일본 경도제국 대학	연희 전문 교수	문교부 편수국장, 조선교육심의회
안 재 홍	일본 와세다 대학	중앙 학교 학감 조선일보 주필	조선교육심의회, 국민당, 조선어학회
최 규 동	광신 산업학교	중동 학교장	조선교육심의회
조 윤 제	경성 제국 대학	경성 사범 대학	서울대학 교수, 조선교육심의회
허 현	일본 동경고등사범 미국 에모리 대학	동래중 교사	서울 사대 강사, 조선교육심의회
이 인 영	경성 제국 대학	연희, 보성전문 교수	서울대학 교수, 진단학회
심 태 진	경성 사범학교	경성 여자사범학교 훈도	서울대 부속 초등학교 교감
이 호 성		서강 국민학교장	문교부 초등교육 과장, 조선교육심의회
최 병 칠	경성 사범학교	국민학교 훈도	문교부 편수사
윤 태 영	경기고능학교	동넉 국닌학교	동덕국민학교장
심 형 구	일본 동경미술학교		이화여자대학 교수
김 기 오	한학 수업		문화당 경영

자료: 홍웅선(1991: 48).

는 당위성을 먼저 인식해야 한다."고 주장하였다(안재홍, 1949: 55-56). 또한 신민족주의 사관의 정립을 주장한 손진태는 "계급의 생명은 짧고 민족의 생명은 긴 것을 인식할 때 우리는 우리 민족의 나아갈 길이 오직 신민족주의에 있을 것을 스스로 알게 될 것이다."라고 자주적 민족주의의 지향성을 보여 주었다(손진태, 1948: 2).

이러한 구성원의 특성에서 알 수 있듯이 교육주도 세력에 비해 상대적으로 민족주체성 교육을 강조하였다. 이는 심태진의 『교육단상』(1971: 53)에서 "정부수립 후, 초대 문교부 장관이 된 안호상 박사는 '민주주의 민족교육'을 표방하여 군정 과정시대의 민주주의 교육 모방을 시정하고 민족혼 함양에 힘쓸 것을 외쳐, 반미(反美)사상이라고 까지 지목받았으며…"라는 내용에서도 이를 짐작할 수 있다. 따라서 이런 그들의 활동은 미 군정청과 어느 정도 거리를 두고 있었다 (關英子, 1987: 101). 그리하여 자주우선적 민족주의의 지향성은 한국교육 재편기에서 주된 이념이 되지 못했다.

이 결과 교육전문가 모임의 구성원들이 군정청 학무국 문교부, 조선교육위원회 및 교육심의회의 주축을 이루게 되고 이들이 교육주도세력이 된다. 그런데 이들은 조선교육연구회의 자주우선 민족주의의 지향성과는 달리, 분단극복의 전제를 세계 민주국가들의 단결과 해방된 한국의 민주국가 수립에 두는(인촌기념회 편, 1982: 359; 오천석, 1975: 378) 근대화우선 민족주의의 지향성을 갖고 있었는데, 이들은 다음 〈 표 10 〉과 같은 인물로 구성되었다.

그런데 이 교육주도 세력의 인적구성을 보면(한성진, 1989: 143-145), 해외유학에 의한 높은 학력과 어학능력 (특히 미국에 관한 지식과 영어능력), 정치적 성향의 반공・보수성・기독교신앙을 가진 사람이 많았다[35]. 이러한 사실은 대한제국 정치고문이었던 베닝호프가 당시 남한의 정세보고서에서 지적했듯이 교육주도세력의 대다수는 미국 또는 한국내의 미국계 선교기관에서 교육받은 전문적

35) 민주주의와 기독교와의 관계는 교육주도세력뿐만 아니라 그 당시 한국 측 관료로 선발된 인사들의 상당수가 기독교 신자였다 (진덕규, 1990: 52). 미군정의 실질적인 최고 책임자인 맥아더는 기독교를 미국 가정에서 실로 최고조로 훈련된 정신적 자질로 보고 있다. 민주주의의 보급은 물론 군사적 고려(훗날 태평양 연안의 위협에 대해 미국의 안전을 보장하기 위한 책임) 때문이었다는 것은 분명하지만, 맥아더의 기독교에 대한 믿음은 그의 정치적 신조, 즉 '기독교=민주주의'가 되었다(Toshio Nishi, 1982: 42)는 점과 관련이 있어 보인다.

교육계 지도자인 동시에 정치세력으로서 서구 민주주의를 지향하고 있었다.

〈 표 10 〉 교육주도세력의 인적 구성

학무 · 문교당국	유억겸, 오천석, 홍정식, 전예용, 최현배, 장지영, 이승재, 이홍종, 사공환, 김명선, 황애덕, 배희성, 정석윤, 최승만, 윤세구, 이재욱, 이원철, 김재원
조선교육위원회	유억겸, 김성수, 백낙준, 김활란, 김성달, 현상윤, 최규동, 유일선, 조백현, 정인보, 백남훈
조선교육심의회	하경덕, 백낙준, 김활란, 홍정식, 정인보, 유억겸, 김준연, 김원규, 이훈구, 이인기, 오천석, 최규동, 최두선, 현상윤, 이묘묵, 사공환, 이호성, 이규백, 이승재, 정석윤, 조동식, 고황경, 송석하, 서원출, 이홍종, 정문기, 장 면, 조백현, 장이욱, 장덕수, 김애마, 신기범, 손정규, 허 현, 유진오, 김성수, 박종홍, 조병옥, 최현배, 장지영, 조진만, 조윤제, 피천득, 황산덕, 김성달, 심호섭, 이용설, 박병래, 최상채, 고병간, 윤일선, 최 동, 정구충

자료 : 한성진,1989 : 136; 한준상·김성학, 1990: 84.

이는 베닝호프의 보고서 내용, 즉 "서울 및 남한 전역은 현재 정치적으로 두 개의 선명한 그룹으로 나뉘어져 있습니다. … 그 하나는 소위 민주주의적 혹은 보수적 세력으로 그 구성원의 상당수는 미국 또는 한국내의 미국계 선교기관에서 교육받은 전문적 교육계 지도자들로 이루어져 있습니다. 그들의 정강과 정책 가운데서 그들은 서구 민주주의를 따르고자 하는 희망을 나타내고 있으며, … 다른 하나는 급진적 공산주의 그룹입니다." 에서 나타난다(FRUS(Foreign Relation of United States) 1945년 9월 29일, 통일문제연구소, 1990: 43-44).

이제 이상의 논의에서 설명한 두 가지 요인 즉, 미군정 초기의 대한교육정책과 교육주도세력의 지향성을 '근대화우선 민족주의'를 매개로 설명해 본다.

신생 독립국가의 민족주의는 지식인들에 의해 주도되었다. 이들 서방식 교육을 받은 지식인들은 실로 서방사회에도 전통사회에도 속해 있지 않아 정체성에 위기감을 느껴, 새로운 정체성을 제공하는 정치적 이데올로기로서 민족주의에 각별한 매력을 느끼며 민족주의를 통해 근대화를 촉진시키고자 한다(차기벽, 1990: 126). 당시 근대 민족국가의 창설이라는 한국민족주의의 지상과제는 밖으로는 독립 쟁취를 위한 외세의 배제요인으로는 자주민족 국가의 구축이었다. 그래서 '자주우선 민족주의=주체 통일=대내적 통합' 이 기본과제였으며, 이에 못지않게 '근대화우선 민족주의=민주주의 국가건설=민족의 발전'도 중요한 과제였다(차기벽, 1990: 256-323; 김중섭, 1984: 34-41; Glifford. Greertz, 1971: 357-376).

이 시기에 외래의 이데올로기가 한국민족주의와 접합됨으로써 민족주의 운동의 내재적 분열을 가져왔다(신용하편, 1984; 이용희, 1977; 차기벽, 1990; 최상용, 1988). 미군정 당국과 교육주도세력은 그 당시 일제하 사회계층의 양극적 분해라는 배경 속에서 일어난 시민들의 정치 사회적 욕구의 분출을 주로 질서 혼란이나 시민사회의 분열로 인식하였다. 따라서 공공학교는 시민사회의 무질서와 분열을 해소하기 위한 공민적 일체감 형성의 용광로로 기대되었다(이광호, 1990: 36).

또한 교육주도세력은 반공이라는 공통적인 인식을 기초로 하여 민족의 발전모형을 미국식 민주주의에서 구했으며, 그것이 민족주의의 올바른 지향성이라고 생각했던 것이다. 이것은 당시 한국교육 재편기의 핵심적 인물로서 민주주의교육의 도입과 이를 위한 실천교과인 사회과 도입을 적극 찬성하였던 오천석의 다음과 같은 입장에서 확인된다(오천석, 1975: 4).

> 제 2차 세계대전의 종말은 … 독재주의에 대한 민주주의의 승리를 뜻하는 것이다. … 우리를 해방한 미국과 우리 민족은 다시 새로운 적(공산주의)을 맞이하게 된 것이다 . 그러므로 해방한국에 부

과된 지상과제는 이 땅위에 민주국가를 수립하고 이를 키우는 일이었다. 이렇게 함으로써 민주진영이 한국을 해방시킨 보람이 서는 것이었을 뿐만 아니라, 이것이 또한 우리 민족의 염원이기도 하였던 것이다.

위에서 보는 것처럼 오천석은 해방 한국의 지상과제를 민주국가의 수립에 두고, 이 민주국가의 건설이 민족의 염원이자 지상과제로 여김으로써 민족의 자주와 통일보다는 민주사회의 건설을 통한 민족의 발전에 더욱 강조점을 두었다. 이러한 인식의 배경에는 다음과 같은 민주주의와 민족주의의 조화 가능성을 전제로 하고 있었다(오천석, 1977: 77-100).

신흥 발전국가로서 우리는 이 둘(민주주의와 민족주의)을 다 같이 받아들여야 할 입장에 처하여 있고, 이 둘을 어떻게 받아들여야 할 것인가 하는 것이 우리가 해결하여야 할 과제인 동시에, 우리의 교육이념 설정의 결정자로서 대사(大寫)되고 있기 때문에 우리의 진지한 검토가 필요하다. 이러한 의미에서 민족주의의 올바른 해석은 지대한 중요성을 갖는다. … 민족주의와 민주주의의 관계는 관점에 따라 적대적일 수도 있고 동지적일 수도 있다. 만일 우리가 20세기에 접어들어 그 형상을 노출시킨 통체적 민족주의를 민족주의의 본연의 자세라고 이해한다면, 이 둘은 분명히 서로 공존할 수 없는 원수다. 이에 반하여, 민족주의를 이가 생성되던 초기의 인도주의적, 자유주의적 민족주의로 해석한다면, 민주주의와 하등의 모순 없이 양자를 모두 받아들일 수 있을 것이다. … 민주주의를 민족주의의 적으로 돌리는 통체적 민족주의가 있지마는 비교적 온건한 민족주의를 신봉하는 사람들 가운데도 이러한 생각이 없지 않다. 이것은 민주주의를 개인주의, 심하면 이기주의로 착각하는 데서 오는 기우다. 사실에 있어 민주주의는 개인의 해방자인 동시에 민족국가의 해방자이기도 하다. … 민주주의자는 동시에 개인의 존엄성을 소중히 하는 자요, 민족의 자주성을 신봉하는 자며, 인류 공존공영을 이상으로 하는 기수이기도 하다.

그런데 이러한 오천석의 민족주의에 대한 인식은 제 3세계의 민족주의가 저항적 민족주의를 그 특징으로 하며, 그 저항의 대상이 여기서 말하는 인도주의적이고 자유주의적인 민족주의 국가였다는 근세 민족주의 전개의 역설을 간과한 데서 오는 것이다. 이 사실에서 알 수 있듯이 당시 교육주도세력은 해방 후 한국 민족주의가 당면하고 있었던 두 가지 지향성 즉, 자주와 근대화 가운데 근대화를 지향함으로써 그들은 민주주의교육이 민족의 발전에 공헌하고 있다고 확신하였다. 또한 미국은 한국에 대한 준비・정보 부족과 대소(對蘇) 전략적 차원에서 교육주도세력에의 편입조건으로 반공을 전제로 한 자유민주주의 이데올로기를 지향하는 애국적인 인사를 원했다.

그리하여 당시 교육주도세력은 자유민주주의 사상에 매우 익숙해 있었거나 그러한 사고체계에 잘 적응할 수 있었던 엘리트들로서 미군정 당국과 직접 또는 간접적으로 밀접한 관계를 맺고 있었다(한성진, 1989: 135). 여기서 '반공=민주주의 국가건설' 이라는 미국 측의 인식과 '근대화우선 민족주의=민주주의 국가건설=민족의 발전=민주주의교육'이라는 교육주도세력의 인식이 합치되게 된다.

2. 도입기 한국사회과의 교과교육학적 분석

내용분석을 통해 한국민족주의와 관련하여 도입기 한국사회과의 근대화우선 민족주의적 성격을 밝히기 위해 다음과 같이 분석유목(類目)과 분석단위를 정한다.[36]

〈 표 11 〉 도입기 사회과 분석유목

분석유목 1 : 도입기 사회과에 있어서 우리민족의 지향성
분석유목 2 : 도입기 사회과에 있어서 근대화정신

〈 표 12 〉 도입기 사회과 분석단위

1. 해방(또는 국가건설)의 의미해석 :
   ① 민주주의 국가의 도움 → 민주국가건설 = 발전, 그리고 그 모델로서 미국(또는 자유진영)을 설정하는 '근대화우선 민족주의' 지향성
   ② 자주 · 자립의 계기 → 민족의 통합 = 발전, 그리고 주체적 입장을 강조하는 '자주우선 민족주의' 지향성

2. 근대화정신 : 합리적 사고, 과학적 태도, 민주적 생활방식의 강조 여부

36) 분석유목(categories of analysis)이란 분석대상의 전집을 분석하는 기준 또는 그 분석항목을 말한다. 분석단위(unit of analysis)란 주어진 유목에 넣어서 집계하고자 하는 메시지 내용의 최소단위를 말한다. 이에는 주어진 분석유목별로 집계 또는 점수화할 수 있는 코딩단위(coding units) 또는 기록단위(recoding units)와 메시지를 읽어가면서 그 속에 있는 내용을 문맥을 중심으로 구분해서 이들을 분석단위로 삼는 문맥단위(context units)가 있다 (차배근, 1991: 제7장 참조).

분석단위로는 문맥단위를 중심으로 살펴보되, 질적인 분석을 주로하고 양적인 분석은 보완적으로 하고자 한다. 분석대상은 '사회생활과 교수요목'과 도입기 사회과 교과서이다.

구체적인 분석방법으로는 교수요목과 교과서 내용 중에서 해방 이후 국가건설기에 학생들에게 요구하는 가치관이나 생활태도를 주 대상으로 삼았다. 이러한 가치관과 생활태도에는 사회과를 통하여 배양하려던 지향성이 나타날 것이기 때문이다. 이러한 사회과를 통하여 구현하려는 가치관과 생활태도를 함양시키려는 내용들은 교수요목의 목표, 교수방침이나 교과서의 저자 서문(또는 머리말), 교과서 내용 중의 '우리의 각오', '우리의 결심', '우리의 과제', '현정세', '결론' 등을 제목으로 한 것이다.

1) 사회생활과 교수요목의 분석

도입기 사회과의 교수요목에는 초등학교 사회생활과의 목적을 '사회생활과는 사람과 자연환경과의 관계를 밝게 인식시켜 사회생활에 성실유능한 국민이 되게 함을 목적으로 함'이라고 밝히고, 교수방침으로는

1. 단체생활에 필요한 정신, 태도, 기술, 습관을 양성함
2. 단체생활의 모든 관계를 이해하게 하며 책임감을 기름
3. 사람과 환경과의 관계를 이해하게 함
4. 우리나라의 역사와 제도에 관한 지식을 얻게 함
5. 우리나라에 적당한 민주주의적 생활방법에 관한 지식을 함양함
6. 실천을 통하여 근로 정신을 체득케함

을 제시하고 있다(문교부, 1987: 2). 이 '목적과 교수방침'에서 알 수 있듯이, 먼저 양적으로 보더라도 자주(주체)지향성은 교수방침의 4에서만 보이고, 목표나 그 밖의 교수방침에서는 단체생활과 사회생활에의 적응과 민주적인 생활방법의 지식을 강조하고 있다. 따라서 도입기 사회과는 '아동들의 사회생활에의 적응을 일차적인 목표로 하고, 궁극에는 성실유능한 국민이 되게함'을 목표로 한다는 것을 알 수 있다.

교수방침으로 제시되는 항목들에서 해방 당시 아직도 봉건적 잔재가 남아있던 사회에서 '기술, 책임감, 민주적인 생활방법, 실천을 통한 근로정신 을 강조하고 있는 것'에 주목할 필요가 있다. 여기서 '기술'은 어떤 지식과 정신이 실생활에 구체화되는 방법(기술)을 말하며, '책임감'은 민주사회에서 요구되는 권리감 · 의무감 · 희생적 감정도 포함한 것이다 (이상선, 1946: 8). 그리고 교수요목의 '네째, 사회생활과 교수에 관한 주의'에서는,

1. 개인차에 관한 주의
2. 단체활동의 지도
3. 활동시간을 다루는 방법
4. 다른 과목과의 연관에 주의할 것
5. 사회생활과에 대한 학습심을 환기시킬 것

을 들고 있는 데(문교부, 1987: 2), 아동들의 개성을 존중하고 아동중심의 학습이 전개되도록 요구하고 있다. 이는 일제의 획일적 · 주입적 지식위주의 교육을 지양하고 민주사회의 최고 이념인 인간의 존엄을 구체적인 학습활동에서 구현해야 한다는 것을 의미한다.

이 초등학교 사회생활과 교수요목을 해설한 오준영의 『사회생활교육원론』에서는 "우리의 현재의 급선무는 무엇일까 그것은 우리들이 독립국가를 건설하는

것"(오준영, 1848 : 231)이라 주장하면서도 그 독립국이란 민주주의 국가 건설이어야 한다는 입장을 보이고 있다. 즉, '4학년 사회생활과 교재해설'에서,

> 우리나라도 금번 제 2차 대전 후 미소영중국의 연합국의 혜택으로 민주주의 국가로 해방되고 독립을 약속하여있으니 우리들은 열심으로 자기의 개성에 따른 직책을 완수하고 완전 독립을 전취(戰取)하고 우리 겨레의 행복과 세계평화의 이바지가 되도록 노력하여야 하겠다(p.136).

고 하여 해방의 의미를 민주주의 국가 건설로 설명하고 있다. 그리고 민족의 합의에 바탕을 둔 평화로운 통일을 지향하는 독립이 아니라 은연중에 민주주의에 반대되는 세력과 싸워서 독립을 얻어야 하며, 이것이 겨레의 행복과 세계의 평화에 이바지하는 길이라고 하여 민주주의 국가건설에 보다 강조점을 두고 있다. 이러한 민주주의 국가건설을 위한 민주주의 교육의 필요성과 그 강조는 같은 책의 '6학년 사회생활과 교재 해설'에서도 재론되고 있다.

> 현대는 과거의 봉건적 또는 제국주의적 시민착취 밑의(에) 있는 정치형태는 허용되지 않고, 현재사조의 주류인 민주주의적 독립 정치형태로 실시될 것이다. 이는 다만 우리겨레의 바랄뿐만 아니라 우리를 해방시켜준 연합군도 같을 것이요 반드시 민주주의적 국가가 성립될 것이다. 여기에 아동들에게 민주주의 정치에 대하여 그 통치형태와 민주주의의 근본이념을 알릴 필요가 있다(p.223).

이렇듯 당시 초등학교 사회생활과 교수요목은 단체생활에서의 책임감, 실천과 결부된 근로정신 그리고 아동중심의 교수활동 강조 및 민주적인 생활방법의

함양을 사회과의 목표로 삼고 있다. 이러한 목표는 다원화된 서구 민주사회가 토대를 두고 있는 가치체계라는 점에서, 도입기 사회과의 성격은 '근대화우선 민족주의=민주주주의 국가건설=민족의 발전'을 주도적인 가치로 반영하고 있음을 알 수 있다.

2) 교과서 분석

다음은 연구자가 구할 수 있었던 도입기 사회과와 관련된 교과서이다.

〈 표 13 〉 도입기 사회과 분석대상

분석대상
1. 초등학교 사회생활과 교수요목, 1947. 1 2. 동지사, 우리나라의 발달 육학년용, 동지사, 1947. 3 3. 오준영, 중등사회생활과 일학년용 이웃나라, 동방문화사, 1947. 6(초판) 4. 정갑, 사회생활과 지리부 먼나라, 을유문화사, 1947. 3.
참고를 위한 분석대상
1. 조선어학회, 초등공민 5・6학년 합병용, 1946. 3. 27 2. 군정청학무국, 초등공민 제오륙학년 함께씀 (속판), 1946. 3. 전라북도 교육협의회편, 동양사, 전주 해방사, 1946. 8 4. 진단학회, 국사교본, 군정청문교부, 1946. 9 5. 군정청문교부, 초등국사교본 오륙학년임시교재, 1946. 11 6. 고려선봉사편, 신제 중등공민교과서, 1947. 7

초등학교 사회생활과란 명칭으로 문교부가 발행한 교과서는 1948년에 가서야 출현하고, 그 이전에 교수요목이 제정 공포되었기 때문에 1947년 발행된 초등

학교 사회생활과 교수요목집을 근거로 발행된 사회과 교과서의 내용분석이 도입기 초등학교 사회과의 성격분석에 도움이 될 것이다. 이에 비해 중등학교는 1947년도의 사회생활과 임시교과서만 대상으로 삼았다. 이것은 중등학교 사회생활과 교수요목이 1948년 상반기에 제정 공포되었기 때문에 중등학교 교과서는 그 이전까지를 분석하는 것이 도입기 한국사회과의 성격을 분명히 할 수 있을 것이라고 생각했기 때문이다.

분석대상으로 제시하였던 당시 교과서 중에서, 초급 중학교 사회생활과 지리부의 임시교과서로 1947년 3월 1일 발행된『사회생활과 지리부 먼나라 (정갑, 을유문화사, 1947)』의 제4편의 '제 4장 아메리카합중국'의 내용을 보면,

> 우리나라와의 관계(전문)
>
> 우리나라와는 1882년에 화친조약이 성립된 이후 일본제국의 압제하에도 우리나라의 유학생을 보호하여 오늘의 많은 문화와 정치의 지도자를 내었다. 또한 이주민과 망명가의 우대, 우리의 민족의식과 역사를 존중시한 해방과 독립운동의 동정국이었다. 이차대전 승리 후에는 우리의 해방과 독립을 세계에 공약하고, 일제잔재의 숙청과 민주자주독립 정부의 수립을 원조할 목적으로 북위 38도선 이남에 진주하여 군정을 실시하고 있다 (p.104).

고 기술함으로써 1882년의 화친조약이 제국주의 열강들이 조선에 강요한 문호개방이며, 1905년에 조인된 태프트- 가쓰라 밀약으로 미국의 필리핀에 대한 독점권익을 인정해주는 대가로 일본의 대한제국에 대한 독점적 지배권을 묵인해준 역사적 사실[37]에도 불구하고 독립운동과 해방의 동정국으로 호의적인 기술을 하

---

37) 문교부, 『고등학교 국사(하)』(1988, p.101). 1991년 개정판에는 이 부분의 기술이 빠져있다. 태프트-가쓰라 밀약의 내용은『한미수교 100년사』(신동아, 1982.1.: 83-87) 참조.

고 있다. 그리고 8편 '결론'에서는

> … 세계 제이차대전으로 제국주의, 국수주의, 파시즘이 거꾸러지고 평화의 세계건설이 약속되었다. 그런고로 이제 세계의 신구 대소 60여국은 세계민주주의 기본정치 원칙에 따라 결합하여서, 세계건설에 힘써 나아갈 것이다. 우리 민족의 해방은 민주주의 승리의 일환으로 이루어진 엄연한 역사적 필연적 결과이므로, 우리 민족의 장래를 위하여 다행한 일이며 민족문화는 급속한 발전을 볼 것이고 나아가서는 세계문화에 공헌할 것이다(p.147).

라고 하여 해방을 민주주의의 승리로 파악하고 민족의 통합이나 통일보다도 민주주의 국가건설이 세계건설과 세계문화에 공헌하는 길임을 강조하고 있다. 또 1947년 6월에 발행된 『중등사회생활과 일학년용 이웃나라 (오준영, 동방문화사)』의 머리말에는

> 과거 식민지 착취 전제 · 억압적 · 주입교육을 교육하였으며 교육받아나려오든 우리 겨레는 여기에서 해방되어 자유로 자기의 개성과 양심이 빛이여 진리를 아무 제약도 약속도 없이 연구할 수 있고 자유로 피교육자의 다대수의 의욕의 오른 동향에 따른 민주주의 교육으로 전환하려는 이 변혁기에 처한 조선 교육계에 있어 새로히 제정된 사회생활과이란 무엇인가? 또 사회생활과와 지리교육과의 관련성은 어떠한가? …
>
> 환언하면 중등학교의 사회생활과 지리교육은 과거 기성체계가 세워진 지리학의 본질과 방법론과의 형식적 연구와 또 아울러 지리학적 실질인 문화재를 일상생활에 연결시키여 피교육자가 이해하기

> 쉬웁게 흥미에서 이를 유도시키고 또 의문과 해결을 저여가는 사이에 지리학의 형식과 실질을 도야시키여 이로써 피교육자의 사회생활에 있어 능히 개인으로써 잘살아 나갈 수 있고 또 나아가 자기가 살고 있는 사회를 유익하게 하는 의무와 책임감을 지킬 수 있으며 과학적 합리적 창조적인 인간을 육성하도록 교육함을 사회생활과에 있어서의 지리교육이라고 생각한다.

라고 하여 중등사회생활과 지리교육의 목표를 사회생활에서 개인의 능력발휘와 사회에 책임과 의무를 다하는 합리적인 인간상과 생활인의 육성을 목표로 하고 있다. 또한 동지사에서 1947년 3월에 발행한 초등학교 6학년용 사회교과서 『우리나라의 발달』의 '8. 우리나라의 생활 (4)우리나라의 금후정치'의 내용에서는

> 그러나 금번 제 이차 세계대전쟁에 연합군의 힘으로 우리나라는 민주주의국가로 독립시켜주겠다고 약조를 하였습니다. 그럼 우리나라가 민주국가로 될 것이니 이 민주주의란 무엇인지 잘 알아 두어야 하겠습니다.

라고 기술되어 있다. 여기서 볼 수 있듯이 해방이 연합국의 은혜로 되었고 그들이 민주주의 국가로 독립을 약속하였으니 민주주의를 잘 배우고, 또 민주주의 국가건설에 힘써야 한다고 주장함으로써 민족의 주체성보다는 민주주의를 통한 국가건설과 발전을 도모하고 있다.

이렇듯 도입기 사회과는 해방(또는 국가건설)의 의미를 민주주의 국가의 도움으로 이루어졌으니 민주주의 국가건설을 통해 민족의 발전을 지향할 것을 내용으로 하고 있으며, 또한 합리적인 인간상과 생활인의 육성을 목표로 삼았다는 점에서 '근대화우선 민족주의'의 지향성을 보여주고 있다.

그런데 이러한 도입기 한국사회과의 '근대화우선 민족주의'의 지향성은 〈표 13〉의 참고를 위한 분석대상 교과서들(해방 이후 미군정 초기인 1946년에 출간된 공민 교과서와 국사 관련 교과서들)과 비교 분석해볼 때 더욱 분명해진다. 이들 교과서는 해방 정국에서 일제의 '일본어', '일본역사', '수신' 대신에 '한글', '국사', '공민'의 이름으로 등장한 것이어서 민족적인 성향이 강할 수밖에 없었다. 1946년 3월 27일에 조선어학회가 발행한 『초등공민 5 · 6학년 합병용』을 보면,

> 셋째과 민주정치; 우리의 각오
>
> 우리는 오래 ㅅ동안 잃었던 자유와 독립을 이제 얻게 되었읍니다. 우리는 우리나라에 진보되고 완전한 민주정치를 확립함으로써 우리나라를 세계에 빛내도록 합시다(p.5).
>
> 여섯째과 사회; 우리의 결의
>
> 우리 조선은 지금 해방의 기쁨에 넘쳐 새나라 건설에 힘찬 걸음을 걷고 있읍니다. 우리들은 집에서나 학교에서나 서로 마음을 같이 하여 가정과 학교생활을 훌륭히 하고 더 나가서는 자기를 희생하는 훌륭한 정신으로 사회를 위하여 일합시다(p.10).
>
> 열셋째과 나라 ㅅ사이의 교제; 우리국교의 과거와 장래
>
> 중국 미국 소련 영국 네 나라는 카이로 회담과 폴담회의(포츠담회담)에서 우리조선을 자주독립국으로 하자고 결의하였읍니다. 그 좋은 뜻은 잊을 수 없읍니다. 그와 동시에 이것이 해외에 있는 한국임시정부와 여러 우리 선각자들이 국교를 잘하여온 때문인 것도 잊을수 없읍니다. 우리는 앞으로도 이 네 나라를 비롯하야 세계각국과 잘 교제하여 굳세고 온전한 독립국가가 되어 세계 여러나라와 다같

이 행복을 누리어 나가도록 합시다(p.22).

열다섯째과 우리겨레의 구실(사명)

독립국가를 세울것

세계사람 앞에서 우리의 자유와 권리를 버젓이 주장하려면 우리는 무엇보다도 나라를 세워야 합니다. 때는 왔읍니다. 아세아 동방 아름다운 강산을 가진 우리 삼천만 한 마음 한 뜻으로 행복스런 우리 나라를 세웁시다. 이것이 우리 겨레가 당면한 첫째 구실(사명)입니다(p.24).

라고 기술되어 있다. 이 내용들에서 보는 것처럼 국제정세에 대해 비교적 균형된 입장을 보이고 있다. 또한 민주주의에 대해서는 '진보되고 완전한 민주정치'로 이해함으로써 당시의 다양한 민주주의론의 일부를 수용하고 있고,[38] 민족의 자주독립을 강조하고 있다.

이러한 점은 군정청 문교부가 1946년 11월 발행한 『초등국사교본 오륙학년 임시교재』의 내용 중에서 당면한 민족적 과제로서 "우리나라의 독립을 속히 이루게 하고 … "(p.58)로 설정한 것이나 1946년 8월에 전라북도 교육협의회에서 편찬한 『동양사』의 '제 30장 현대의 동양개론' 의 다음과 같은 내용에서도 확인된다.

… 일본천황은 서기 1945년 8월14일 드디어 무조건으로 항복하고 카이로 선언과 포쓰담 공동선언을 수락하니 전쟁은 이로 종결을

38) 물론 '진보되고 완전한 민주정치'라는 문구가 그 당시 우익보수세력이 주장하던 자유민주주의에 대해서 입장을 달리하여 좌익의 진보 혁신 세력이 주장하는 '진보적 민주주의'를 수용한 것인지는 분명하지 않다. 이에 대해서는 후속연구로 남기고자 한다. 당시의 민주주의논쟁에 대해서는 여현덕(1988), 논문 참조.

고하였다. 연합군 총사령관에 다그라스 매카더 대장이 일본에 진주하는 동시에 조선 38도 이남은 미군(米軍)이 군정을 실시하고 그 이북은 소군이 진주하였다. 미군정철수에 대한 미소회의는 원만한 해결을 보지 못한 채 38선 장벽은 의연히 막혀있다. 세계평화를 위하여 세계문화 인류행복을 위하여 우리는 배달정신을 발휘하고 만국무비한 반만년 역사를 발양하여 가장 밀접한 미중소의 원조와 민족의 자각으로써 가급적 민족통합을 단행하여 자주독립에 전진하고 확고한 각오로 각자 천직을 지켜, 이나라 민족된 사명을 다하여 훌륭한 역사에 이채를 떨칠 성스러운 역군이 되지 아니하면 아니된다 (p.88).

이러한 민족의 자주 주체성을 강조하고 통일과 독립을 주장하는 '자주우선 민족주의'의 지향성은 1947년 7월에 발행된 『고려선봉사편, 신제 중등공민』교과서에서도 발견된다.

서언

… 본서는 일본에서 이탈되여 새로운 자주자립국으로서의 임할 오국(吾國)의 입장을 기초로 하야 새로운 민주주의 국치를 근본으로 하고 현조신의 현싱을 침고로하야 편찬된 것이다. 그러나 아즉 조선은 완전 자주독립국가에 역(域)에 달(達)치 못하고 있으며 따라서 온갖 독립국가로서의 면목을 갖추지 못하고 있다

제 2장 우리의 국체

… 그러면 우리 조선인은 지금 여하한 국체를 갖고 있는 것일까. 조선은 오늘날 일본제국의 지배 하에서 이탈하야 독립을 갖일수 있는 민족이긴하나, 아즉 완전 조선인이 조선에 강토를 지배할 그러한

> 국가는 못된 것이다. 그러하나 불원한 장래에 있어서 우리의 자주독립이 약속되여있으니, 우리는 그 시기까지 모-든 힘을 경주하여야 오로지 조선인된 오늘날의 의무를 다하여야 할 것이다.
>
> 그러면 우리의 앞으로 올 독립국가로서의 국체는 여하히 될 것인가. 이는 오로지 우리나라 국민 제위가 세우고자하는 방향을 따라 국체는 세워져야 할 것이며 국체를 그나라의 일부인 혹은 부자연한 체제의사로서는 결정치 못하는 것이다. 그럼으로 우리의 국체는 우리 겨레의 총인(總人)의 의사로서만이 결정되는 것이다(pp.6-7).

이런 인식은 진단학회가 짓고 군정청문교부에서 1946년 9월에 발행한 『국사교본』의 마지막 내용 '나머지 ㅅ 말' 에서 더욱 분명하게 드러난다.

> … 이 해방이 비록 연합국의 위대한 승리로 인하여 결과된 것이라 할찌나 그동안 우리 선배 지사들이 많은 목숨을 바쳤거나 오래 ㅅ 동안 투쟁하여 온 나머지의 천(天)의 보답이라고도 할 수 있는 것이다. 이를 생각하여보면 이번 이 해방이 순연히 남의 힘으로만 된 안가적(安價的)의 것은 결코 아니다. 우리는 이 때야말로 과거를 똑바루 회고하고 반성하고 현하(現下)의 내외정세를 잘 파악하는 동시에 대국적인 입장에서 소아 소국적인 태도를 버리고 앞으로 신국가 신사회의 건설을 향하여 일로(一路) 매진하여야 하겠고 또 나아가 세계의 평화와 문화에 이바지할 각오와 자부심을 가져야 할 것임을 거듭 말하여 둔다(pp.176-177).

이상의 도입기 사회과교과서 분석에서 알 수 있는 사실은 다음과 같다. 즉, 해방 정국에서 일제의 '일본어', '일본역사', '수신' 대신에 '한글', '국사', '공민'의 이름으로 등장한 교과서들(도입기 '사회과 social studies'가 아니다!)이 '자주 · 주체 · 독립 · 통일'을 강조하고 국제정세(특히 미국에 대해)에 대해 주체적인 입장을 견지하려는 '자주우선 민족주의'의 경향을 보이지만, 도입기 사회과는 미국에 대한 우호적 태도와 국가 발전모델로서의 민주주의 국가건설, 합리적인 인간상의 육성을 목표로 하는 '근대화우선 민족주의' 의 지향성을 가진다는 점이다.

제 3 부
성립기 한국사회과의 전개과정과 분단 민족주의적 성격

제7 장
성립기 한국사회과의 전개과정

1. 새교육 운동과 한국사회과의 모색기

해방 후 한국의 사회적 배경을 살펴 볼 때, 한국은 일제의 전체주의적 잔재를 불식하고 국민의 자유와 평등을 보장하는 자주적 민주민족국가를 수립하는 일이 가장 시급하였다. 따라서 교육도 이와 같은 민족적 과제에 따른 교육이념을 세워야 했다. 그러나 미·소에 의한 한반도 정책이 그들의 국가이익 위주로 수행되어 사실상 해방 후의 한국정치는 처음부터 타율적인 미·소의 국제 권력관계의 작용 범위를 넘어서기가 매우 곤란하였던 것이다(대한민국사 편찬위원회 編, 1988: 46).

그리고 미군정의 기본임무가 소련 공산주의의 팽창정책을 저지하고 한반도에 친미적인 민주국가를 수립하는 데 있었으므로, 교육개혁도 이 테두리 내에서 설정될 수밖에 없었다. 따라서 미군정 초기 미국 측의 준비부족과 대소전략으로 말미암아 한국 측 교육주도세력이 갖게 된 상대적 자율성도 이 범위 내에서 한정되었다.

제 2차 세계대전이 전체주의에 대한 민주주의의 승리라는 것이 지식인뿐만 아니라 일반 국민에게 인식되고 있었던 해방 정국에서 민주주의 교육은 국가 건설기에 있는 한국교육의 유일한 좌표로 인식되었다(박은묵, 1982: 13-15). 그러나 교육계의 지도자들은 해방 이후 교육계가 당면한 시급한 문제를 해결하기 위해 노력하고 있었던 관계로 민주주의 교육을 위한 구체적인 교육내용과 방법의 모색으로까지는 이르지 못하였다.

그런데 해방 이후 듀이의 교육사상이 '새교육'의 이름아래 '민주주의 교육의 복음'으로서 널리 수용되고 있었다. 새교육 운동은 미국의 진보주의 교육운동과 밀접한 관련이 있는데(박은묵, 1982: 31), 미국의 진보주의 교육운동은 '새교육(New Education) 또는 '새교육 운동(New Education Movement)'으로 불리기도 하였다(Dong-Koo Kim, 1984: 80). 이 진보주의 교육에 이론적 근거를 제공하였던 듀이의 교육사상은 그의 제자 러그에 의해 사회과에서 꽃피우게 되었다(한기언, 1991: 11). 그리하여 당시 '새교육=사회생활과=듀이의 교육사상' 이란 관계식이 성립되고 있었다(한기언, 1983: 363).

민주주의 교육에 대한 소개와 실천은 해방 이듬해에 접어들면서 새교육 운동으로 나타나기 시작하였는데(오천석, 1975: 33), 1946년 9월 12일에 문교부가 중심이 되어 남한 내의 모든 교육자들을 총망라하여 '신교육연구협회'를 창설함으로써 새교육 운동은 본격화되었다(조선일보, 1946년 9월 12일자).

새교육 운동은 전통적 교육을 지양하고 민주주의의 이념위에 교육을 세우려는 운동으로서(오천석, 1975: 33), 먼저 일본 것을 배격 일소하고 그 위에 민주주의 원리를 건국이념으로 심고 교육하는 일이 곧 새교육의 목표로 등장하였던 것이다(정영수, 1988: 183). 이 움직임은 여러 가지 활동으로 전개되었다. 연구단체로 백낙준이 주도하는 '교육문화협회', 안호상이 주도하는 '민주교육연구회' (후에 '조선교육연구회'로 개칭), 오천석을 대표로하는 '새교육협회', 사범대학 부속초등학교의 '아동교육연구회' 등이 생겨 주로 강습회의 개최와 교육서적의 간행 등을 하였다(심태진, 1971: 53). 이러한 활동은 주로 두 가지로 수렴되어 전개되었다. 하나는 문교부 당국이 주도한 교육강습회였고 다른 하나는 민간차원의 조선교육연구회를 중심으로 한 활동이었다.

문교 당국은 다양한 강습회를 개최하였다. 즉, 심각한 교원 부족을 해소하기 위한 교원양성 강습회, 일본식 교육을 받은 교육자들 (교사, 교육행정관)의 재교육을 위한 강습회, 한글 교육을 중심으로 한 성인교육 강습회 등 다양한 활동을 전개하였다(關英子, 1987: 101). 그 중에서도 특히 민주주의 교육이념에 입각한 새로운 교육이론의 보급에 힘쓴 것은 교육자의 재교육을 위한 교육 강습회였다. 이들 활동을 주도한 문교부는 새교육의 모델을 주로 미국 프래그머티즘의 교육이론에서 구하여 그 보급 소개에 힘썼다. 당시 이 운동을 주창하였던 오천석은 이 새교육 운동이 지향해야 할 바를 다음과 같이 밝히고 있다(오천석, 1975: 33-35).

> 첫째로, 전통적 교육의 계급주의 차별주의를 배격하고 민주주의 정신에 터를 둔 새로운 교육제도를 요구하였다.
>
> 둘째로 인간을 도구화하는 것을 목적으로 삼는 교육에 반대하고, 사람 자체를 목적으로 하는 교육을 제창하였다.
>
> 셋째로, 옛 교육의 특색인 억압주의적 교육에 반기를 들고, 자유에 기반을 둔 교육을 기도하였다. 복종자의 교육이 아니라 자유인의 교육을 원한다.
>
> 넷째로, 획일주의적 교육을 거부하고, 각 사람의 개인차를 인정하고, 그 개성을 살려 북돋는 교육을 내세웠다. 개인의 권리가 중요시되고, 그의 개인적 능력 성격 취미 희망 등이 존중되는 교육방식이었다.
>
> 다섯째, 과거의 문화적 유산을 전달하는 것으로 목적을 삼는 지식중심의 교육을 배격하고 사람 전체의 발달 향상을 목표로 하는, 현실과 따뜻한 교섭을 가진 산 교육을 지향하였던 것이다.

이러한 새교육 운동은 문교당국에 한한 것만은 아니었다. 일반 교육자들에 의해서도 활발한 활동이 있었다. 즉, 안호상, 심태진을 중심으로 현장교사들의 모임이 발전한 조선교육연구회는 교육강습회 개최, 기관지 발행, 교육관계 도서의 발행 등 다방면에서 활동하여 민주주의교육과 학습지도법의 소개 보급에 힘썼다. 따라서 미국교육 수용의 적극성 정도에는 문교당국과 조선교육연구회가 서로 차이가 있었지만 다 같이 민주주의교육을 소개하고, 그 보급에 힘쓴 점에 있어서는 공통되고 있었다.[39] 당시 일간신문의 다음과 같은 보도는 새교육 운동에 대한 구체적인 모습과 인식을 보여준다(조선일보, 1946년 11월 8일자; 오천석, 1975; 36에서 재인용).

> 이날의 연구회에서는 일반학과와 운동경기가 공개되었는데, 가장 특색이 있는 점은 선생의 강의가 거의 없는 것이었다. 선생은 교단에서 직접 교수를 하지 않고, 아동들이 스스로 연구한 결과를 자기네끼리 토론하게 되면, 그 진행방법을 필요한 범위 안에서 지도하여 주었다. 아동들은 각자의 토론에 있어서 때로는 맹렬한 논쟁을 거듭하였다. … 이날의 교수방법은 대체로 보아 좋은 성과를 거두었으며, 따라서 장차 남한의 각 초등학교에서 채택할 것이라고 본다.

이렇게 출발한 새교육 운동은 그 지향하는 목표가 일제잔재인 지식중심의 주입식교육과 아동의 개성을 무시한 획일적인 전체주의 교육을 청산하고 민주주의 교육을 실천함에 있었다. 그리고 이는 주로 사회과를 통한 쇄신된 학습방법으로

---

39) 안호상의 '민주주의 민족교육'은 민족주의를 그 내용과 목적으로 보고 민주주의를 민족주의의 내용과 목적을 실현하기 위한 수단으로 파악하고 있다. 이러한 민족주체성을 앞세우는 교육은 당시 교육주도세력의 민주주의교육을 강조하는 오천석의 인식과는 차이가 있었다. 이러한 인식의 차이를 두 사람(또는 집단)의 학문적 배경이나 교육주도권 다툼으로 해석하는 연구도 있다. 한성진(1989), 한준상(1990) 참조.

전개되었다는 점에서 미 군정청에 의해 1946년에 등장한 사회생활과와 밀접한 관련이 있었다. 새교육 운동에서 주장하던 학습방법의 혁신이 사회과를 중심으로 종래 교사중심의 수업방식으로부터 아동중심의 수업방식으로, 교과서의 지식중심에서 아동 생활의 구체적인 사실을 내용으로 삼는 생활중심의 수업으로 전환되기 시작했다.

이러한 보기는 다음 1949년에 발간된 『문교부, 사회생활과 3학년 소용 여러 곳의 사회생활 1』의 다음과 같은 내용에서 분명하게 드러난다.

> 첫째 단위: 우리지방 익힘 문제
>
> 1. 우리지방의 자랑거리를, 다른 지방에 사는 동무에게 알리는 편지를 쓰자.
> 2. 이제까지 만든 것, 모은 것으로 전람회를 열어보자.
>
> (중략)…
>
> 셋째 단위: 열대지방 익힘 문제
>
> 1. 차디찬 유리그릇에 뜨거운 물을 넣든지, 뜨거워진 유리그릇에 찬물이나 얼음 속에 넣어보자.
> 2. 사막의 그림을, 책이나 그림을 보고 그려보자. 약대의 그림, 오아시스의 집, 대추야자의 그림을 보고 작문을 지어보자.
> 3. 대상에 관한 창가를 지어, 그 속에 시무운, 신기루, 모래언덕을 집어넣어 보자.
> 4. 우리지방과 어떻게 다른가, 또 어떤 것이 더 발달한 쪽인가를 생각하고, 서로 이야기해 보자.

이러한 생활중심의 내용구성은 중등학교에서는 사회생활과의 공민부문에서 주로 다루어졌다. 이는 1950년 5월에 발행되었던 『중등사회생활과 공민1』(변희용, 최재학 공저, 대한교학주식회사) 의 다음과 같은 차례에서 보인다.

차례

제일장 공동생활

제이장 가정과 사회생활

제삼장 학교와 사회생활

제사장 고장과 사회생활

제오장 우리나라 시골생활

제육장 우리나라 도시생활

제칠장 보건과 후생

제팔장 휴양과 운동경기

제구장 공동생활에 적합한 개인

이렇듯 새교육 운동은 종래 주입식 교육에서 벗어나 아동의 개성을 존중하고 생활을 중심으로 내용을 구성하는 민주주의 교육을 학교 현장에 소개 도입시키는 데 큰 역할을 하였으나, 다음과 같은 여러 가지 문제를 안고 있었다.

첫째는 새교육 운동의 수용 자세에 대한 비판이다. 해방 이후 우리 교육계에는 미처 소화할 겨를도 없이 진보주의 교육사조에 바탕을 둔 아동중심의 개성존중, 자발적인 피교육자의 주도적 학습 등을 깊은 철학적 심리학적 배경 없이 받아들였다. 그리하여 단편적이며 즉흥적인 태도로서 새로운 교육운동에 지대한 관심을 표시했던 것이다(박봉목, 1971: 164). 따라서 당시의 인식수준에서 외국이론을 비판 검토 없이 도입하여 소개하였기 때문에 단순한 구호에 그친다든가, 논의의 수준에서 벗어나지 못하였다. 다음 회고는 당시 일선교사들의 이러한 의식을 보여 준다[40].

해방 후의 우리 교육계에서는 소위 신교육 운동이라 해서 온통 그 거센 물결에 휩쓸려 있었던 생각이 나는 군요. 6-3-3-4제의 학제를 비롯하여 커리큘럼구성에 있어서도 교과중심이니 경험중심이니 하여 많은 변화를 가져왔고, 방법에 있어서도 프로그램 학습이니 버즈 학습이니 하여 많은 형태의 학습이 유행되었다.

그 밖에도 웤샵이니 무슨 세미나이니 하여 낮선 외국어로 표현된 이름들이 부지기수이다. 물론 이러한 것은 모두 구미에서 직수입해온 것들이다. 저명한 학자들이나 번역서적을 통해서 들어온 것도 있지마는 이 방면에는 전연 문외한인 심지어 상용(商用)이나 관광차 외국을 여행하고 돌아온 사람들이 어깨너머로 듣고 보고 온 이야기까지도 이 물결에 가세하여 작용을 하게 되었으니 여기에 골탕먹은 것은 일선 교사들이다.

그들에게는 직접 이 새교육의 본장(本場)을 직관하고 연구할 기회가 주어지지 않았기 때문이다. 그래서 그들은 한동안 우왕좌왕하며 마치 키 잃은 배모양으로 대해(大海)를 방황할 수 밖에 없었다. 그렇다고 문교당국의 확고한 방침이 뚜렷이 지시된 것도 아니고 교사들의 확고부동한 신념이 서있는 것도 아니니만큼 참으로 딱한 일이었다.

둘째는 새교육 운동의 이론적 근거인 듀이의 아동중심 생활중심의 교육이론은 당시 우리 사회의 교육여건에서는 맞지 않으며, 또한 듀이의 사상이 왜곡되게 수용되었다는 비판이다. 즉, 교육적 실제에 적용되는 모든 교육적 방법이나 수단을 듀이 교육철학의 구체적 적용으로 보는 오해에 의한 비판이다(정건영, 1990:

40) 노판종의 회고(대한삼락회, 1985: 103-104) 에서 인용하였다. 그는 1908년 1월1일에 출생하여 평생 초등학교 교사로 재직하였다. 최종직위는 강원도 화성국교 교장이었다.

101). 그리하여 듀이의 교육사상과 교육방법이 바로 유일무이한 민주주의 교육의 사상이요 방법이라고 착각하고, 획일적이고 맹목적인 열성으로 받아들여 듀이의 교육사상과 방법은 생명력을 잃게 되었다는 것이다. 그 결과 근본적으로는 듀이 사상을 배반케 되었다는 것이다(박선영, 1982: 63; 이돈희, 1976; 이돈희, 1992: 序章; 박봉목, 1971: 163-165).

셋째는 우리 교육자들의 새교육 운동에 대한 확고한 지도이념의 박약과 민주주의에 대한 충분한 이해의 부족이다(오천석, 1975: 37). 이는 '새교육 운동을 돌아보며'라는 좌담회에서 성내운과 정건영, 유형진의 다음과 같은 대담에서도 지적되고 있다[41].

> 성내운 — 제가 보기에는 새교육 운동이 전개되기는 했으나 방법이나 이론의 근거가 빈약했기 때문에 곧 얼마 안 가서 일인에게 배운 질서로 되돌아갔지 않았는가 이런 느낌을 가졌어요. …
>
> 정건영 — 새교육의 본질적인 내용을 모르고 형식만 받아들인 데서 폐단이 있었지요. 그래서 민주적 민족교육이란 유사 전체주의적 교육경향도 일어났던 것으로 보입니다. …
>
> 유형진 — 민주주의교육이 즉, 새교육이 아니겠어요? 새교육은 개인을 존중한다. 그리고 학습에 있어 동기를 유발한다. 이런 교육내용으로 운동을 전개했으나, 일반적으로 교육에 대한 인식부족으로 다시 말하면 새교육에 대한 근본적인 신념과 인간성의 존엄성에 대한 인식이 결핍하고, 물론 이런 문제는 역사적 배경의 요소가 되지만 …

41) 1959년 7월 28일에 새교육협회의 주최로 문영한(문교부 장학관), 성내운(중앙교육연구소 조사연구부장), 유형진(숙명여자대학 교수), 정건영(교육주보 사장),조석기(인천 창영초등학교 교장)과 새교육협회의 백규현 총무과장, 이정국 편집과장이 모여 '새교육 운동회고'를 주제로 좌담회를 가졌다. 『새교육』, 1959. 9. : 8-15.

이러한 문제로 새교육 운동의 실제 모습은 미국모방의 범위를 벗어나지 못하였으며, 후에 침체상태에 빠지게 된 하나의 원인이 되었다. 이와 함께 1948년 8월 대한민국 정부 수립 후 초대 문교부장관으로 취임한 안호상에 의해 제창된 '민주적 민족교육'과 '일민주의'[42]로 민주주의보다 민족주체성 회복이 더욱 강조되자, 민주주의 교육과 동일시되던 새교육 운동은 점차 쇠퇴되어 갔다.

이렇듯 새교육 운동이 안고 있던 문제와 안호상의 민족주체성을 강조하는 문교정책으로 새교육 운동은 실제 교육현장에서는 커다란 영향을 끼쳤다고는 보기 어렵지만, 초등학교(특히, 서울 효제초등학교와 서울사대 부속초등학교)를 중심으로 활발히 연구되고 실천되었다.

반면에, 중등학교에서는 새교육 운동이 소극적으로 전개되었다. 이는 일본의 식민지교육 정책으로 우리나라 중등교육이 극도로 억압되어, 해방 이후 중등교육이 거의 공백상태였던 데에도 원인이 있었겠지만, 초등학교 교사들에 비해 중등학교는 학문체계를 계통적으로 가르쳐야한다는 지식위주의 교수를 중요시하고, 신설된 사회생활과는 초등학교에서는 시도해 봄 직해도 중등학교에서는 학문체계의 계열성 유지와 학력저하를 막기 위해서도 교사중심의 지식위주 교육이 더욱 요구된다는 입장을 취했던, 중등학교 교사들의 국가 건설기에 보여준 교육관에도 원인이 있었다고 생각된다. 이 점은 다음과 같은 지적에서도 보인다(심태진, 1971: 77).

> 해방 후 교육의 민주화의 선봉에 나선 것은 초등학교였다. 학습지도법개선, 교육과정 개조, 생활지도 개선, 특별활동 중시, 교육평

42) 안호상은 "… 구미식 개인 자본주의적 민주교육과 소련식 계급 공산주의적 민주교육(사실 독재교육임)과 구별하기 위하여 민주적 민족교육 혹은 일민교육이라…" 고 하였다. 한국교육10년사간행회 編, 1960: 45.

가법 연구 등 민주화를 위한 노력과 성과는 눈부신 바 있다. 그러나 중등학교는 초등학교의 이런 노력을 방관하고 조소하는 경향조차 있었다. 해방 전의 것을 우리의 것이라고 믿고, 교사중심의 지식주입을 유일한 교육으로 내 세웠다.

이러한 상황에서 중등학교는 교사의 부족과 교과서 및 학습교재의 미비로 국어와 국사를 제외한 다른 교과에서는 뚜렷한 교과과정을 갖지 못하였다. 이 결과로 초등학교 사회생활과 교수요목집이 1947년 1월에 출간되었으나 중 · 고등학교 사회과는 뚜렷한 교육과정(또는 교수요목)과 교과서가 없는 상태였다. 이는 1948년 8월 30일에 발간된 『중등공민 2』(권상철, 오수옥, 서울: 동심사)의 '머리말' 내용에서 입증된다.

머리말

1. 이 책은 국립서울대학교 부속중학교 사회생활과 공민교과서로 문교부 교수요목안에 의하여 편찬
2. **해방 후 중등학교에 사회생활과가 생긴지 벌써 3년이 되었습니다마는 그동안 교수요목이 없어서 실제 교육에 종사하는 우리는 큰 불편을 느꼈습니다.** 그런데 이번에 바라던 교수요목안이 발표되어서 우리는 마치 어두운 밤에 등불을 얻는 것 같습니다. (위 고딕체 강조는 연구자)

이렇듯 초등학교에 비해 중등학교에서 새교육 운동이 활발하지 못하였던 까닭은 앞서 지적하였듯이, 초등에 비해 거의 공백상태인 중등교육의 상황과 중등교사의 학문체계의 계열성을 강조하는 교육관과 관련이 있었다. 그러나 그 밖에도 중등 사회과 교육과정의 미비, 실제 사회과 교육과정이나 교과서 편찬과정에

서 중등학교에서는 학적 체계를 강조해야 한다는 교과전문가들의 영향 등과도 밀접한 관련이 있었다. 예를 들면 중등학교 사회과 교과서 편찬과정에서 당시 교과서 편찬은 대학교수들에 의해 이루어졌는데, 저자들은 권위와 체면 때문인지 원고 내용, 체재 등에 관해 협의하기 위해 편수관을 만나는 것을 꺼렸다(이대의, 1991: 101).

또한 중등학교에서는 입시준비로 전통적인 지식위주의 교육으로 이러한 경향은 더욱 강화되었으며, 이에 비해 초등은 중등교사에 비해 상대적으로 젊은 교사들의 진보적인 성향과 교육과정과 교과서의 구비로 새교육 운동과 민주주의 교육방식의 실천이 중등보다는 더욱 활발했기 때문이었다.

이처럼 중등학교에서는 초등학교에 비해 새교육 운동이 활발하지 못하였고, 또 이를 적용 실천할 중요 교과인 사회생활과에 있어서는 교육과정의 미비로 교사중심 교과서중심의 전통적인 강의 주입식 교육이 이루어졌다.

그러나 한국 사회과 모색기에 있어서 새교육 운동이 목표하는 민주주의 정신과 인간의 존엄성은 사회과 목표로서의 시민성 원리와 연결되고, 또한 이 운동이 지향하였던 아동중심 경험중심의 교육과정에 대한 새로운 모색은 사회과 내용구성방법으로서의 통합성 원리와 연결된다는 점에서 사회과 도입 이래 이 두 원리는 보편성을 띠면서 전개되었다는 것을 알 수 있다.

2. 전시 교육체제와 한국사회과 성립의 과도기

1949년 12월 31일에 교육법이 제정 공포되었는데 이 교육법은 민주주의의 원리, 민족주의의 강조, 의무교육의 실시, 과학적 사고력의 배양과 합리적 생활의 중요성을 강조하는 동시에 근로와 무실역행의 습성의 함양을 역설하고 있다(오천석, 1975: 47-52). 새 교육법이 제정 · 공포됨으로써 초등학교는 물론 중 · 고등학교에서도 사회과의 법적 위치는 뚜렷해지게 되었다. 그러나 사회과는 곧이어 발발한 한국전쟁으로 교육과정과 이에 따른 교사 재교육, 교육내용의 확정, 교과서 편찬, 학습방법 및 교재의 개발이 체계적으로 이루어지지 못한 채 전시 체제로서 과도기적 성격을 띠고 전개되었다.

전시교육의 목표는 멸공통일과 전후 재건에 있었는데, 이 목표는 그대로 전시 하 국민의 생활목표가 되었다. 왜냐하면 이것은 피난학생에 국한된 문제만이 아니라 한국교육 전체의 문제였기 때문이었다. 전쟁 직후의 혼란기가 지나고 전쟁이 장기화되자, 문교부는 1951년 2월에 '전시 하 교육특별조치 요강'을 제정 · 공포하여, 전쟁동안 중단되었던 수업을 재개할 것을 시달하였다[43]. 이때 전시교육의 중점은 멸공필승의 신념을 배양하고 전국(戰局)과 국제 집단안전보장의 인식을 명확히 하여 전시생활을 지도하는 데 두었다(한국교육10년사간행회 編, 1960: 137). 이는 『중등사회생활과 이웃나라의 생활(지리)』(박노식, 동지사, 1951년 8월) '8. 각국의 최근의 동향'의 다음과 같은 내용에서 확인된다.

---

43) 이 당시에 문교부에서 취한 중요한 조치는 다음과 같다. 피난학생의 취학독려, 가교실, 피난특설학교 설치, 북한 피난학생 수용, 도시 피난학교 설치, 전시 연합대학 설치, 생 벽돌 교사의 건축, 임시교사 1,000개 교실의 건축계획, 전시 교재의 발행 및 교과서 발간과 배부에 대한 조치 등이다(오천석, 1975: 71-72).

2. 한국동란과 이웃나라;

소련 위성국가인 중공 북한 괴뢰정권이 한국을 침략하게 되자 한국은 아시아에 있어 가장 중요한 반공선(反共線)상에 놓이게 되었다. 이선을 연장하면, 대만 인도지나반도에 이르게 되며, 태평양에 있는 필립핀 호주 뉴우지랜드를 연결하는 선이, 제이 반공선이라면, 전자는 제일 반공선이라고 할 수 있으며, 우리나라를 도웁는 세계각국의 U. N군이 이선에 집결하고 있다(p.166).

이렇듯 사회과 교과서 내용에서 한국은 자유진영의 보루로 규정되고 있다. 한국전쟁은 이처럼 국제적으로는 양대 진영의 대립을 가져오고, 국내적으로는 전쟁의 참화로 민족의 정체성과 동질성마저도 잃어가는 계기가 되었다. 당시 교과서와 교실이 없었던 상황에서[44], 문교부는 교과서 문제를 해결하고 아동들의 전시생활을 지도하기 위해 1951년에 '전시임시교육요강'을 만들어 임시교재를 제공하였는데 초등학교용으로 『전시생활 1 (1, 2학년용) · 2 (3, 4학년용) · 3 (5, 6학년용)』과 『중등학교용 전시독본』을 각각 3집 발행하여 교과서 발행의 공간을 메우게 되었다(박붕배, 1982: 59-60).

이 전시교재는 교과목 구분 없이 그 자체가 국어과이면서 동시에 사회생활과의 교과서 역할을 하였는데, 그 내용은 학생들로 하여금 국방에 대한 신념을 배양하는 군사 내용과 유엔군에 대한 내용, 침략자 규탄 내용으로 군사 · 정치교육에 그 목적이 있었다. 이는 전시 교재 『전시생활 3-3 우리도 싸운다』(문교부, 1951)의 다음과 같은 내용에서 확인할 수 있다.

---

44) 한국전쟁 전과 비교하여 전쟁 중 파괴된 교실의 비율은 초등은 69.1%,중등은 75.1%,사범학교는 66.9%,고등교육기관은 46.6%였다(UNESCO, Rebuilding in the Republic of Korea, 1954: 84 馬越徹, 1987: 181 에서 재인용).

〈 표 14 〉 초·중등 학교용 전시교재 발행현황

	전시생활 (1)	전시생활 (2)	전시생활 (3)	전시독본
1집	비 행 기	싸우는 우리나라	우리나라와 국제연합	침략자는 누구냐?
2집	탱 크	우리는 반드시 이긴다	국군과 유엔국은 어떻게 싸우나?	자유와 투쟁
3집	군 함	씩씩한 우리 겨레	우리도 싸운다	겨레를 구원하는 정신

출처 : 중앙대학교 부설 한국교육문제연구소(1974: 231).

4월 16일 월요일

일을 시작한지 얼마 안되어, 이마에는 구슬땀이 흘렀다. 바로 이때에 우리들의 머리위로 요란한 폭음과 함께 쨋드기의 편대가 나타났다. 아! 쨋드기! 하며 모두 하고 있던 일을 멈추고 손을 높이 들어 흔들었다. 북으로, 북으로, 원수를 찾아 몸부림치며 날아가는 그 모양은 참으로 믿음직 했다.

"우리의 희망을 온 몸에 싣고
오늘도 쳐나가는 쨋드기 편대
날아라 푸른 하늘 네 마음대로
싸워라 용감히 오랑캐 떼와" (pp.17-18)

전시 하 교육과정은 '전시학습지도요강'에 잘 나타나 있는데, 여기서는 전시생활목표를 학습목표로 규정하고 있다. 또한 교육내용 방법의 쇄신을 제시하였고, 이를 위해 중앙에 교육과정연구회를 두고 지방에 연구학교를 지정하여 교육의 연구 실천을 촉진하였다(한국교육10년사간행회 編, 1960: 145). 특히 '학습지도요강'에서는 우리 교육이 민주적으로 개선될 필요성이 있으며 새교육의 이념인 생활중심의 교육방법이 계승 발전되어야 한다고 강조하였다. 이는 다음과 같은 '학습지도요강'의 취지에서 나타난다(한종화,이양우,안희천 編, 1982: 60에서 재인용).

> 생활중심의 교육이란 이제 새삼스러운 것은 아닙니다. 우리가 해방 이후 부르짖어 오던 새교육의 이념이 곧 생활중심의 교육이었던 것입니다. 그러나 오늘날 우리나라의 교육이 얼마만큼 민주주의적으로 개선되었으며, 생활중심의 방법으로 향상되었느냐 하는 데 대해서는 깊이 생각해 볼 필요가 있읍니다. 교육이 없고, 교과서가 없고, 더구나 교사까지 부족한 것이 전시 하의 우리의 실정이지만, 그렇다고 해서 아무런 의욕 없이 구태의연한 기계적 암송교육을 계속한다면 우리에게는 이 시련에서 벗어나서 빛나는 앞날을 맞이할 기회를 놓치는 결과가 될지도 모를 일입니다. … 그러므로 오늘날의 악조건 밑에 여러 가지 애로가 있겠지만 우리들은 새로운 교육의 이론과 방법을 추진하여야 하겠읍니다.

위의 내용에서 보듯이 교육자들은 전재(戰災)를 복구하고 폐허위에 새로운 국가를 건설하려면 과거의 주입식교육으로는 안되며, 전쟁의 악조건 아래서도 새로운 교육이론과 방법의 창달이 필요하다는 자각이 있었다(문영한, 1959: 11). 즉, 국가 사회의 현실에 맞는 것을 가르쳐야 하고, 그러기 위해서는 교육과정을 근본적으로 재검토해야 한다는 생각에서 자발적으로 교육과정 개정운동이 요원의 불길처럼 퍼져나갔다. 문교부가 제정한 교수요목과 교과서를 따라야 하는 제약이 있음에도 불구하고, 각 학교에 맞는 교육과정을 제정하려는 노력이 계속되었으며, '코어 커리큘럼 Core- Curriculum'에 대한 논의와 함께 미국 일본의 교육과정이 소개되었다(심태진, 1963: 25).

이때의 교과개편의 중점 및 내용의 특색은 학생들의 경험과 생활을 존중하는 것이었다. 이에 따라 초등학교 사회과는 개편의 중점을 (1)시국의 요청과 계절에 부합하도록 하고, (2)과거의 교재가 정도에 지나친 감이 많았으므로 되도록 어린이의 생리적 및 심리적 정도에 알맞도록 유의하였으며, 내용의 특색으로는 (1)내용을 좀 더 쉽고 재미있게 하고, (2)현 정세에 맞지 않는 교재를 삭제하고 신교재를 많이 보완하였으며 (3)어린이와 생활환경과의 관련을 더 밀접하게 하였다(한국교육10년사간행회 編, 1960: 139).

전시 중이라 학습지도의 장소, 시간이 따로 없었기 때문에, 문교부 당국자나 일선 현장의 교사들은 학생들의 생활경험을 통하여 학습을 전개하는 교과중심 교육에서 생활중심 교육으로 전환하였다. 그리하여 단원중심의 학습활동을 하고 있는 사회생활과와 이과(理科)뿐만 아니라, 타교과도 교사가 교재를 자료로 종합적인 생활단원을 구성하여 지도할 것이 권장되었다[45]. 그리고 종래의 획일적 · 주입식 · 지식위주의 교육을 지양하고 개성을 존중하며 전후 재건을 위해서 실생활의 향상을 도모할 수 있는 새로운 학습지도법을 모색하게 되었는데, 이러한 노력은 1952년에 내한(來韓) 한 '제 1차 미국교육사절단'이 문교부의 협력하여 현직교사 재교육을 목적으로 설치한 '중앙교육훈련소(TTC)'의 활동으로 구체화되었다.

3차례에 길쳐 내한한 미국교육사절단은 한국 초등교육의 실정을 주로 조사하였는데, 특히 '제 3차 교육사절단'은 문교부의 교과서 편찬 및 우리나라 최초의 교육과정 개발에도 지도 조언하였다(馬越徹, 1987: 190-191). 제 3차 교육사절단은 한국교육의 근본문제를 교육내용과 교육프로그램의 획일적인 통제와 개인차를 무시한 수업방식, 군대식 훈육, 중앙집권적 교육행정 등의 '비민주적 전통'과 교

45) 이러한 보기는 당시 국어과 개편의 중점에서 "국어의 종합적 지도를 위한 단원교재를 선택하였다. 시국의 요청에 응하여 생활교재를 배열하였다."라는 내용을 들 수 있다(한국교육10년사간행회 編. 1960: 139).

육내용의 '생활과의 단절'을 지적하였다(김종서 · 이홍우, 1980: 84). 덧붙여서 한국교육이 정치적 민주화를 실현하는데 도움이 되기 위해서는 교육의 과정 전체에서 민주적인 태도와 생활방식이 실현되어야 한다고 지적하였다.

이러한 지적은 그 당시 학급인원 70-80명을 수용해야하는 현실과 전쟁으로 인한 교육여건의 미비와 상급학교 입학자 수에 따라서 학교나 교사의 능력을 저울질하고 교육의 효과를 측정하려는 상태에서(오천석, 1975: 106), 개인차를 인정하고 아동중심의 학습을 강조하는 경험주의 교육과정을 우리 현실에 적용하기 어렵다는 것을 고려하지 않았다는 점에서 문제점을 안고 있었다. 하지만 이 사절단을 통하여 소개된 단원학습이나 문제해결학습[46]은 사회과의 교수방법과 내용편성의 지침으로 제 1차 교육과정에 반영되었다. 즉, 1955년 8월1일 제정 공포된 초등학교 교육과정을 보면,

> … 상기의 사회생활과의 목적과 목표에 달성하기 위하여
>
> (1) 초등학교의 사회생활과는 사회적 및 어린이의 욕구에 의한 기초적인 문제가 다루어져야 할 것이며
>
> (2) 사회생활과의 내용인 지리, 역사, 공민은 이를 분과적 또는 계통적으로 다룰 것이 아니라, 심신발달의 단계로 보아 종합적으로 다루어 져야 할 것이다 (문교부, 1987: 54-55).

라고 하여 문제해결학습과 단원을 설정하여 이를 지리, 역사, 공민 등을 종합하여 다루는 단원학습을 강조하고 있다. 이러한 보기는 제정된 교육과정에 의해 발

46) 여기서 다루는 생활과 문제해결 방법은 상식적이며 현상 긍정적인 것에 머무는 기능론적 관점에서 상호의존적인 사회를 전제하고 조화와 협조에 바탕을 두고 있었으며, 갈등적인 문제나 생활 경험은 결여됨으로써 현실 적응적 태도를 가지도록 하는 성격으로 왜곡될 수 있었다(谷本彰英, 1995: 114-130). 이에 따라 문제해결 학습이 지향하는 객관적인 사회인식과 주체적이고 실천적인 사회적 행동과의 통일적 형성을 가능하게 하는 시민적 자질 형성에는 이르지 못하였다.

행된『사회생활 6-1』(문교부, 1956)의 차례를 보면 나타난다.

차례		
1. 아름다운 습관		
1) 좋은 계획	2) 아름다운 풍습	
3) 상급생으로서	4) 살기 좋은 사회	
2. 우리나라의 내력		
1) 우리민족의 유래와 건국	2) 삼국시대의 모습	
3) 고려와 굳센 조선	4). 빛나는 대한민국	
3. 우리역사를 빛낸 이들		
1) 나라의 주춧돌	2) 문화의 꽃	3) 끊임없는 앞길
4. 우리나라의 정치		
1) 우리나라의 민주정치	2) 민주정치의 원칙	3) 선거와 지방자치
5. 민주주의		
1) 우리와 민주주의	2) 민주주의의 뜻	3) 민주국가의 발전
6. 국제연합		
1) 빛나는 유엔군	2) 국제연합의 목적	3) 국제연합과 우리나라

차례에서 보듯이 역사, 공민이 통합되어있다. 그리고 이 교과서 1단원의 '2. 아름다운 풍습'의 내용전개를 보면,

> 반에서 우리나라의 의식에 대해서, 4분단으로 짜서 연구하고 발표하기로 하였다.
>
> · 민간의식에 대하여 — 창석이네 분단
>
> · 국경일에 대하여 — 석주네 분단
>
> · 종교적 의식에 대하여 — 영석이네 분단
>
> · 기념행사에 대하여 — 상철이네 분단(p.7)

이를 아동들이 연구해 왔다고 가정하고, 민간의식, 국경일, 종교의식, 사회적 행사에 대하여 그 내용을 교과서에 밝히고 난 뒤(pp.7-8), '발표가 끝나고'라는 항에서는 선생님의 지도내용이 기술되어 있다. 이처럼 '우리나라의 의식' 이라는 단원을 중심으로 한 생활중심 · 토의식 수업을 모색하고 있다.

이와 같은 사회과의 교육과정 개정운동이 진행되는 동안 한편에서는, 한국전쟁을 거치면서 분단의식이 일반 국민에게 내재화되는 계기가 마련되었고, 이에 따른 이데올로기적 정지작업으로 반공이 전 국민적 합의 기반으로 확대되기에 이르렀다. 이러한 보기로서 초등학교 사회과 교과서 『우리나라의 발달 6-2』(문교부, 1952)의 '여덟째 가름 두째 조각' 중의 '우리의 각오'에서 다음과 같은 내용을 들 수 있다.

> 우리 겨레는 평화를 사랑하며, 결코 남의 나라를 침략한 일이 없고, 또 외족의 어떤 침략이라도 이를 물리치고, … 그리고 이번 싸움은 결코 우리 민족의 내란이 아니라, 민주주의와 공산주의의 싸움인즉, 우리는 어데까지나 여러 민주우방과 친선을 더욱 두텁게 하여, 집단방위를 굳게 하여야 하겠다. 이번 전란으로 말미암아 입은 손해는 우리 국가 민족에게 큰 타격이 되었으나, 유엔이나 미국을 비롯한 민주우방으로부터의 원조가 계속될 것이니, 우리는 폐허 위에 전보다 더욱 훌륭하게 재건하도록 하여야 하겠다(pp. 126-127).

위의 내용에서 보는 것처럼 한국전쟁을 계기로 반공을 더욱 굳건히 하며, 민주우방과의 친선과 원조를 바탕으로 재건에 힘쓸 것을 요구하고 있다. 그런데 이러한 사회과 내용에서의 반공교육은 초등학교보다도 중등학교에서 더욱 강조되었다. 이는 이상을 추구하며 감수성이 예민한 중등학교 학생들에게는 반공사상의 철저한 인식을 시키지 않을 수 없었기 때문이었다(한국교육10년사간행회 編, 1960: 147). 이러한 보기로서는 1952년 발행된 교과서『사회생활과 중등공민 3 경제생활』(한춘섭, 민중서관) 10과 '우리나라의 발전과 우리겨레의 사명'을 들 수 있다.

> (2)우리나라의 국제적 지위와 우리겨레의 사명
>
> … 제 2차 대전이 민주주의 진영의 승리로 돌아가게 됨과 더불어 드디어 영예의 독립을 도로 찾게 된 것이다. 우리나라는 민주주의를 근본이념으로 하며 민주주의 우방과 더불어 발전하고 있다. … 세계역사상 일찌기 보지 못하던 일대 대립이 방금 세계를 긴장시키고 있으며 그 긴장의 가장 초점이 바로 우리나라에 놓여있어 이미 폭발하고 있다. 이것은 우리민족의 일대 시련이다. 이 시련에 이긴다면 우리는 세계 역사의 승리자가 될 것이고, 인류문화의 수호신이 될 것이며, 이 시련에 진다면 우리는 영영 역사상에서 없어지고 말 것이다(pp.128-131).

또, 같은 해에 발행된 교과서『중등 사회생활과 최신 자연환경과 인류생활』(이지호, 민교사)의 내용에서도 확인할 수 있다.

> … 세계평화를 교란하는 공산도배의 불의의 침략으로 말미암아 … 그러나 천의(天意)는 무심치 않아 미국을 비롯하여 평화를 애호하는 세계의 민주국가들이 다투어 군대와 물자를 보내어 공산주의 침략을 분쇄하는 성전(聖戰)에 참가하고 있다. 이번 사변에 우리가 지불한 댓가는 너무나 크다. 그러나 우리들은 이 기회에 기어코 통일하여야 하며, 또 우리를 도와주는 모든 세계 민주국가에 진심으로 감사

의 뜻을 표하여야 할 것이다(p. 161).

이러한 교과서 내용에서 볼 수 있듯이 한반도는 이제 냉전의 격전장으로써 남북한이 각기 이데올로기를 달리하는 적대적인 관계로 설정됨으로써 '반공=민주주의=친미(또는 친 자유진영)'의 이데올로기가 사회과의 내용으로 나타나고 있다.

이렇듯 전시체제로 인한 사회과 교육내용이 냉전 · 반공 이데올로기를 반영하는 가운데 교육과정 심의회는 일선의 교육과정 개조운동에 호응하여, 1952년 '교육과정 연구위원회 규정'을 문교부령으로 제정 · 공포하고 위원회를 구성하여 초등학교에서 고등학교까지의 시간배당 기준표부터 작성하기 시작하였다. 또한 교육법시행령에 의해 한국교육사상 처음으로 교과가 법령으로 규정되었으며(한국교육10년사간행회 編, 1960: 165), 사회생활과도 그 중 하나의 교과로서 법적 지위를 확보하게 되었다.

그리하여 종전에 초등학교 고학년에 있던 역사와 지리과가 사회과로 되었고, 그 내용은 반공 도덕적 요소가 강화되고 인사와 놀이 중심교재로 편찬 발간되었다(박붕배, 1982: 61). 이시기는 미군정기의 교수요목을 답습하고 혼란과 격동의 와중에서 한국사회과의 성립을 위한 과도기적 모색과 노력들이 주로 초등학교를 중심으로 연구되고 실천되던 때였다. 그러다가 교육과정 제정의 필요성이 점차 대두되어, 1953년 '교육과정 연구위원회'와 '교수요목 제정심의회'의 합동위원회로 680여명의 '교육과정 심의위원회'가 발족되었다.

이어서 1954년 4월 각 급 학교 교육과정 시간배당 기준령이 제정 공포되었고, 학생들의 경험과 생활을 존중하는 교과과정에로의 개편이 요구됨에 따라 특별활동이 교과과정에 포함되었다(한국교육10년사간행회 編, 1960: 165-166). 그리고 마침내 이듬해 1955년 8월 1일에 제 1차 교육과정이 공포되게 되었다. 이 교육과정은 1948년에 제정된 대한민국 헌법과 1949년에 공포된 교육법 및 1952년에 공포된 교육법 시행령에 근간을 두는 대한민국 최초의 교육과정이라는 데 의의가 있었으며(이희복, 1982: 62), 이 교육과정의 공포로 한국사회과는 실질적인 성립을 보게 된 것이다.

3. 성립기 사회과의 의의(意義)와 한계

성립기 사회과는 1949년 12월 31일의 교육법 제정 공포를 기점으로 전후(前後)의 시기를 사회과 성립의 모색기와 전시체제에 따른 한국 사회과 성립의 과도기로 나눌 수 있다. 성립기의 의의와 한계를 크게 두 가지로 나누어 살펴보고자 한다.

첫째, 성립기 사회과는 한국 사회과 성립을 위한 모색과 과도기적 성격을 지닌다. 이것은 초등학교는 사회생활과 교수요목의 제정 · 공포로 어느 정도 체계를 갖추었으나, 중등학교에서의 사회과는 교수요목의 제정이 뒤늦게 이루어지고, 제 1차 교육과정 제정 · 공포 시에도 학습지도의 목표와 방법 원리 등이 제시되지 않았다. 이는 다음과 같은 내용에서 확인된다(한국교육10년사간행회 編, 1960: 172).

> 새 교육과정(제 1차 교육과정)의 제정에 있어서도 이러한 기본적인 난제를 극복하지 않으면 안 되었다. 그러나 새 교육과정에 있어서 이러한 문제가 어느 정도 해결되었는지 여러 가지 의문점이 없지 않다. 그 현저한 실례로서 중학교에서 사회생활과가 신설되었음에도

불구하고 이 교과에 대한 학습지도의 목표와 방법 원리를 제시하지 않았다. 이 결과 사회생활과는 형식상의 교과에만 그치게 되었고 그 실질에 있어서나 운영 면에 있어서나 종래의 공민 지리 역사의 3분과가 서로 독립되어 교과서의 편찬이나 학습지도의 실제에 있어서는 각각 별개의 학과체계를 그대로 유지하고 있는 것이다. 고등학교에 있어서는 이와 같은 현상이 더욱 현저하게 나타나고 있다.

이러한 중등학교의 과도기적 상황과 함께, 사회과 모색기에는 교과서의 절대부족으로 문교당국은 교과서 출판을 통제할 입장이 못 되었기 때문에, 중등학교 교과서 편찬에는 그 내용 선정과 기술에 상대적으로 자율성이 있었다. 이는 다음의 대담내용에서 확인할 수 있다.

"이때는 교과서를 출판사가 저자와 협의해 창작한 것이었습니다. 교육과정도 작성되어 있지 않았으니 검인정도 아니었습니다. … 당시 (1947년)에 나온 교과서는 검인정 교과서도 아니고, 출판사가 교육과정도 만들면서 기획 · 출판한 것이 되겠습니다." (이대의, 1990: 106)

그리고 이 시기에는 민족적 민주주의와 일민주의에 의한 민족주체성 교육이 도입기 사회과에 비해 상대적으로 강화되고 있었다. 이는 1949년 6월에 발행된 교과서 『중등사회생활과 우리나라 경제생활 공민부분 3학년용』(이상선, 탐구당)의 '10. 우리나라의 발전과 우리겨레의 사명'에서 드러난다.

… 우리나라는 동일한 민족으로 구성된 민족국가이다. 같은 민족이기 때문에 서로 믿고 서로 의좋게 지낼 수 있는 조건을 갖추고

있다. … 그러나 단일 민족이라 하여 노력하지 않아도 모든 일이 잘 되어 나갈 수 있다는 것은 아니다. … 그러므로 우리는 또한 이 민족이 사이좋게 이 나라를 발전시키도록 하게 하려는 우리들의 의식적 노력이 필요하게 되는 것으로 여기에 민주주의 생활양식은 우리나라의 근본으로 삼게 된 까닭이 있는 것이다. … 따라서 우리나라는 단일 민족을 토대로 하여 구성되었고, 그 민족의 해방을 위하여 민주주의를 표방하는 민주주의 민족국가라 하겠다. 이와 같은 성격이 우리나라의 발전이 어떠한 방향으로 지향할 것인가를 결정지어 주는 것이며, 우리들의 노력의 방향을 지시하여 주는 것이다 (pp.142-143).

또, 1949년 8월에 발행된 교과서『중등 사회생활과 우리나라 생활(역사부분)』(금룡도서주식회사편, 금룡도서주식회사)의 '우리의 자각과 사명'에서도 확인할 수 있다.

… 해방이 되는 그와 동시에 뜻 아닌 38선을 경계로 하여 남 북 두 쪽이 나누어지고, 사상과 국체가 다른 미·쏘 양국의 대립에 어울려 우리 국민도 역시 두 갈래로 나누어져서 몇 해를 두고 혼란을 거듭하여 왔다. 그러나 오직 우리 3천만의 민족적 과업은 하루빨리 이 38선을 없애고 남북통일 정부를 수립하며, 나아가서는 전 민족 전 국가의 역량을 발휘하여 새로운 세계문화의 건설에 이바지 하여야 될 것이니…(pp.194-195).

이러한 교과서 내용에서 보는 것처럼, 사회과 성립의 모색기에는 미군정 하에서 무비판적으로 수용해 온 민주주의교육에 대한 자각으로 외세의 영향력을 주체적으로 수용하고 민족적 통합을 성취할 수 있는 민족교육 이념을 강조하고 있다. 이 점에서 이 시기 사회과는 그 의의를 발견할 수 있다.

그러나 과도기에서는 한국전쟁을 계기로 전개된 전시교육 체제에서 냉전·반공 이데올로기에 편승한 '반공=민주주의=반북=애국애족'으로 그 강조점이 옮겨지면서, 사회과는 반공교육과 승공을 위한 수단으로서 뿐만 아니라, 통치체제를 정당화해주는 이념적 도구로서 전도된 민주주의 내용이 등장하게 된다. 이는 다음과 같은 과도기의 사회과 교과서 『사회생활과 중등공민 3 경제생활』(한춘섭, 1952: 123-127)의 '10. 우리나라의 발전과 우리겨레의 사명' 내용을 통해 확인할 수 있다.

> (1) 민주주의와 우리나라 1. 민주주의의 목표
>
> … 그러므로 민주주의는 사람의 평등과 자유를 옹호하며 인격의 존엄성을 유지하는 데에 그 본질이 있는 것이다.… 우리나라는 과거에 있어서는 민주주의라는 것을 몰라왔다.… 이제 우리가 국권을 다시 찾아 우리의 나라를 가지게 되었으나, 이번에는 우리는 참말로 국민의 뜻이요, 국민의 기관이 될 수 있는 정치를 가짐으로써 우리나라의 독립을 확보해야 한다. 이와 같이 세도와 당파를 버리고 국민전체의 의한 국민의 정부를 세우고, 나아가서는 우리 민족의 통일과 독립을 완수하려는 사상을 이승만대통령께서는 일민주의라고 하셨다. 일민주의는 이를테면 민주주의를 우리나라의 현실에 적용한 것으로서 민주주의의 현실과 발전이라고 하겠다. 우리가 앞으로 나아갈 길은 오직 이러한 민주주의의 길인 것이다.

이처럼 한국 사회과 성립기에는 민족주의 교육, 민주주의 교육, 정권의 정당화를 위한 전도된 민주주의 교육이 사회과의 목표와 내용에서 혼재되어 있음을 볼 수 있다. 여기서 우리는 교육의 정치예속성이 강화되면서 반공이데올로기와 친화력을 가진 극우적 분단국가적 민족주의의 내용이 사회과의 목표 내용으로 왜곡되게 나타나는 문제점을 보게 된다. 이는 사회과의 목표로서의 원리 즉, 시민성 함양을 목표로 하는 시민성 원리가 냉전 반공 이데올로기로 그 본질적 의미가 굴절되는 과정이었다는 것을 뜻한다.

둘째, 성립기 사회과는 내용 구성방법의 목표로서의 통합성의 원리는 교과의 통합과 생활중심, 단원중심의 학습전개를 통한 형태로 계승되고 있다는 점에서 의의가 있다. 그러나 이 시기의 통합성 원리 는 본래 이 원리가 목표로 삼고 있는 제 사회과학(역사, 지리, 공민 등)을 통합하는 지적 측면과 이러한 통합된 지식을 바탕으로 민주시민의 자질로서 요구되는 태도, 능력을 함양하는 실천적 측면의 통일적 형성과는 괴리가 있었다. 즉, 교과의 통합이나 생활중심, 문제해결중심의 교수-학습법의 새로운 모색 수준에서 벗어나지 못하였다. 이를 구체적으로 살펴보면, 제 1차 교육과정의 초등학교 사회과의 목표에는

> … 상기의 사회생활과의 목적과 목표에 달성하기 위하여
>
> 1. 초등학교의 사회생활과는 사회적 및 어린이의 욕구에 의한 기초적인 문제가 다루어져야 할 것이며
>
> 2. 사회생활과의 내용인 지리, 역사, 공민은 이를 분과적 또는 계통적으로 다룰 것이 아니라, 심신발달의 단계로 보아 종합적으로 다루어 져야 할 것이다.

라고 하여 문제중심으로 지리, 역사, 공민 등을 종합적으로 다룰 것을 제시하여 통합성의 원리를 계승하고 있다. 이는 미 군정기의 사회생활과 교수요목에 의거한 『다른 나라의 생활(사회생활)5-1』(문교부, 1951)과 제 1차 교육과정에 의거한 『사회생활 6-1』(문교부, 1956)의 차례를 비교해 보면 이과, 역사, 공민 등이 종합되어 내용을 구성하고 있음을 볼 수 있다.

〈 표 15 〉『다른나라의 생활 5-1』과 『사회생활 6-1』의 차례 비교

단원	다른나라의 생활 5-1(1951년)	단원	사회생활 6-1(1956년)
1	지구이야기	1	아름다운 습관
2	원시인의 생활	2	우리나라의 내력
3	고대문명	3	우리역사를 빛낸 이들
		4	우리나라의 정치
		5	민주주의
		6	국제연합

또한 1953년 문교부에서 발행한 초등학교 사회과 교과서 『고장생활(사회생활)2-2』의 책 끝에 '선생님에게'라는 항목을 보면

> … 사회생활과의 주요한 목표는 사회구조와 사회기능을 이해시키며. 어린이들이 사회생활을 하는데 가져야 할 태도와 능력을 길러주는데 있읍니다. 그러므로 위에 적은 여러 단원은 이 세 가지 관점(이해시킬 점, 가지게 될 태도, 길러야할 능력을 말함)에서 고찰하여 지도하도록 하여야 하겠읍니다.

라고 하여 사회과의 통합성 원리에 근거하여 지도할 것을 요구하고 있다. 즉, 제 사회과학의 통합적 지식을 토대로 사회구조와 사회기능을 이해시키며, 이러한 이해가 아이들의 태도, 능력과 통일적으로 형성되도록 지도해야 한다고 하고 있다. 이러한 통합성 원리에 따라 아동들이 당면하고 있는 여러 가지 문제를 기초로 아동들의 생활경험을 재구성하는 문제해결학습이 강조된다. 이러한 예는 초등학교 사회과 교과서인 『우리나라의 발달(사회생활) 6-1』(문교부, 1953)의 다음과 같은 차례에서 볼 수 있다.

첫째 매	둘째 매
1. 원시국가와 상고생활	1. 건전한 생활
2. 삼국의 발전과 그 문화	2. 정치 생활
3. 통일기의 신라와 발해	
4. 고려와 그 문화	

여기서 둘째 매의 차례를 좀 더 상론하면, 다음과 같다.

1. 건전한 생활
   (1) 미신타파: 미신, 미신과 과학
   (2) 종교생활: 종교, 종교와 미신
   (3) 오락: 오락의 필요성, 건전한 오락, 오락기관
   (4) 교육: 우리는 배워야한다, 교육과 건전한 생활, 교육은 국가의 힘
   (5) 공중도덕: 공중도덕, 우물, 길, 모임, 여행, 공원, 목욕탕, 전염병

2. 정치 생활
   (1) 정치: 공동생활과 정치, 옛날의 정치, 오늘날의 정치-민주정치
   (2) 우리나라의 정치: 대한민국헌법, 국회, 정부, 법원
   (3) 국민의 의무: 국민의 권리, 국민의 의무, 자치

위 둘째 매 차례의 내용에는 역사와 정치 및 그밖에 사회생활에 관한 지식과 실제 생활에서 접하게 되는 미신타파, 종교, 오락, 교육, 공중도덕 등의 문제들을 중심으로 구성되어 있음을 보여준다.

이러한 통합성 원리 에 따른 내용구성은 중등학교 사회과에서는, 특히 '공민'

에 계승되고 있다. 이는 1948년 9월에 문교부 교수요목안에 따라 발행된 『중등사회생활과 중등공민 3』(권상철·오수옥, 동심사)의 내용 차례와 1956년에 제1차 교육과정에 따라 발행된 문교부 검인정 중학교 공민교과서인 『공동생활』(황산덕·고승제·김경수, 민중서관)의 내용 차례를 보면 알 수 있다.

『중등사회생활과 중등공민 3』차례

첫째 가름 우리생활과 노동

둘째 가름 생산은 어떻게 되며 우리는 어떻게 소비하는가?

세째 가름 우리 생활에 있어서 산업은 어떤 뜻이 있는가?

네째 가름 화폐와 금융기관은 우리생활을 어떻게 돕는가?

다섯째 가름 교통과 통신은 우리생활을 어떻게 돕는가?

여섯째 가름 생계는 어떻게 세워야 하는가?

일곱째 가름 우리는 직업을 어떻게 선택해야 하는가?

여덟째 가름 우리가 더 잘 살려면 어떤 생활을 개선하여야 하는가?

아홉째 가름 사회는 어떻게 개선되어야 하는가?

열째 가름 민주주의 국가를 세움에 있어서 우리겨레의 사명

『공동생활』 차례

1. 가정생활; 1) 공동생활과 가정 2) 가정의 발달 3) 가정, 이웃, 국가
2. 학교생활; 1) 학교의 의미 2) 우리학교 3) 학교의 제도와 운영
3. 지방생활; 1) 마을 2) 시골생활과 도시생활 3) 지방생활
4. 그 밖의 공동생활; 1) 사회 2) 단체
5. 사회생활의 모습; 1) 우리와 공동생활 2) 사람과 사회생활
6. 개인과 사회와의 관계; 1) 개인과 사회와의 관계 2) 사회에 봉사하는 길
7. 공동생활에 필요한 요소; 1) 공동생활과 규율 2) 공동생활과 지도자

8. 공동생활에 공헌하는 길; 1) 사회에 기여하는 길 2) 우리와 공동생활

그런데 문제점으로 지적해야 할 사실은 생활경험의 재구성에 있어서 '생활'이란 무엇인가? 어떠한 것을 생활 단원으로 다루어야 하는가에 대한 깊은 인식이나 교육자들 간의 합의가 없었다는 점이다. 즉, 여기서 말하는 생활은 기능론적 관점에서 상호의존적인 사회를 상정하고 조화와 협조에 바탕을 두고 있으며, 갈등적인 문제나 생활경험은 결여됨으로써 현실적응적 태도를 가지도록 하는 성격으로 왜곡될 수 있었다[47].

이러한 문제점 외에도 교육현장에서는 생활경험의 재구성이라는 목표에 따른 내용 방법, 나아가 통합성의 원리가 제대로 실천되지 않고 있었다는 점이다. 이것은 당시 사범대학 학생으로서 예비 사회과 교사의 눈에 비친 다음의 글에서도 나타난다(정기성, 1956: 51-53).

> 사회과교육이 있어야 할 정상한 자태는 어떠한 것이든 오늘의 상태에 머물러 개선을 꾀하려 하지 않는 한 나는 항변을 의식적으로 감행하고 싶다 … 사회과교육에 대한 일반의 이해가 극히 난조를 보이고 있는 것으로 보아 … 사회과교육의 일반적 목표는 인간관계에 관한 학생들의 경험을 발전시켜 그 행동에 바람직한 변화를 가져오게 하는데 있는 것으로 시인되고 있으며 그 내용은 객관적인 혹은 실증적인 사회제과학을 매개로하여 선량한 시민의 형성을 꾀하는 것이어야 하는 것으로 강조되고 있다. 이와 같은 목표와 내용은 크게 사

47) 이는 우리와 비슷한 경로로 사회과의 전개과정을 밟았던 일본에서도 이러한 생활경험중심의 통합교과인 사회과(1946년)에 대해 교과의 조직과 내용을 생활과 결부시킴으로서 과학적 기본지식을 희생하는 잘못 을 저지르고 있다는 주장(磯田一雄, 1969: 33)과 함께, "역동적인 미국사회의 사회기능주의에 근거한 사회과(1946년)의 미국 모방적 성격은 정적(靜的)인 일본사회에서는 비현실적이다."에 대한 小池와 勝田 논쟁 등이 있었다. 二十世紀研究所 編, 1949 참조.

회생활과의 성격을 개념화한 것으로 그 타당성에 이론(異論)이 있을 수 없는 것이라고 하겠으나 우리가 감추지 못하는 것은 실제적인 과정은 그 내용이 전혀 이러한 목표에 연유하여 선택되지 않고 있다는 점이다… 다시말하면 일교과가 아니라 일영역이며 교과의 통일체가 아니라 연합체이어야 함에도 불구하고 일개교과로서 이해되고 있는 것은 아니었던가? 우리는 그 예를 고등학교 교육에서 보는 분리된 사회과 교육과정에서 볼 수 있으며 … 그런데 이러한 사회과교육을 운영하기에는 많은 곤란이 예측된다. 사회과교육을 맡을 교사를 양성하는 일이 그 첫째일 것이다. 통합형이냐 분리형(교과의)이냐 하던 그 간의 논쟁에서 분리형을 주장하는 논지 가운데의 하나가 통합형을 맡을 교사가 없다는 것이라고 하는 것 …

위의 내용에서 보듯이 사회과교육의 일반 목표로서 사회제과학의 지적 습득을 매개로 시민성 자질을 함양하는 것으로 인식하고 있다. 이는 사회과의 두 원리를 나름대로 파악하고 있다는 것을 의미한다. 그런데 이 학생의 지적에서 보듯이 통합성 원리가 중등에서는 공민, 일반사회 과목에 부분적으로 수용되고 지리, 역사의 분과체계가 굳혀진 제 1차 교육과정과 통합형을 맡을 교사의 부족 등으로 통합성 원리는 제대로 실천되고 있지 않음을 알 수 있다.

그리고 통합성 원리 에 따른 문제해결학습은 사회과교육 실천에서 다음과 같은 문제가 제기되었다[48].

- 문제해결학습을 위해서는 교사들이 많은 시간과 노력이 따라야

48) 이는 한국교육10년사간행회 編(1960: 165-173), 오천석(1975: 95-96), 오배근(1946년 9월 중등사회과 교사로 시작하여 1991년 8월에 정년 퇴임하였다)과의 면담(1991년 3월 21일 잠실고 교장실)과 船山謙次(1971: 317-424)의 주장을 참조하여 작성한 것이다.

하며, 학생들이 지식을 습득하는 면에서는 효율적이지 못하다.

- 문제해결학습에 대한 교사의 경험부족과 과밀학급으로 지도 성과가 충분하지 못하다.
- 입시경쟁이 심각해짐에 따라 기초학력을 향상시켜야 한다는 요청이 있다
- 중등학교에서는 계통학습을 하는 것이 타당하다는 주장에 따라 제 1차 교육과정에서 사회과는 '통합성 원리'에 따른 공민, 일반사회와 계통학습에 따른 지리, 역사의 분과체계가 혼합되어 나타나고 있다.

그리하여 사회과의 많은 교사는 문제해결학습의 중요성을 인정하면서도 지식습득 중심의 수업을 전개하고 있는 실정이었다. 이러한 문제는 경험주의 철학과 진보주의 교육사조에 근거한 생활중심 문제해결학습이 우리 교육현실에 적합한 것인가 라는 문제로서 성립기 사회과의 한계일 뿐만 아니라, 우리나라 사회과가 극복해야 할 과제가 되고 있다.

제8장
성립기 사회과의 분단 민족주의적 성격

1. 사회과 성립체계의 분석

한국사회과 성립기에 영향을 주었던 요인들은 크게 냉전체제, 냉전체제와 민족주의와의 갈등 속에서 빚어지는 사회 구조적환경, 그리고 한국사회과 성립을 위한 모색과 전시체제의 과도기적 상황을 거쳐 계속되어온 새교육 운동과 교육과정 개정의 움직임을 들 수 있다. 이를 그림으로 나타내면 [그림 6]과 같다.

이들 요인들의 상호작용 속에서 성립기 사회과의 성격은 외부적으로 규정되었다. 이제 이들 요인들 중에서 성립기 사회과의 성격형성에 직접적이고 중요한 영향을 끼친 요인 즉, 냉전체제가 사회과에 끼친 영향을 중심으로 한국민족주의의 특수성과 관련하여 살펴본다.

사회과의 도입이 1946년 9월의 교과과정표에서 '사회생활과'의 이름이 처음으로 공식적으로 등장하였다가 이듬해 교수요목에 따른 초등학교 사회생활과 교수요목집이 나오고, 다음 해인 1948년에야 중등학교 사회생활과의 교수요목이 제정 · 공포되었다는 것을 앞서 설명했다. 그런데 한국사회과가 실질적인 성립을 보기위한 모색기(1947-1950)의 출발은 1947년 소련의 세력팽창에 대항하기 위한 트루먼 독트린의 소위 봉쇄정책 으로부터 반공정책이 강화되는 것과 때를 같이 한다. 이리하여 양대 진영의 대립은 한국의 역사적인 특수성 즉, 한국분단의 직접적인 요인이 되었으며, 전후 한국에서의 민주화개혁이 이른바 반동화되는 계기가 되었다.

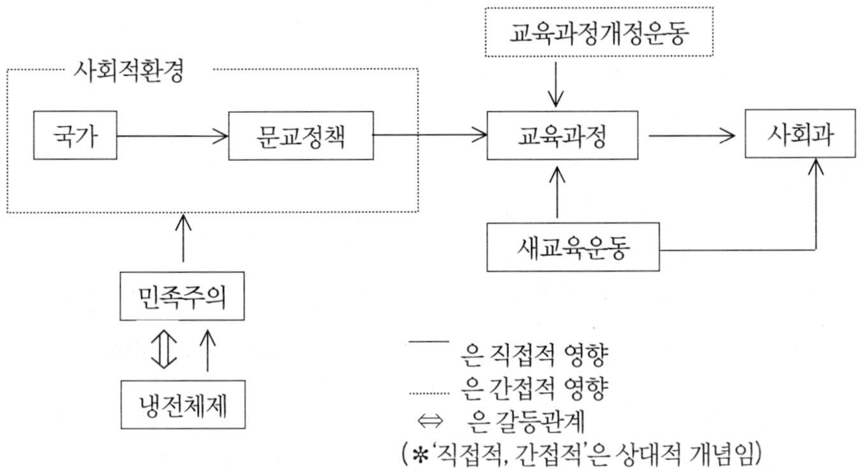

[그림 6] 한국 사회과 성립의 체계모형

8 · 15 해방과 관련하여 분단은 식민지통치하 한국의 민족주의가 민중적 요구에 기초하여 제시한 민족적 과제, 즉 진정한 민족해방과 민주주의적 변혁에 의한 통일된 자주적 민족국가의 수립을 불가능하게 하는 것이었다. 그리고 이것은 민족문제에 대한 외세의 이중적 개입에 의해 8 · 15 후의 상황에 대처하는 자주적인 민족주의적 세력의 주체적 대응을 어려운 것으로 만들었다.

이러한 냉전체제의 전개로 남한에서는 통일보다는 자유민주주의 이데올로기의 선택이 중시되고, 마침내는 단독정부가 수립되게 되었다. 이것은 "남쪽이 선택한 이데올로기가 좋은 것이었느냐 아니었느냐"는 문제와는 별도로 통일이라는 민족주의의 과제는 일단 공동화된 것을 뜻한다. 이러한 자유민주주의 이데올로기의 선택과 분단국가의 수립의 결과, 국제냉전에 편승하여 국내냉전을 수반하는 바람에 우리의 민족주의는 체제관(이데올로기)을 둘러싼 갈등이 더욱 첨예화되었다. 그리고 드디어는 통일보다는 이데올로기의 선택을 우선하는 남북의 정치세력에 의해 각기 독자적 정부가 수립됨으로써 분단이 고정화되고, '통일 민족주의'는 공동화되었다(김영작, 1990: 118-122).

이러한 한반도를 둘러싼 냉전체제의 전개에서 그 하위체계인 한국 교육체제는 미국을 중심으로 하는 자유민주주의 체제의 우월성을 입증하는 중요한 통로로서 다른 무엇보다도 이데올로기적 제약을 받지 않으면 안 되었다. 그리하여 반공이데올로기가 자유민주주의의 대체개념으로 사용되었고, 마침내는 집권세력의 정당화 논리로 전화되어 '반공=반소=반북=반좌익=애국'이라는 논리와 '친미=자유민주주의=집권세력의 정당화'로 귀결되었다. 그리하여 교육부문에서 이러한 논리와 정당화의 구체적인 전개는 교육정책을 통해 나타났다.

즉, 초대 문교부 장관인 안호상은 일민주의 사상을 보급하는 것을 최대의 문교정책으로 하였고, 일민주의를 통해 학원의 사상적 안정을 기하고 국민사상을 통합하여 반공체제를 확립하는 것을 목표로 삼았다(정미숙, 1989). 그리고 전시문교방침과 장학방침은 장관에 따라 표현만 다를 뿐이지 내용은 전시문교, 국방문교, 반공교육이라는 공통점을 갖고 있었다.[49] 이러한 교육정책에 따라 민족전체의 관점보다는 냉전이데올로기로 귀결되는 '분단 민족주의'적 성격이 성립기 사회과의 주요내용으로 자리잡게 되었다.

---

49) 문교부장관 백낙준은 교육방침을 확대하여 전시 하 교육의 3대 방침으로서 자활인의 양성(개인), 자유인의 양성(국민), 평화인의 양성(국제인)을 설정하였다. 그리고 이 3대 방침을 구현하기 위하여 지식교육, 기술교육, 도의교육, 국방교육을 강조하였다 (한국교육10년사간행회 編 1960: 145). 백낙준의 뒤를 이어 1952년 10월에 문교부장관이 된 김법린은 전임자의 교육방침과 거의 같은 전시문교, 건국문교, 독립문교를 3대 교육방침으로 설정하였다 (오천석, 1975: 77).

2. 성립기 사회과의 교과교육학적 분석

성립기 사회과의 '분단 민족주의'적 성격을 한국민족주의와 관련하여 밝히기 위해 먼저 다음과 같은 분석유목(類目)과 분석단위를 설정한다. 분석단위는 문맥단위를 중심으로 질적인 분석을 주로하고 양적인 분석은 보완적으로 한다.

〈 표 16 〉 성립기 사회과 교과서 분석유목과 분석단위

분석유목 : 사회과의 분단 민족주의적 내용
분석단위 : ① 미·소에 대한 서술상의 변화
② 민족의 사명·과제의 변화

분석 대상은 성립기의 사회과 교과서를 주로 하되 참고적으로 도입기와 사회과 성립 후의 교과서도 대상으로 한다(〈 표 17 〉 참조). 분석방법으로는 교과서의 내용 중에서 냉전의 전개에 따른 분단 민족주의가 구체적으로 어떻게 기술·설명되어 있는가에 초점을 맞추고 위의 분석단위인 '미국과 소련에 대한 서술상의 변화'와 '민족의 사명·과제의 변화' 를 문맥단위로 분석한다.

〈 표 17 〉 성립기 분석대상 사회과 교과서 목록

저 자	교 과 서 명	출 판 사	발행년도
문교부	사회생활과 5학년소용 다른나라의 생활 2	문교부	1949
문교부	우리나라의 생활(사회생활) 4-2	문교부	1952
문교부	다른나라의 생활(사회생활) 5-2	문교부	1952
문교부	우리나라의 발달 6-2	문교부	1952
문교부	우리나라의 발달(사회생활) 6-1	문교부	1953
문교부	우리나라의 발달 6-2	문교부	1953
문화교육연구회	문교부 추천, 애국생활 5 · 6학년	문교부	1955
문교부	사회생활 6-1	문교부	1956
정 갑	사회생활부 지리부 먼나라	을유문화사	1947
오준영	중등사회생활과 삼학년용 우리나라	동방문화사	1948
육지수	중등사회생활과 먼나라의 생활(지리)	동지사	1949
손진태	중학교 사회생활과 우리나라 생활(역사)	을유문화사	1950. 4
박노식	중등사회생활과 이웃나라의 생활(지리)	동지사	1951
한춘섭	중등공민 3 경제생활	민중서관	1952
이지호	중등사회생활과 최신 먼나라 지리	민교사	1953
이지호	중등사회생활과 최신 자연환경과 인류생활	민교사	1953
이지호	중등사회생활과 최신 우리나라 지리	민교사	1953
김상호	중학교 사회생활과 다른나라 지리	일조각	1956
유진오	중등사회생활과 공동생활	일조각	1956
유진오	중등사회생활과 국제생활(공민3)	일조각	1957
최문환	중등공민	민중서관	1958
한춘섭 외	다른나라 지리	동지사	1959
강대현 외	중등 세계사	영지문화사	1959

1) 미 · 소에 대한 서술상의 변화

먼저 교과서의 내용분석을 크게 세 시기 즉, 도입기, 모색기, 과도기로 나누어 살펴보되, 한국전쟁 전후(前後)에 발행된 교과서 내용의 기술상 변화를 중점적으로 살펴본다. 이것은 한국전쟁은 냉전의 소산이자 '분단 민족주의'의 정점인 동시에 이후 분단 민족주의가 확대 재생산되는 계기가 되기 때문이다.

첫째, 미국과 소련에 대한 기술에서 양적인 변화이다.

다음의 표에서 알 수 있듯이 미국에 대한 기술 분량이 소련에 비해 상대적으로 점차 늘어간다.[50)]

〈 표 18 〉 미국과 소련에 대한 교과서 기술 분량의 변화

	1947년	1949년	1953년	1959년
미 국(a)	15p	35p	18p	19p
소 련(b)	11p	20p	9p	7p
a/b	1.4	1.5	2.0	2.7

둘째, 미국과 소련에 대한 서술상의 변화이다.

1947년에 초급중학교 사회생활과 지리부의 임시교과서로 발행된 『사회생활부 지리부 먼나라』(정갑, 을유문화사)에는 미국과 소련에 대한 기술이 비교적 어

50) 분석 자료로 삼은 교과서는 다음과 같다. 정갑, 『사회생활부 지리부 먼나라』 (서울 : 을유문화사, 1947), pp. 2-12, 93-107. (초급중학교 사회생활과 지리부의 임시교과서) 육지수,『중등사회생활과 먼나라의 생활(지리)』 (서울 : 동지사, 1949), pp. 3-22, 147-181. 이지호, 『중등사회생활과 최신 먼나라 지리』 (서울 : 민교사, 1953), pp. 50-58, 99-116 강대현, 주재종, 『중등사회생활과 다른나라 지리』 (서울 : 동지사, 1959), pp. 152-159, 193-211.

느 쪽에 치우쳐 있지는 않다. 즉,

> 1편의 1장 1. 쏘베트 연방; 우리나라와의 관계(전문)
>
> 이조 말에 우리나라가 내정이 문란하고 외국세력의 침략에 대하여 무력할 때, 제정러시아도 그 야망을 가지고 우리나라 내정에 간섭하였다. 드디어 우리나라의 지배권 문제가 원인이 되어, 일, 러 두 제국주의자의 충돌을 일으켜 결국 러시아가 지고 말아, 우리나라는 일본의 독스러운 잇발(이빨)에 걸려 멸망하게 되었다. 그 후 얼마 못되어 러시아제정은 제국전제정치의 모순으로 드디어 무너져버리고 사회주의 국가가 건설되었다. 이로부터 제정시대와는 근본적으로 달라서, 우리나라의 일부의 혁명가, 사회운동가, 망명가들을 보호하고, 제국주의를 거꾸러뜨리기 위하여 우리나라 청년들을 지도해왔다(지금 우리 동포 약 20만이 있다). 이번 대전 중 아메리카와 더불어 우리나라의 해방을 세계에 공약하고, 현재 북위 38도선 이북에 진주하여 군정을 펴고 있다(p.8).
>
> 4편의 4장 아메리카합중국; 우리나라와의 관계(전문)
>
> 우리나라와는 1882년에 화친조약이 성립된 이후 일본제국의 압제 하에도 우리나라의 유학생을 보호하여 오늘의 많은 문화와 정치의 지도자를 내었다. 또한 이주민과 망명가의 우대, 우리의 민족의식과 역사를 존중시한 해방과 독립운동의 동정국이었다. 이차대전 승리 후에는 우리의 해방과 독립을 세계에 공약하고, 일제잔재의 숙청과 민주자주독립정부의 수립을 원조할 목적으로 북위 38도선 이남에 진주하여 군정을 실시하고 있다(p.104).

라고 기술되어 있다. 여기서 보듯이 소련에 대해서는 미국과 더불어 우리나라의 해방을 도우고, 북한에 군정을 실시하고 있는 사회주의 국가로 기술하고 있다. 그리고 미국은 우리의 해방과 독립운동의 동정국으로서 남한에 군정을 실시하고 있다고 기술되어 있다. 따라서 미 · 소 양국에 대해 모두 우호적인 내용을 담고 있다. 그러나 이러한 미국과 소련에 대한 인식은 1949년에 문교부에서 발행한『사회생활과 5학년 소용 다른나라의 생활 2』의 다음과 같은 내용에서 보듯이 미국에 대해서는 계속 우호적으로, 소련에 대해서는 자유가 없는 공산주의국가라는 사실로 기술되고 있다.

> 다섯째 단위 1.소련
>
> 소련이라는 말을 들으면 여러분은 무엇을 생각하는가? 대개 공산주의 나라라는 것과 8 15이후에 북한에 군정을 펴고 있던 나라라는 것을 생각할 것이다. … 우리나라와 같이 농군이 자기의 농토를 갖고 또 공장은 공장주인이 경영하는 것과는 대단히 다르다. 그러므로 일하는 데 여러 가지 자유가 없는 것을 여러분은 짐작할 것이다(pp. 137-141).
>
> 일곱째 단위 4.미국
>
> … 제 2 차 세계대전에는 일본, 독일, 이딸리아의 침략주의를 물리치고 또 전후 세계평화의 회복에 힘쓰고 있다. … 여러분은 우리나라의 많은 지도자가 8 · 15 이후에 미국에서 돌아온 것을 알 것이다. 우리나라가 강제로 일본에게 빼겼을 때 여러 가지로 우리에게 동정하였고, 또 독립을 위하여 싸우는 지사를 보호하였다. 8 · 15 이후에는 일시 남한에 군정을 폈으나 대한민국이 서자 전권을 물리고 우리나라의 발전을 위하여 많은 원조를 하고 있다(pp. 193-199).

그러다가 1950년의 한국전쟁 이후로는 미국과 소련의 기술내용이 미국에 대해서는 친미 · 우호적이고 소련에 대해서는 반소 · 적대적인 내용으로 변화함을 보여 준다. 1952년에 문교부가 발행한 『다른나라의 생활(사회생활) 5-2』의 '4단원 아메리카 주민과 생활'의 내용을 보면,

> … 우리나라는 세계 여러 나라에서 많은 문화를 받아들여서, 근대국가로서 발달해 왔읍니다. 그 중에도 미국을 통하여 우리들의 생활에 편리하게 하고, … 무역관계에 있어서도 대단히 깊은 관계가 있읍니다. 특히 이번 사변 후부터는 떨래야 뗄 수 없는 깊은 관계에 있읍니다. 이후도 우리들은 우리나라의 건전한 발달을 위해서는 미국에서 배워야 될 점이 많은 것입니다. 이러한 의미에서, 미국의 사정을 알아야 하겠읍니다(pp. 1-2).
>
> …
>
> 여러분은 이상으로써 미국의 주민과 생활에 대하여 대강 알게 되었을 것입니다. 우리나라의 장래를 위해서, 미국의 좋은 점은 많이 배워, 나라를 발전시키도록 하여야 하겠읍니다(p. 40).

라고 하여 친미 · 우호적인 입장에서 미국을 모델로 하는 국가발전을 지향하고 있다. 이에 비해 1953년에 문교부가 발행한 『우리나라의 발달(사회생활)6-1』에는

> 우린 언제나 올바른 민주정치가 실시되도록 노력하는 동시에, 현대 민주정치에 반대하고 국민을 노예로 만들고, 다른 나라를 정복하여 속국으로 만들려는 쏘련의 공산주의를 막아야 한다(p. 151).

고 하여 소련에 대해서는 반소·적대적인 내용으로 바뀌고 있음을 알 수 있다. 이렇게 미국과 소련에 대비되는 기술은 중등사회과 교과서에도 보인다. 즉, 1953년에 발행된 『최신 먼나라지리』(이지호, 민교사)에는,

> 현재 소련에는 극단적인 독재정치가 실시되고 있으므로 전날의 로마조프왕조 때에 지지 않게 국민생활이 압박되고 있다. … 제 2차 대전을 통하여 희생도 컸으나, 국제적 지위는 더욱 높아져, 현재 미국과 더불어 세계평화를 좌우하는 큰 세력이 되고 있다(pp. 57-58).
>
> …
>
> (미국의)자원은 세계 어느 나라보다도 풍부하고, 문화도 고도로 발달하였다. 제 2차 대전이 끝난 오늘날, 그 풍부한 경제력과 고도의 문화를 가지고 세계의 전후 부흥을 지도하고 있다. … 제 2차 세계대전 때 팟쇼 군국주의를 격파한 다음은 동서양 각 지역에 진출하여, 마아샬 프랜, 혹은 미국식 민주주의를 내걸고서 소련 공산주의세력의 방파제 구성에 힘쓰고 있다(pp. 99-116).
>
> …
>
> 우리들은 더욱 단결하여 평화와 자유의 적인 공산주의 침략을 방어, 격멸하는 데 총력을 하여야 할 것이다(p. 148).

라고 하여 소련을 평화와 자유의 적인 공산주의세력으로 묘사하고, 이러한 공산주의 침략을 막는 방파제 역할을 하는 국가로 미국을 묘사하고 있다.

이상의 분석에서 보았듯이 성립기 사회과의 초기 교과서에는 미국과 소련이 우리의 해방을 위해 연합국으로서 도움을 주었다는 사실에 근거한 객관적 기술이 냉전과 전시체제를 거치는 동안 '민주주의=친미, 공산주의=반소'라는 이데올로기적 가치가 내재된 내용 기술로 바뀌고 있다. 분량 면에서도 소련에 관한 기

술은 변함없거나 상대적으로 줄어드는 경향에 비해 미국에 대한 기술은 늘어나고 있다. 그리고 우리 민족의 살길은 미국을 모델로 한, 또는 미국이나 자유우방의 도움으로 민주주의국가를 건설함에 있다는 입장을 보임으로써 도입기의 '근대화우선 민족주의'는 계승되고 있다. 이렇듯 성립기 사회과는 민족의 통합과 동질성 회복을 지향하는 '통일 민족주의' 보다도 냉전체제의 재생산으로 귀결되는 '분단 민족주의'적 성격이 두드러지게 반영되어 있다.

2) 민족적 사명 과제의 변화

성립기 사회과에서 요구하는 민족적 과제나 사명은 사회과교과서 내용에서 '우리의 각오', '우리의 사명', '총론', '맺음말' 등의 제목으로 제시되고 있다. 사회과 모색기에는 도입기에 비해 미국의 민주주의교육에 대한 비판과 함께 안호상의 문교정책 등으로 민족적 과제나 사명으로서 민족의 자주가 강조되고 있다. 또한 일시적으로는 오히려 주체성교육을 통해 국사교육의 정체성을 확보하려는 노력으로 자주지향적인 민족주의가 강조되고 있다. 이를 당시 교과서인 1948년에 발행된 『중등사회생활과 삼학년용 우리나라』(오준영, 동방문화사)를 통해 분석 입증해 보면, 이 책 6단원의 '9. 우리나라 정치교육문화'에서

> … 38선으로 현재는 북조선과 남조선이 각기 단독정부를 세우고 서울과 평양에서 각기 정치의 중심을 두고 있다. … 세계 국제정세 밑에 사상적 대립으로 이와 같이 대립되었다 함은 우리 배달민족으로서는 아무리 생각하여도 통탄을 금할 도리가 없다. 우리들은 어떠한 수단 방법이라도 이 38선을 깨트리고 통일정부로 좌우의 사상적 대립을 초월하기를 누구나가 모다(모두) 바라는 바이다 (p. 77).

라고 하여 이데올로기의 대립을 극복하고 자주적인 통일정부에 대한 바람을 나타내고 있다. 이러한 민족의 자주적 자세를 강조하는 입장은 1950년 4월에 발행된 중등사회생활과 『우리나라의 생활』(손진태, 을유문화사)의 책 끝에 실려 있는 다음과 같은 내용에서 두드러지게 나타난다.

> 교사 여러분에게
>
> …
>
> 지금 세계는 양대 세력 국가에 의하여 좌우되고 있습니다. 그리고 그들은 서로 각자의 지도이념을 표방하고 있습니다. 왈(曰) 민주주의, 왈 공산주의 그들이 표방한 말의 의미는 무엇이든 간에, 그 실질은 모두 지배적 의도를 내포하였으며, 따라서 그것은 강자의 철학입니다. … 그들은 그들의 지배 의욕을 위하여서의 필연으로, 약소민족의 민족으로서의 단결을 싫어합니다. … 공산주의는 다른 민족 내부에 계급적 분열을 일으키어, 그 민족체를 약화시킨 다음에 그 전체의 지배를 꾀하는 방법을 취하고 있습니다. … 이에 대하여 민주주의는 이러한 폭력을 부인하는 대신에, 모든 정쟁(政爭) 종파 사상 세력 등을 이용하여 민족적 단결을 방해함으로써 그 지배를 용이하게 하는 것입니다. … 우리의 취할 바 길은 민족으로서의 협조와 단결이 있을 뿐입니다. … 상술한 이념을 년래(年來)로 신민족주의라고 하여 왔으나. 지금은 일민주의라고 하고 싶습니다. 나는 이 일민주의 입지(立地)에서 이 교과서를 구상하고 서술한 것입니다.

위의 내용에서 보듯이, 저자인 손진태[51]는 일선 교사들에게 냉전의 전개에 따른 양대 이데올로기의 본질이 강자의 지배철학이라는 점을 냉철하게 인식해

줄 것을 바라고 있다. 그리하여 민족의 단결을 기초로 하여 민족주체성의 확보에 중학교 사회생활과의 역사부분이 그 역할과 사명을 다해 줄 것을 기대하고 있는 것이다.

그러나 한국전쟁 이후에 발행된 사회과 교과서에는 이러한 기술과는 대조되는 내용이 나타난다. 이러한 단적인 예는 다음 내용에서 두드러지게 나타난다. 즉, 1949년에 초판으로 발행된 『중등사회생활과 공민부분 1학년용 공동생활』(최재희, 탐구당)과 1951년 발행된 수정판을 보면 차례는 9과까지 같으나 10과는 서로 다르다. 이를 비교해보면 이러한 사실을 알 수 있다.

> 10과 끝맺는 말(초판, 1949)
>
> … 오늘날의 세계적인 사회생활에 당면해서 우리의 눈을 넓게 뜨면 뜰수록 우리는 민족적 내부적인 일치단결아래 여러 힘을 한데 합하고 온힘을 튼튼이(튼튼히) 뭉쳐야 할 필요를 절실히 느끼게 되는 것이다. 왜냐하면 이리하여서만 국제적, 대외적으로 자주독립의 민주국가를 세울 수 있기 때문이다(p. 109).

> 10과 시국과 우리의 결심(수정판, 1951)
>
> … 그래서 우리 공민은 오늘날 비록 대한민국에서 굶주리는 일이 있더라도 공산주의 노예가 되지 않는다 고 버틸만한 항거정신을 견지하고 있을 뿐만 아니라, 적극적으로 한사코 멸공할 신념까지 간직하고 있어야 할 것이다(p. 113).

이러한 예는 『사회생활과 중등공민 1. 공동생활』(현상윤, 민중서관, 1953년)

51) 그는 당시 서울대학교 문리과대학 학장으로서 안호상, 안재홍,심태진 등과 함께 조선교육연구회의 주요 멤버였다.

에서도 나타난다. 즉, 1950년 5월에 발행된 것과 차례와 내용에서 동일한데 부록으로 다음과 같은 '6·25사변과 우리의 각오'가 첨가되어 있다.

> … 민주주의와 공산주의의 대립 투쟁이다. 다시 말하면 사상의 싸움인 것이다. … 6·25사변이 아직도 끝이 나지 않고 계속 중에 있다. 우리는 국가의 총력을 기울여 오로지 멸적 필승의 신념을 굳게 가지고 애국애족의 정신을 충실히 하며 나아가야 할 것이다(pp.7-8).

이렇게 한국전쟁을 전후로 과도기 사회과의 내용 기술이 달라지는 것은 전시체제에서 사상전의 승리라는 교육적 목표의 요구도 있었겠지만, 이미 냉전체제가 일반인의 의식에 내재화되었다는 것을 말해준다. 바꾸어 말하면, 이는 사회과 목표로서의 시민성 원리가 냉전·반공 이데올로기로 그 본질적 의미를 잃어가는 과정이었으며, 민족주의와 관련하여 볼 때에는 멸공을 전제로 한 통일논의로 결국 냉전논리를 확대 · 재생산하는 '분단 민족주의'가 전개되었다는 것을 뜻한다.[52)]

이러한 예는 다음의 내용에서 보듯이 북진통일론과 민주주의의 보루로 규정되는 한국의 위치에서 발견된다. 즉, 1953년에 발행된 『중등사회생활과 최신 우리나라 지도』(이지호, 민교사)의 '10.한국동란과 우리들의 각오'에서 다음과 같이 기술하고 있다.

> … 우리는 적을 압록강, 두만강 밖으로 몰아내어 이 기회에 기어코 통일하여야 한다. 그리고 파괴된 우리의 국토부흥과 재건에

52) 한국전쟁의 참혹성으로 민족의식에마저도 균열을 가져왔으며, 반공이데올로기가 민족에 대한 애정과 민족적 정체감을 압도하여 서로 간에 적대감과 불신감이 높아 갔다(김학준, 1990: 208-213).

3000만이 다같이 총력을 기우릴 것이며, 인적, 물적으로 우리를 원조 해 주는 미국을 비롯한 모든 자유민주국가에 감사의 뜻을 표하는 동시에 공산침략에 대항하여 세계인류평화에 공헌하여야 할 것이다(p. 171).

또한 문교부 추천도서인 『애국생활 5·6학년』(문화교육연구회편, 1955)의 다음과 같은 내용에서는 북진통일론을 실현할 구체적 방법까지 학습하도록 하고 있다.

1단원 독립정신과 북진통일
우리의 평화와 자유를 유리하고 있는 공산침략군을 압록강 넘어로 몰아내어 버리고, 공산학정에서 신음하는 이북동포들을 하루바삐 해방시켜, 통일사업을 이룩하여야 할 것은 우리 국민에 부과된 지상과업이다(pp. 4-5).

익히기

1. 어떻게 하는 일이 북진통일의 길이 되겠읍니까?
2. 왜 우리는 북진통일을 하지 않으면 안됩니까
3. 학급마다 북진통일크럽을 만들어 우리가 할수 있는 일을 스스로 하여봅시다.
4. 3·1정신은 어떤 정신입니까?

이러한 내용은 제 1차 교육과정 제정 이후에 1958년 발행된 고등학교 사회교과서 『중등세계사』(조좌호, 영지문화사)의 '6. 민주주의 발달과 현대문명 5. 현대의 세계' 의 내용을 보면

세계와 우리

우리민족은 오랜 동안 일본의 멍에를 벗어나 독립하였으나, 국토는 아직 양단된 채로 통일되지 못하고 있다. 그러므로 하루바삐 북진하여 실지를 회복하지 않으면 아니 될 것이다. 이는 비단 우리 민족의 지상과업일뿐더러, 공산진영에 대한 자유진영의 승리를 의미하는 동시에 자유진영에 대하여 자신과 용기를 주는 것이기 때문에 널리 인류에 이바지하는 길이 된다(p. 297).

라고 하여 북진통일의 주장과 함께 한반도를 둘러싸고 전개되는 냉전체제로 민족의 문제보다는 이데올로기의 문제가 중시되고 있다. 그리하여 민족전체의 통합을 기하고 동질성을 확보하기 위한 노력보다는 반공, 멸공을 통한 북진통일이 민족의 지상과업으로 설정되고, 이것이 자유진영의 자신과 용기를 주는 것으로 주장되어 결과적으로 냉전체제로 귀결되는 '분단 민족주의'가 사회과의 주요 내용으로 전개되고 있다.

결 론

제9 장

요약과 결론

1. 요약

본 연구는 해방 후 신설된 교과인 사회과의 성립과정과 그 성격을 민족주의와 관련하여 구명(究明)해 보고자하는 의도에서 출발하였다. 이러한 문제에 대한 기존의 연구들은 크게 두 영역에서 논의되어 왔다. 그 하나는 사회과교육사의 논의들인데, 이들 연구는 사회과 성립과정과 그 성격을 단순히 교육과정 변천사나 제도사 등에서 편년사적으로 파악하고 있으며, 구조적으로는 논의되지 않고 있다.

다른 하나는 교육사회학 영역의 비판적 급진적 논의들인데, 이들 연구에서는 거시적인 구조결정론에 따라 사회과의 성립과정을 해석하고, 그 성격을 친미교과, 문화적 식민주의의 주요 이념교재로 규정하고 있다. 이에 따라 한국사회과 성립과정에 영향을 끼쳤던 여러 요인들 가운데 사회과 성립에 관여하였던 집단들의 상호작용과 그들의 의식 등은 간과된 채 논의되고 있다.

이러한 기존 논의에서 공통적인 문제점으로 지적할 수 있는 것은 사회과 성립사, 즉 사회과교육사에 대한 인식이 철저하지 못하다는 점이다. 사회과교육사 연구는 그 목적이 사회과에 관련된 과거사들에 대한 사료를 찾아내서 그것을 비판적으로 평가하고, 과거에 어떠한 일이 일어났던가를 정확히 기술하는 동시에 그 일들 사이의 관계를 밝히고, 사회과와 관련한 시대적 상황과 주어진 현상과의 관계를 구명하는데 있다. 그런데 기존의 논의들은 첫째 사료의 발굴이 뒤따르지 않았고, 둘째 사회과 성립과정과 그 성격 규정에 관련된 제 요인들의 상호작용과 그 기제(機制)에 대한 총제적인 분석이 없었다는 점에서 공통적인 문제를 안고 있다.

따라서 본 연구는 역사 구조적 접근을 토대로 한국사회과 성립과정을 밝히고, 이와 함께 교과교육학적 시각에서 당시 사회과 교육사료를 발굴 분석하여 그 성격을 총체적으로 밝혀보고자 구상된 것이다.

이러한 연구 배경을 토대로 본 연구는 연구 목적인 한국사회과의 성립과정과 그 성격을 민족주의와 관련하여 구명하기 위해, 한국사회과의 성립과정은 어떻게 이루어졌으며, 성립과정에 영향을 끼쳤던 요인들의 상호작용과 기제는 무엇인가? 성립과정기의 한국 사회과 성격은 한국민족주의의 특수성과 관련하여 무엇인가? 하는 등의 문제를 설정하였다.

이런 연구문제를 밝히기 위해 본 연구에서 논의된 주요 내용은 다음과 같이 정리될 수 있다.

첫째, 한국사회과의 성립과정과 민족주의의 관련성: 한국사회과의 성립과정기는 미군정기와 한국전쟁을 계기로 분단국가체제가 고정 강화되는 한국민족주의의 시련기였다. 또한 이 시기에 사회과는 신설교과로서 성립과정을 밟았다는 점에서 당시의 교육정책과 밀접한 관련이 있다. 교육정책은 일종의 정치과정을 거쳐서 이루어지는 것이므로 해방정국에서 분단국가의 형성기에 이르는 사회과 성립기에는, 한국민족주의가 단순히 가치로서만 남아 있지 않고 교육정책을 통해서 그 정당성의 근거로 작용하고 있었다.

이 과정에서 교육정책을 세우고, 또 이를 수행하는 집단들에 의해 민족주의는 다른 이데올로기와 결합하기도 하였다. 이 때 민족주의가 교육정책을 통해 지향하는 성격에 따라 사회과 도입기에는 이들 집단들의 사고체계가 '자주=주체성'을 강조하는 '자주우선 민족주의'와 '근대화=발전'을 강조하는 '근대화우선 민족주의'로 나뉘어져서, 집단 간에 서로 갈등을 빚기도 하였다. 또한 사회과 성립기에는 냉전체제와 전시체제의 전개로 교육정책이 '분단 민족주의'적 성격을 띰으로써, 민족의 기본적 가치의식인 민족의 동질성과 정체성 회복을 지향하는 '통일 민족주의'는 주된 이념이 되지 못했다. 그런데 이러한 교육정책과 사고체계는 모두가 민족주의로부터 정당성을 구하게 되었는데, 이렇게 볼 때 민족주의는 해방 후 한국의 교육재편기의 교육체계와 그 하위체계인 사회과 교육체계 속에 작용하고 있었음을 확인할 수 있었다.

둘째, 사회과의 도입과정: '사회과 Social Studies'의 성립과 발달은 미국에서 이루어졌으며, 그 교육철학적 기초는 진보주의 교육사조와 관련이 깊다. 또한 사회과의 도입은 미군정 초기에 이루어졌는데, 당시 한국교육 재편기에 신설된 교과로서의 사회과 위치는 미국의 대한교육정책과 사회과 도입에 관여한 여러 집단 간의 상호작용으로 설정되었다.

다민족국가로 이루어진 미국이 미국화를 위한 시민교육의 목적으로 1916년에 탄생된 사회과는 1920년대와 1930년대 미국사회에서 나타난 몇 가지 문제들-세계대공황(1929-1933)과 정치 사회 경제적 혼란과 불안-을 대처하는 가운데, 특별히 시민성을 함양하는 중심교과로서 인식되게 되었다. 이러한 미국 사회과의 발달과정에서 20세기 초 사회과 성립 이후 지금까지 변하지 않고 지켜오는 두 원리를 발견할 수 있었다. 그 하나는 사회과 성립의 계기이자 존립의 기반이기도 하였던 민주시민성 자질의 함양(good citizenship)을 목표로 하는 '시민성 원리'이며, 다른 하나는 복잡한 현대 생활에서 객관적이고 과학적인 사회인식을 통해 사회생활을 이해하기 위한 제 사회과학(역사, 지리, 정치, 경제 등)을 통합하는 지적 측면과, 이렇게 형성된 지식을 민주시민의 자질로서 요구되는 태도 능력의 실천적 측면을 통일적으로 형성하고자 하는 '통합성 원리'이다.

해방 후 한국에 소개된 민주주의 교육론과 함께 사회과의 교육철학적 기초로서 근거하고 있는 진보주의 교육사조는, 오늘날까지 한국교육에 커다란 영향을 미치고 있다. 이 진보주의 교육사조는 획일주의, 주입식교육을 부정하고 아동중심주의, 자유주의를 존중하며 생활경험을 중시하는 교육으로 바꾸는데 기여하였다. 특히 사회과에서는 이러한 진보주의 교육사조의 영향으로 학습내용은 지식체계 중심이 아니라, 학습자가 당면하고 있는 생활의 문제들을 중심으로 구성되게 되었으며, 이에 따라 문제해결학습이 전개되게 되었다.

미군정은 당면한 교육적 과제의 해결과 함께 교육을 정치사회화의 중요한 통로로써 대한정책의 기본방향을 구체적으로 구현할 수 있는 중요한 수단으로 생각하였다. 그리하여 미군정 초기 대한정책의 기본방향인 민주주의의 적극적인 보급을 위해 학교 교육과정의 개선을 통하여 그 교육적 실천교과로서 '사회생활(Social Studies)' 이 우선적으로 등장하였다.

이렇듯 사회생활과는 당시 한국의 교육전문가들에게는 교육방법적 측면에서 구 교육을 버리고 신교육, 즉 생활본위와 경험중심교육, 소위 새교육 운동을 지향하는 중심 교과목으로 인식되었을 뿐만 아니라, 당시 교육목표인 민주주의 국가건설의 중요한 통로로 이해되고 있었다.

셋째, 도입기 사회과의 의의와 한계: 도입기 사회과의 의의와 한계를 사회과 도입의 수용자세와 사회과교육 실천으로 크게 두 가지로 나누어 살펴본 결과 다음과 같이 밝혀졌다.

(1) 사회과 도입의 수용자세에서 주체적 인식이 있었다는 점에서 의의가 있으나, 그 주체적 인식이 당시 한국 국민의 요구와 사회적 여건을 철저하게 고려하지 않았다는 점을 문제로 지적하였다. 당시 사회과 도입에 있어서 교육자들이 우

리의 실정을 감안하여 주체적으로 수용하려고 노력하였다는 점은 나름대로 평가받을 만하다. 그러나 이러한 주체적 수용자세는 일부 교과전문가의 인식수준에 국한되었을 뿐, 그러한 주체적 인식이 사회과의 목표 내용으로 구체화되지는 못했다.

(2) 도입기 사회과는 시민성 원리로서 민주주의의 교육을, 통합성 원리로서 사회과 내용구성의 통합을 목표로 삼았는데, 이는 오늘날에도 사회과의 존재의 의이자 지향해야 할 목표라는 점에서 시사를 주고 있다. 그러나 이러한 의의에도 불구하고, "당시 우리의 교육여건상 이 두 원리가 사회과교육 실천에 적합하였겠는가?" 라는 문제점은 남는다.

이렇듯 도입기 사회과는 사회과의 두 원리인 목표로서의 시민성 원리와 내용구성방법으로서의 통합성 원리가 시도되었다는 점에서 의의가 있었지만, 당시 우리나라의 사회현실 내지는 교육적 현실에 대한 면밀한 검토 없이 도입되었다는 점은 그 한계로 지적한다.

넷째, 도입기 사회과의 '근대화우선 민족주의'적 성격: 도입기 사회과를 한국 민족주의의 전개와 관련하여, 그 성격을 거시적으로는 사회과 도입체계에 영향을 주었던 여러 요인들과 이들의 상호작용을 살펴보고, 미시적으로는 당시 사회과교육학의 실천을 중심으로 살펴봄으로써 도입기 사회과의 근대화우선 민족주의적 성격을 밝혀 보았다.

(1) 사회과 도입체계의 분석: 사회과 도입에 영향을 주었던 요인들은 크게 미군정 초기의 대한교육정책과 진보주의 교육사조, 사회과 도입에 실제 관여하였던 교육주도세력과 이와 갈등관계에 있었던 민간교육단체를 들었고, 이 중에서 미군정 초기의 대한교육정책과 교육주도세력의 지향성을 중심으로 근대화우선 민족주의를 매개로 하여 설명해 보았다.

신생 독립국가의 민족주의는 지식인들에 의해 주도되었는데, 이들 서방식 교육을 받은 지식인들은 실로 서방사회에도 전통사회에도 속해 있지 않아 정체성에 위기감을 느껴, 새로운 정체성을 제공하는 정치적 이데올로기로서 민족주의에 각별한 매력을 느끼며 민족주의를 통해 근대화를 촉진시키고자 한다. 그 당시 근대 민족국가의 창설이라는 한국민족주의의 지상과제는 밖으로는 독립쟁취를 위한 외세의 배제요, 안으로는 자주민족국가의 구축이었다. 그래서 '자주우선 민족주의=주체 통일=대내적 통합'이 기본과제였으며, 이에 못지않게 '근대화우선 민족주의=민주주의 국가건설=민족의 발전'도 중요한 과제였다

교육 주도세력은 반공이라는 공통적인 인식을 기초로 하여 민족의 발전모형을 미국식 민주주의에서 구했으며, 그것이 민족주의의 올바른 지향성이라고 생각했던 것이다. 당시 교육주도세력은 해방 후 한국민족주의가 당면하고 있었던 두 가지 지향성 즉, '자주와 근대화' 가운데 근대화를 지향함으로써 그들은 민주주의교육이 민족의 발전에 공헌하고 있다고 확신하였다. 또한 미국은 한국에 대한 준비 정보 부족과 대소(對蘇)전략적 차원에서 교육주도세력에의 편입조건으로 반공을 전제로 한 자유민주주의 이데올로기를 지향하는 애국적인 인사를 원했다.

그리하여 당시 교육주도세력은 자유민주주의 사상에 매우 익숙해 있었거나 그러한 사고체계에 잘 적응할 수 있었던 엘리트들로서, 미군정 당국과 직접 또는 간접적으로 밀접한 관계를 맺고 있었다. 여기서 '반공=민주주의 국가건설' 이라는 미국 측의 인식과 '근대화우선 민족주의=민주주의 국가건설=민족의 발전=민주주의교육' 이라는 교육주도세력의 인식이 합치되게 되는 것을 발견할 수 있었다.

(2) 사회과교육학적 분석: 당시 초등학교 사회생활과 교수요목은 단체생활에서의 책임감, 실천과 결부된 근로정신 그리고 아동중심의 교수활동 강조 및 민주적인 생활방법의 함양을 사회과의 목표로 삼고 있었다. 이러한 목표는 다원화된 서구민주사회가 토대를 두고 있는 가치체계라는 점에서, 도입기 사회과의 성격

은 '근대화우선 민족주의=민주주주의 국가건설=민족의 발전' 을 주도적인 가치로 반영하고 있음을 볼 수 있었다.

또한 도입기 사회과 교과서분석에서 알 수 있는 사실은 다음과 같았다. 즉, 도입기 사회과는 자주·주체·독립·통일을 강조하고 국제정세(특히 미국에 대해)에 대해 주체적인 입장을 견지하려는 '자주우선 민족주의'의 내용보다는 미국에 대한 우호적 태도와 국가발전 모델로서의 민주주의국가건설, 합리적인 인간상의 육성을 목표로 하는 '근대화우선 민족주의'의 지향성을 가진다는 점이다. 이렇듯 도입기 사회과는 그 도입체계와 사회교육학적 분석을 통하여 '근대화우선 민족주의'적 성격을 띠고 있었다.

다섯째, 성립기 사회과의 전개과정: 사회과의 성립기를 한국사회과의 성립을 위한 모색기와 전시교육체제로 그 모색이 구체화되지 못한 채 운영되었던 과도기로 나누어, 각 시기의 사회과 교육체계의 환경이었던 새교육 운동과 전시교육체제와 관련하여 논의해 보았다.

(1) 사회과의 모색기: 해방 이후 일어났던 새교육 운동은 한국사회과의 성립을 위한 모색과 관련하여 특히, 사회과 학습방법의 변화를 가져오는데 큰 영향을 끼쳤다. 새교육 운동은 그 지향하는 목표가 일제 잔재인 지식중심의 주입식교육과 아동의 개성을 무시한 획일적인 전체주의 교육을 청산하고 민주주의교육을 실천함에 있었다. 그리고 이는 주로 사회과를 통한 학습방법의 쇄신으로 전개되었다는 점에서 미군정청에 의해 1946년에 등장한 '사회생활과'와 밀접한 관련이 있었다.

새교육 운동에서 주장하던 학습방법의 혁신이 사회과를 중심으로 종래의 교사중심의 수업방식으로부터 아동중심의 수업방식으로, 교과서의 지식중심에서 아동 생활의 구체적인 사실을 내용으로 삼는 생활중심의 수업으로 전환되기 시작했다. 그러나 중등학교에서는 초등학교에 비해 새교육 운동이 활발하지 못하였고, 또 이를 적용 실천할 중요 교과인 사회생활과에 있어서도 교육과정의 미비로 교사중심 교과서중심의 전통적인 강의 주입식 교육이 주로 이루어졌다.

그러나 한국 사회과 모색기에 있어서 새교육 운동이 목표하는 민주주의 정신과 인간의 존엄성은 사회과 목표로서의 시민성 원리와 연결되고, 또한 이 운동이 지향하였던 아동중심 · 경험중심의 교육과정에 대한 새로운 모색은 사회과 내용 구성방법으로서의 통합성 원리와 연결된다는 점에서, 사회과 도입 이래 이 두 원리는 보편성을 띠면서 전개되었다는 것을 알 수 있었다.

(2) 사회과 성립의 과도기: 한국전쟁으로 사회과는 전시교육체제의 과도기적 성격을 가지고 전개되었다. 한국전쟁을 계기로 자각한 교육자들에 의해 사회과의 교육과정 개정운동이 진행되는 동안 한편에서는, 분단이데올로기가 국민적 합의 기반으로 확대하기에 이르렀다. 한반도는 냉전의 격전장으로써 남북한이 각기 이데올로기를 달리하는 적대적인 관계로 설정됨으로써 '반공=민주주의=친미(또는 친자유진영)'의 이데올로기가 사회과의 내용으로 나타나고 있음을 볼 수 있었다.

이렇듯 전시체제로 인한 사회과 교육내용이 냉전 반공이데올로기를 반영하는 가운데 1954 년 교육법시행령에 의해 한국교육사상 처음으로 교과가 법령으로 규정되었으며, 사회과도 그 중 하나의 교과로서 법적 지위를 확보하게 되었다. 이듬해 1955년 8월 1일에 제 1차 교육과정이 공포되었는데, 이로써 한국사회과는 법적 지위를 확보하게 되는 형식적인 요건을 갖추게 되었다. 또한 다음과 같은 특징을 갖게 되었으며, 이는 그 후 여러 차례의 교육과정 개편에서도 변함없는 한국사회과의 구조로써 존속되어 왔던 준거로 작용했다는 점에서, 한국 사회과의 실질적인 성립을 보게 된 것이다.

- 민주시민교육을 목표로 하는 '시민성 원리'가 초·중·고의 모든 사회과교육의 목표로서 수용되게 되었다.

- 내용구성방법의 목표로서 '통합성 원리'는 초등학교에서는 비교적 철저하게 지켜지고 있었으나, 중등학교에서는 그 정신을 이어받아 일부는 통합을 꾀하고 일부는 분리하여 학습하는 분과형이 혼합되어 나타나게 되었다.

여섯째, 성립기 사회과의 의의와 한계: 본 연구의 논의에서 성립기 사회과의 의의와 한계는 다음과 같이 두 가지로 구명되었다.

(1) 성립기 사회과는 한국사회과 성립을 위한 모색과 과도기적 성격을 지녔다. 초등학교는 사회생활과 교수요목의 제정 · 공포로 어느 정도 체제를 갖추었으나 중등학교에서는 교수요목의 제정이 뒤늦게 이루어지고, 제 1차 교육과정 제정 · 공포 시에도 사회과는 학습지도의 목표와 방법 원리 등이 제시되지 않았다. 이러한 과도기적 특성에서 한국사회과 성립기에는 민족주의교육, 민주주의교육, 정권의 정당화를 위한 전도된 민주주의교육이 사회과의 목표와 내용에서 혼재되어 있음을 알 수 있었다.

또한 냉전체제의 전개로 반공이데올로기와 친화력을 가진 극우적 분단국가적 민족주의의 내용이 사회과의 목표 내용으로 나타나는 문제점을 지적하였다. 이는 사회과 목표로서의 원리 즉, 시민성 함양을 목표로 하는 '시민성 원리'가 냉전 반공 이데올로기로 그 본질적 의미가 굴절되는 과정이었다는 것을 알 수 있었다.

(2) 성립기 사회과는 내용 구성방법의 목표로서의 '통합성의 원리'는 교과의 통합과 생활중심, 단원중심의 학습전개를 통한 형태로 계승되고 있었다는 점에서 의의가 있다. 그러나 이 시기의 통합성 원리는 본래 이 원리가 목표로 삼고 있는 제 사회과학(역사, 지리, 공민 등)을 통합하는 지적 측면과, 이러한 통합된 지식을 바탕으로 민주시민의 자질로서 요구되는 태도 능력을 함양하는 실천적 측면의 통일적 형성과는 괴리가 있었다. 즉, 교과의 통합이나 생활중심, 문제해결

중심의 교수-학습법의 새로운 모색 수준에서 크게 벗어나지 못하였다.

일곱째, 성립기 사회과의 '분단 민족주의'적 성격: 성립기 사회과의 성격을 사회과 성립 체계에 영향을 주었던 구조적 제 요인들과 이들의 상호작용을 살펴보고, 미시적으로는 당시 사회과교육학의 실천을 교과서분석을 중심으로 살펴봄으로써 성립기 사회과의 '분단 민족주의'적 성격을 밝혀 보았다.

(1) 사회과 성립체계의 분석: 한국사회과 성립기에 영향을 주었던 요인들은 크게 냉전체제, 냉전체제와 민족주의와의 갈등 속에서 빚어지는 사회 구조적환경, 그리고 한국사회과 성립을 위한 모색 및 전시체제의 과도기적 상황을 거쳐 계속되어온 새교육 운동과 교육과정 개정의 움직임을 들었다. 이들 요인들 중에서 성립기 사회과 성격 형성에 직접적이고 중요한 영향을 끼친 요인 즉, 냉전체제가 사회과에 끼친 영향을 중심으로 한국민족주의의 특수성과 관련하여 살펴보았다.

한반도를 둘러싼 냉전체제의 전개에서 그 하위체계인 한국 교육체제는 미국을 중심으로 하는 자유민주주의 체제의 우월성을 입증하는 중요한 통로로서 다른 무엇보다도 이데올로기적 제약을 받지 않으면 안 되었다. 그리하여 반공이데올로기가 자유민주주의의 대체개념으로 사용되었고, 마침내는 집권세력의 정당화 논리로 전화되어 '반공=반소=반북=반좌익=애국'이라는 논리와 '친미=자유민주주의=집권세력의 정당화'로 귀결되었다. 그리하여 교육부문에서 이러한 논리와 정당화의 구체적인 전개는 교육정책을 통해 나타나, 민족전체의 관점보다는 냉전 이데올로기로 귀결되는 '분단 민족주의'적 성격이 성립기 사회과의 주요내용으로 자리잡게 되었다.

(2) 사회과교육 실천의 분석: 성립기 사회과의 초기 교과서 내용에는 미국과 소련이 우리의 해방을 위해 연합국으로서 도움을 주었다는 사실에 근거한 객관적 기술(記述)이 냉전과 전시체제를 거치는 동안 '민주주의=친미, 공산주의=반

소'라는 이데올로기적 가치가 내재된 내용 기술로 바뀌고 있다. 분량 면에서도 소련에 관한 기술은 변함없거나 상대적으로 줄어드는 경향에 비해 미국에 대한 기술은 늘어나고 있다. 그리고 우리 민족의 살 길은 미국을 모델로 한, 또는 미국이나 자유우방의 도움으로 민주주의 국가를 건설함에 있다는 입장을 보임으로써 도입기의 '근대화우선 민족주의'는 계승되고 있다. 이렇듯 성립기 사회과는 민족의 통합과 동질성회복을 지향하는 '통일 민족주의'보다도 냉전체제와 국가주의로 귀결되는 '분단 민족주의'적 성격이 두드러지게 반영되었음을 확인할 수 있었다.

사회과 모색기에는 도입기에 비해 미국의 민주주의교육에 대한 비판과 함께 안호상의 문교정책 등으로 민족적 과제나 사명으로서 민족의 자주가 강조되고 있었다. 또한 일시적으로는 오히려 주체성교육을 통해 국사교육의 정체성을 확보하려는 노력으로 자주지향적인 민족주의가 강조되고 있었다.

그런데 한국전쟁을 전후로 과도기 사회과의 내용 기술이 달라진 것은 전시체제에서 교육적 목표로 사상전의 승리라는 요구도 있었겠지만, 이미 일반 국민의 의식에 냉전체제가 내재화되었다는 것을 말해준다. 바꾸어 말하면, 이는 사회과 목표로서의 시민성 원리가 냉전·반공 이데올로기로 그 본질적 의미를 잃어가는 과정이었으며, 민족주의와 관련하여 볼 때에는 멸공을 전제로 한 통일논의로 결국 냉전논리를 확대 재생산하는 분단 민족주의가 전개되었다는 것을 뜻 한다 .

이상의 성립기 사회과의 성격 논의에서, 우리는 사회과 성립 체계 분석과 사회과교육 실천의 분석을 통해서 성립기 사회과는 한반도를 둘러싸고 첨예하게 전개된 냉전체제와 한국전쟁으로 비롯된 반공이데올로기로, 기본적인 민족의 집합적 가치의식인 '통일 민족주의'보다는 결과적으로 반공 이데올로기를 확대 · 재생산하는 '분단 민족주의'적 성격을 띤다는 것을 확인했다.

이상으로 본 연구에서 논의된 점들을 요약하였다. 그런데 본 연구에서 당시 교육현장에서 사회과 수업실천이 어떻게 이루어졌으며, 또한 사회과교육에 따라 학생들의 의식이 어떻게 변하였는가를 구체적이고도 실증적으로 제시하지는 못하였다. 이는 본 연구의 한계이다. 이러한 한계점은 후속연구를 통하여 당시 교수·학습의 주체들에 대한 광범한 자료 발굴로 극복할 수 있을 것이다. 이러한 제한점에도 불구하고, 본 연구에서 한국사회과의 올바른 전개를 위해 우리가 얻을 수 있는 시사점은 다음의 두 가지를 들 수 있다.

첫째, 사회과의 도입을 일방적인 미국의 문화적 식민주의나 제국주의의 이익 실현을 위한 도구교과로 보는 비판적 시각과, 이와는 반대로 역사 · 구조적인 인식 없이 한국 민주주의의 실천에 기여한 교과로 보는 무비판적 전통적 시각은 다 같이 지양되어야 한다는 점이다. 그러므로 우리가 앞으로 지향해야 할 한국사회과는 사회과 목표로서 역사성과 보편성을 띠고 있는 '시민성 원리'에 근거한 민주시민성 함양 을 사회과의 목표로서 계속 추구하되, 우리 민족이 안고 있는 특수성을 포괄하는 민족주체적인 시각을 견지해야 할 것이다.

둘째, 단편적인 지식위주의 주입식 교육으로는 급속도로 변화하는 현대사회의 요구에 부응할 수 없으며, 민주시민성 교육은 지적 측면뿐만 아니라 민주시민의 자질로서 민주적 태도와 반성적 사고력, 합리적 의사결정 능력 등을 요구한다는 점에서, 사회과 성립과정을 통해 모색 시도된 사회과 내용 구성방법의 목표로서의 '통합성 원리'는 계승 발전되어야 할 것이다.

2. 결론

사회과는 두 가지 원리 즉, 목표로서 '시민성 원리'와 내용 구성방법으로서 '통합성 원리'를 바탕으로 한다. 미국의 '사회과 Social Studies'가 미국사회의 산업화에 따른 문제해결 능력과 함께 애국적인 시민을 양성하기 위해 나타났듯이 시민성 원리와 통합성 원리는 미국의 정치 사회적 배경과 문화적 풍토를 반영한다. 그렇다고 해서 이 두 원리가 지향하고 있는 민주주의 근본이념인 인간의 존엄성과 사회생활에 대한 이해, 태도, 능력의 통일적 형성이 미국적인 또는 미국의 특수성으로만 인식해야 할 것인가?

이 두 원리는 미국에 국한된 특수성이 아니라, 우리나라에서도 이미 미국의 사회과 도입 이전에 이러한 원리가 보편성을 띤 원리로서 내재화되어 있었다. 즉, 시민성 원리로서 민주주의 교육은 실학파의 민본주의 사상에 바탕을 둔 계급타파 의식과 이에 따른 교육기회의 평등사상, 그리고 개화기 선각자들의 남녀 평등관에 의한 여성교육론 주장 등에서 볼 수 있으며 그것이 비록 일제의 식민지 통치기간 동안 억압당하기는 했으나, 한국이 해방 후 미군정에 의하여 민주주의 교육을 제도적으로 수립하기 이전에도 이미 자생적으로 싹트고 있었음을 입증하여 주고 있다(정영수 · 한만길 · 나정, 1985 : 21-22 ; 김원희, 1983; 한기언, 1969).

또한 통합성 원리에 기초한 교육방법의 쇄신은 1920년대 미국의 진보주의 교육운동의 영향으로 일본의 교육계는 이미 새 교수방법에 대한 연구가 이루어지고 있었다(Victor N. Kobayashi, 1964). 한국의 교육자들은 일본 교육계의 영향을 받아 교사양성기관에서 또는 학교에서 개별적인 관심을 갖고 있었다. 이러한 교육계의 움직임은 일제 식민지의 전체주의식 교육으로 인하여 활발하게 전개되지는 않았으나, 뜻있는 일부 교육자들에 의하여 개별적으로 또는 학교단위로 꾸준히 연구되고 실천되었다. 예를 들면 심태진은 해방직전 경성여자사범학교에 근무할 당시, 교장의 주도하에 새교수 방법에 관한 연구발표회와 시범수업을 정기적으로 실시하였다[53]. 물론 이러한 일제하의 새교수 방법은 그 목표하는 바가 '황국의 도(皇國의 道)'라는 봉건 전제적 식민지교육에 있었지만, 해방 전에도 생활을 중심으로 하는 종합생활교육이 강조되었고(오준영, 1948:12), 아동중심의 활동을 강조함으로서 지적 측면과 실천적 측면의 종합을 꾀하고 있었다는 점에서 통합성 원리를 볼 수 있다.

전술하였듯이, 우리는 제 2차 세계대전 이후 '전체주의로부터 민주주의로'라는 시대의 커다란 조류 속에서 다양한 주장과 입장의 차이에도 불구하고 일제의 전제적 식민주의를 벗어나 자주적인 민족민주국가의 건설을 위해서는 민주주의의 수용이 필요하다는 인식을 공유하고 있었다. 이러한 인식의 배경에는 민주주의 이념의 수용이 반드시 해방 후의 사건이 아니라 독립운동을 주도하였던 민족주의 이념의 주요 구성내용이었다는 사실이 지적될 수 있다(최장집, 1989: 17). 이러한 바탕 위에 미군정기에 민주적인 교육개혁의 실천교과로서 사회과의 신설은 일제의 강점기와는 다른 이데올로기인 민주주의의 제도화와 시민적 자유와 평등을 내용으로 하고 있다는 점에서 보편성을 띠고 있었다.

이렇게 볼 때, 한국사회과 성립에 미국의 교육제도 특히, 미국 '사회과 Social Studies'가 지대한 영향을 끼쳤으며 성립과정기의 사회과 성격규정에 미군정의 의도와 냉전체제의 전개에 따른 이데올로기적 침투가 있었던 것도 사실이지만, 해방 직후 한국사회의 기본 과제가 자주적 민족민주국가의 건설과 민족의 번영에 있다고 한다면, 새로운 국가 건설기에 요구되는 시민성과 다양하고 복잡화되어가는 사회생활에 능동적이고도 종합적으로 대처할 수 있는 통합성의 원리를 토대로 삼는 교과의 출현은 예정되어 있었다고 볼 수 있다.

---

53) 심태진, 1985. 8. 20.반포에서의 면담(정영수 · 한만길 · 나정, 1985; 66에서 재인용).

이런 견지에서 사회과가 미국에서 도입되었다는 사실 자체만으로 사회과의 정체성에 의문을 제기하고 주체성 없는 외래문화의 이식이었다는 주장은 정당한 것이 아니라고 평가된다. 물론, 해방을 맞은 우리 사회가 자주적인 중산계급이 성장해있지 못하였으므로 민주적인 민족주의가 발전하기 어려워 좌·우 진폭이 심하였고, 또한 한반도를 중심으로 전개된 미·소의 냉전에 따른 분단의 형성과 고정화로 성립과정기의 한국사회과가 그 성격으로 한국민족주의의 지향성을 반영함으로써, 보다 자주적이고 국민주권주의에 근거한 한국민족주의의 올바른 구현(具現) 아래 사회과의 성립이 이루어 지지 않았다는 점은 문제로서 지적은 할 수 있다.

즉, 사회과 도입기의 미국식 민주주의 교육과 선택적 친화력을 가진 '근대화 우선 민족주의'적 지향성과 성립기의 냉전체제에 따른 '분단 민족주의'의 성격은 민족적 과제인 자주와 통일을 사회과의 목표 속에 담지 못했다는 점에서 '몰역사적이다'는 비판이 있을 수 있다. 그러나 이러한 지적도 기본적으로는 우리 민족, 더욱 구체적으로는 한국민족주의의 주체적 역량이 이중으로 주어진 외세의 제약을 극복할 수 없었다는 전제에서 출발하여야 한다.

비록 취약한 것이기는 했으나 한국사회과의 성립은 주어진 상황에 주체적으로 대응하면서 한국민족주의에 주어진 역사적 과제를 사회과를 통하여 실현할 수 있는 제 나름의 방법을 갖고 있었던 것이다. 이러한 사실은 다음과 같은 두 가지 측면에서 검증할 수 있었다.

첫째는, 사회과의 성립과정에서 그 성격으로 나타나는 한국민족주의의 특수성에서 비롯되는 민주주의 이념 이다. 즉, 성립과정기 사회과의 성격에서 국가건설기인 도입기에는 민주국가 건설의 이념적 토대로, 냉전체제의 전개기(展開期)인 성립기에는 반공을 위한 이념적 보루로 민주주의 이념이 한국사회과의 공통된 내용이 되어왔다.

이 민주주의 이념은 인간의 존엄성과 민주주의에 대한 믿음을 토대로 사회생활에 대한 지식, 적극적 관심, 민주적인 사회적 태도, 능력, 기능, 습관 등을 겸비한 실천적인 사회인의 육성을 목표로 삼는 사회과의 이념으로서, 이후 우리나라의 정치, 사회의 민주화에 능동적으로 기여하는 이념적 준거가 되었다.

또한 민주주의는 내용보다는 과정에 더욱 강조점이 주어지고 실제 생활의 한 방식으로 구체화되어야 한다. 이점에서 사회과 성립과정기를 통해 일관되게 주장되어오던 사회과 학습과정의 민주적 절차의 강조는, 민주주의의 실현이 민족적인 자주독립과 민족을 구성하는 모든 이해집단의 자기 이해 실현을 위한 것으로 인식하게 하였고, 민주적 절차를 가로막는 정치 · 사회 · 경제 · 문화적인 조건들의 청산을 요구하는 잠재적인 힘의 원천으로 작용하였던 것이다.

둘째는, 사회과 성립과정에서 관여하였던 여러 체계와 집단들의 상호작용의 결과로서 그들의 의도대로 교육과정과 교과서의 내용이 규정되었다 하더라도 실제 교육현장에서는 의도된 목표와는 다른, 또는 오히려 이에 저항하는 학습과정이 이루어지고 있었다. 즉, 사회과가 사회인식 교과라는 점에서 미군정기 통치와 이후 제 1공화국의 권위주의적 통치구조에서 나타났던 민주주의의 실제는 사회과의 주요 내용인 인간의 존엄성을 바탕으로 하는 민주주의 이념과는 괴리가 있었다. 이러한 모순된 갈등구조는 교수-학습과정의 주체인 교사와 학생들에게 비판적인 의식과 태도를 갖게 하였다.

이렇게 의도되지 않았던 결과로 형성된 비판적 사고는 한국의 특수성- 즉, 해방 자체가 외세에 의해 이루어졌으며, 그 외세는 체제를 달리하는 강대국인 미 · 소였다-에 대한 인식을 새롭게 하게 함으로써 사회과를 통해, 역설적으로 한국민족주의의 특수성을 극복하는 실마리를 얻게 되었다는 점이다.

참고문헌

〈 단행본 및 논문 〉

강길수(1980). 『한국교육행정연구초』, 서울: 재동문화사.

강만길 編(1983). 『한국의 역사인식 (하)』, 서울: 창작과 비평사.

_____(1984). 『한국현대사』, 서울: 창작과 비평사.

강순원(1990). 『한국교육의 정치경제학』, 서울: 한길사.

강순원·이규환 編(1984). 『자본주의 사회의 교육』, 서울: 창작과 비평.

강우철(1977). "한국사회과교육의 30년," 한국사회과교육회, 『사회과교육』, 제 10 집.

강윤호(1973). 『개화기의 교과용도서』, 서울: 교육출판사.

강인순(1984). "미군정기 교육정책에 대한 비판적 고찰," 경남대학교, 논문집』, 제11집.

강환국(1985). 『사회과교육학』, 서울: 학연사.

고영민(1987). 『해방정국의 증언』, 서울: 사계절.

關英子(1987). "미군정하에 있어서 한국인의 교육재건 노력," 阿部洋編, 『해방후 한국의 교육 개혁-미군정기를 중심으로-』, 서울: 한국연구원.

곽병선 외(1988). 『교과교육 원리』, 서울: 갑을출판사.

교육계획사절단(1953). "한국의 교육상황 예비조사 보고서," 『새교』, 제5권 3호.

국사편찬위원회 編(1968). 『자료대한민국사』, 제 1권.

김광식(1985). "8 · 15 직후 정치지도자들의 노선비교," 『해방 전후사의 인식 2』, 서울: 한길사.

김구(1982). 『백범일지』, 문학예술사.

김국태 옮김(1984). 『미국무성 비밀외교문서 해방 3년과 미국』 미국 의 대한정책 1945-1948』,

서울: 돌베개.
김기석(1989). "유상 중등교육의 팽창," 김신일 외, 『한국교육의 현단계』, 서울: 교육과학사.
김두정(1988). "해방이후 한국에서의 교육과정 연구의 검토," 한국교육 개발원, 『한국교육』, 15권 1호.
김병열(1987). "사회과의 발달과 성격," 권오정 외, 『사회과교육 (I)』, 한국방송통신대학출판부.
김선양 외편(1985). 『한국교육학의 탐색』, 서울: 고려원
김승철(1987). "미군정의 구조와 성격(1945-1948)," 『녹두서평 1』, 서울: 녹두.
김신일(9185). 『교육사회학』, 서울: 교육과학사.
김영작(1990). "해방후 민족주의의 사상사적 갈등구조," 『한국민족주의와 민주주의의 갈등구조』, 서울: 평민사.
김용만(1988). "한국 사회과교육의 변천과 전망," 한국사회과교육회, 『사회과교육』, 제 21호.
______(1989). "사회과 교과역사론," 한국사회과교육회, 『사회과교육』, 제 22호.
김우태(1984). 『한국민족주의의 연구』, 대구: 경북대학교 출판부
김운태 외(1976). 『한국정치론』, 서울: 박영사.
김원희(1977), "진보주의 교육의 기본사상에 관한 일 연구," 부산대학교, 『사대논문집』, 제 4집.
______(1983). 『한국의 개화교육사상』, 서울: 상문사.
김인회(1982). "한국교육사 서술의 제문제," 한국교육사연구회 編, 한국교육사연구의 새방향』, 서울: 집문당.
______(1982.8.). "문화식민지 교육경향과 그 탈피의 몸부림," 『월간조선』.
______(1983). 『교육과 민중문화, 서울』: 한길사.
______(1983.6.). "식민지 교육학은 극복되었는가," 『한국사회연구』, 제1집, 서울: 한길사.
김인회· 정순목(1992). 『교육의 역사적 기초』, 서울: 대은출판사.
김정원(1985). 『분단한국사』, 서울: 동녘.
김종서· 이홍우(1988). "한국의 교육과정에 대한 외국교육학자의 관찰," 『교육학연구』, 18권 1호,
김종철(1967). "한국의 교육제도와 교육행정에 미친 미국문화의 영향," 『아세아 연구』, 창립 10

주년 기념 심포지움 특집, 제 10권 2호.

_____(1978). 『교육행정의 이론과 실제』, 서울: 교육과학사.

김중섭(1984). "민족주의의 사회학적 분석," 『사회학연구』 2.

김진균(1984). "한국의 교육문화에 대한 사회학적 접근," 『한국사회변동연구 (1)』, 서울: 민중사.

김진균 외(1985). "토론; 분단시대의 지식인과 민중," 『한국사회연구』, 제 3집, 서울: 한길사.

김창걸(1986). 『교육행정학 및 교육경영』, 대구: 형설출판사.

김학준(1983). 『한국민족주의의 통일논리』, 서울: 집문당.

_____(1990a). "한국에서의 이데올로기적 갈등-해방부터 휴전까지," 『한국민족주의와 민주주의의 갈등구조』, 서울: 평민사.

_____(1990b). "한국전쟁의 원인과 결과," 한승조 외, 『해방전후사의 쟁점과 평가 2』, 서울: 형설출판사.

노재봉 편(1983), 『한국민족주의와 국제정치』, 서울: 민음사.

대한교련사 편찬회 編(1973). 『대한교련사』, 대한교육연합회.

대한민국사편찬위원회 編(1988). 『대한민국사』, 서울: 탐구당.

대한삼락회 (1980). 『三樂十年』.

돌베개 편집부 編(1986). 『한국현대사 자료총서 제 1권-15권』, 서울: 돌베개.

라우터. 백 R(1983). 『한국미군정사』, 국제신문사출판사 옮김, 서울: 돌베개.

마이클 애플, 박부권· 이혜영 역(1985). 『교육과 이데올로기』, 서울: 한길사.

馬越 徹(1987). "독립후 한국교육재건과 미국의 교육원조," 阿部洋 編, 『해방후 한국의 교육개혁-미군정기를 중심으로』, 한국연구원.

문교부(1958), 『문교개관』, 문교부.

_____(1987). 『교육과정 1946-1981: 사회과· 국사과』, 서울: 대한교과서주식회사.

문교부 조사기획과(1949?), 『대한민국교육개황』, 서울 : 미상

문영한(1959), "새교육 운동을 돌아보며," 『새교육』, 1959. 9.

문형만(1975). 『한국교육의 비교사적 이해』, 서울: 형설출판사.

박광희(1965). "한국사회과의 성립과정과 그 변천과정에 관한 일 연구," 미출판 석사논문, 서울대학교 대학원.

박명림(1989). "서론: 해방, 분단, 한국전쟁의 총체적 인식," 『해방전후사의 인식 6』, 서울:한길사.

박봉목(1971), "해방후 한국사회에 반영된 죤듀이와 진보적교육", 『새교육』, 1971.2.

박붕배(1982). "미군정기 및 초창기의 교과서," 한종화 · 이양우 · 안희천 編, 『한국의 교과서 변천사』, 한국교육개발원.

박상만(1957). 『한국교육사』, 대한교육연합회.

박선영(1982). "한국교육이념의 반성과 과제," 『새교육』, 1982.12.

박세길(1988). 『다시쓰는 한국현대사 1 -해방에서 한국전쟁까지』, 서울: 돌베개.

박영신(1984). "역사 구조적 접근의 일반원리," 『사회학연구 2』, 서울: 대영사.

박영만(1991). "진보주의 교육운동에 대한 역사적 고찰," 인제교육대학, 『논문집』, 제 25집 1호.

박웅진(1979). 『냉전사』, 서울: 박영사.

박은묵(1982). "제 2차 세계대전이후 한국교육의 역사적 의미-1945년에서 1959년-," 교육사연구회, 『한국교육사학』, 제 4집.

박재규(1980). 『냉전과 미국의 대아시아 정책』, 서울: 박영사.

박준희(1984). 『한국교육: 누가 책임질 것인가』, 서울: 교육과학사.

박태순(1985). "토론; 분단시대의 지식인과 민중," 『한국사회 연구』, 제 3집, 서울: 한길사.

박현채· 정창열 編(1988). 『한국민족주의론 III』, 서울: 창작과 비평사.

방선주(1987). "미국 제 24군 G-2 군사실 자료해제," 한림대학, 『아시아문화』, 제 3호.

백낙준(1953). "한국교육의 당면과제," 『사상계』, 제 1권 4호.

법제연구원(1984). 『문교부 교육과정 총람』, 서울: 교학사. 브루스 커밍스, 김주환 옮김(1986). 『한국전쟁의 기원 상』, 서울: 청사.

사회과교육연구회(1976). 『새 사회과교육』, 서울: 형설출판사.

서울대학교 40년사 편친위원회(1986). 『서울대학교 40년사: 1946-1986』, 서울대학교 출판부.

성내운(1983). "분단시대 교육이념의 변천과정," 『교육과 사회』, 서울: 민중사.

_____(1985). 『분단시대의 민족교육』, 서울: 학민사.

손봉호(1990). 민족통일과 민주시민교육, 『사회와 교육』, 제 14집.

손인수(1970). 『한국교육년지사』, 대한교육연합회.

_____(1981). 『한국개화교육연구』, 서울: 일지사.

_____(1991). 『한국교육사상사 V, VI』, 서울: 문음사.

_____(1979). 『사회교과 연구의 이론과 실제』, 서울: 문종서관?

손진태(1948). 『조선민족사개론』, 서울: 을유문화사.

_____(1949). "민주주의 민족교육의 이념," 『새교육』, 제 2권 1호.

손태근(1986). 『교과교육론』, 서울: 지성문화사.

송건호· 강만길 編(1988). 『한국민족주의론 I』, 서울: 창작과 비평사.

____________ 編(1989). 『한국민족주의론 II』, 서울: 창작과 비평사.

신용하 編(1984). 『한국현대사회사상』, 서울: 지식산업사.

심태진(1946). "사회생활과교육론," 조선교육연구회 주최 제 1회 민주교육연구강습회 속기록, 『조선교육』, 제 1집, 서울: 문화당,

______(1955). 갑오년의 회고-우리교육계의 걸어온 길, 『교육문화』, 제 3 권 1호.

_____(1963). "한국 새교육 운동의 발자취, 『새교육』," 100호 특집.

_____(1971). 『교육단상』, 서울: 대한공론사.

阿部洋 編(1987). 『해방후 한국의 교육개혁-미군정기를 중심으로』, 서울: 한국연구원.

안상원(1982). 『한국교육 2000년사』, 서울: 한국청년문화연구회.

안재홍(1949). 현하의 문화정책의 구상, 『새교육』, 제 2호.

안호상(1948). "민족교육을 외치노라," 『새교육』, 창간호.

안희천(1982). "교과서 변천사 연구의 성격," 한종화· 이양우· 안희천 編, 『한국의 교과서 변천사』, 한국교육개발원.

M. 사럽, 이종태 역(1988). 『교육과 국가』, 서울: 학민사.

여현덕(1988). "8·15직후 민주주의 논쟁," 『해방전후사의 인식 3』, 서울: 한길사.

역사문제연구소(1989). 『해방 3년사 연구입문』, 서울: 까치.

연세대학교 대학원 교육학과(1987). "미군정기 교육체제 형성과정에서 민족교육의 성격," 연세대학교 대학원 학술 심포지움 논문요약집.

오영태(1984). 『사회과교육』, 서울: 교학연구사.

오준영(1948). 『사회생활 교육원론』, 서울: 동방문화사.

오천석(1955). "듀이교육사상과 한국의 교육상," 『새교육』, 제 7권 7호.

_____(1960). 『민주교육을 지향하여』, 서울: 을유문화사.

_____(1973). 『발전한국의 교육이념 탐구』, 서울: 배영사.

_____(1975). 『한국신교육사 하권』, 서울: 광명출판사.

_____(1977). 『발전한국의 교육이념 탐구』, 서울: 배영사.

_____(1984). 『교육철학신강』, 서울:교학연구사.

유봉호(1992). 『한국교육과정사 연구』, 서울: 교학연구사.

윤용탁(1983). "사회교육과 정치교육," 서울대학교사범대학 사회교육연구회 編, 『사회교육』, 서울: 대한출판사.

윤팔중(1977). "현대 한국교육의 내용-한국교육과정발달사(III)," 서울교육대학, 『논문집, 제 7집.

이경섭(1975). "미국에서의 교육과정구성이론의 발전," 『교육과정연구』, 제 2집.

이광린(1974). 『한국개화사상연구』, 서울: 일조각.

이광호(1985). "미군정기 한국교육 재건의 성격," 『영광문화』, 대구: 대구대학교.

_____(1990). "미군정의 교육정책," 강만길 외, 『해방전후사의 인식 2』, 서울: 한길사.

_____(1990). "한국 교육체제 재편의 구조적 특성에 관한 연구-1945-1955년을 중심으로-," 미출판 박사논문, 연세대 학교 대학원.

이군현(1987). "한국의 교육정책 결정과정 분석에 관한 연구," 한국교육개발원, 『한국교육』, 제 14권 제1호.

이규환(1983). 한국교육 발전에 미친 외국의 영향, 『아세아연구, 제 26권 1 호.

_____(1987). 『비판적 교육사회학, 서울: 한울.

이기백(1992).『한국사신론, 서울: 일조각.

이대의(1991). "대담: 교과서 출판원로에게 듣는다",『교과서연구』, 제 10호.

이돈희(1979).『교육사』, 서울대학교 출판부.

_____(1976). "미국교육의 영향 : 그 긍정과 부정,"『새교육』, 1976.9.

_____(1992).『죤 듀이 -교육론-』, 서울대학교 출판부.

이만규(1988).『교육사 하권』, 서울: 거름.

이미나(1982). "지식교육학적 관점에서 본 교육학,"『교육학연구』, 제 20권 1호.

_____(1987). "사회과교육연구의 정련화: 방법론적 제안," 한국사회과교육학회,『사회와 교육』, 제 11집.

이상선(1946).『사회생활과의 이론과 실제』, 서울: 금룡도서문구 주식회사.

이상준 편역(1990).『현대일본 보수혁신대립 투쟁사』, 서울: 민맥.

이숙경(1984). "1950년대 교육원조의 교육적 귀결," 강순원·이규환 編,『자본주의 사회의 교육, 서울: 창작과 비평.

이영기·김태영(1979). "일반사회교육의 변천과 과제," 서울대학교 사범대학,『사대논총』, 제 20집.

이영덕 외(1977).『국가발전에 대한 교육의 기여(1945-1975』), 한국교육개발원.

이용필(1978).『정치체계론』, 서울: 대왕사.

이용희(1967). "한국민족주의의 제문제,"『국제정치논총』, 제 6집, 국제정치학회.

_____(1977).『한국민족주의』, 서울: 서문당.

이존희(1989). 사회과 역사적 연구방법론, 한국사회과교육연구회 編,『한국사회과 교육학 개론』, 서울: 교육과학사.

이종각(1986). "미국교육이론의 도입 및 적용과정에 관한 연구 :탐구수업이론을 중심으로," 강원대학교,『논문집』, 제 24집.

_____(1988). "한미교육관계의 재조명," 경남대 극동문제연구소,『한국과 미국 3 :사회 문화관계』.

_____(1990).『한국교육학의 논리와 운동』, 서울: 문음사.

이종국(1991). "교과서관과 교과서연구," 『한국의 교과서』, 서울: 대한교과서주식회사.

이종렬(1988). "정치민주화와 정치교육," 한국사회과교육학회, 『사회와 교육』, 제 12집.

이해성(1988), 『통치체제의 모순과 학교교육』, 서울: 청아.

이혁규(2008). 도입기 사회과에 관한 연구의 성과와 한계, 한국사회과 교육학회, 『시민교육연구』, 제 44권, 제 4호

_____(2013). 『수업』, 서울: 벗

이형행(1990). 『교육학개론』, 서울: 양서원.

이태근(1979). 『사회과교수법』, 서울: 교학사.

이찬(1971). "사회과교육의 도입과 변천과정 및 전망", 한국사회과연구 ,『사회과교육』, 제5집.

이희복(1982). "1, 2차 교육과정기의 교과서," 한종화 · 이양우 · 안희천 編, 『한국의 교과서 변천사』, 한국교육개발원.

이희수(1989). "국가체제 형성기의 국대안 반대에 관한 분석," 『분단시대의 학교교육』, 서울: 푸른나무.

인촌기념회편(1982). 『인촌 김성수의 애국애족사상과 그 실천』, 서울: 동아일보사.

일월서각 編(1986). 『미군정 정보보고서 (G-2 Report)』, 서울: 일월서각.

임영철(1985). "한국 국민정신교육의 사적 고찰," 미출판 박사논문, 한양대학교.

임재윤(1984). "교육내용과 방법의 변천과정," 『한국신교육의 발전연구, 한국정신문화연구원.

전국교직원노동조합 외(1989). 『교육백서』, 서울: 풀빛.

정건영(1990). 『John Dewey 교육철학』, 서울: 교육출판사.

정기성(1956). "사회과교육의 정도," 『사회와 교육』 (창간호; 사회과연구회).

정세구(1988). "한국사회과교육학 정립의 방향," 서울대학교, 『사대논 총』, 제 36 집.

정미숙(1989). "초기 한국 문교정책의 교육이념 구성에 관한 교육사회 학적 분석," 『분단시대의 한국교육』, 서울: 푸른나무.

정상윤(1973). 『한국신교육백년사료』, 서울: 민주여론사.

정영수(1988). "해방후 외래 교육사조 수용에 관한 비판적 고찰," 한국교육개발원, 『한국교육』,

제 15권 1호.

정영수 · 한만길 · 나정(1985).『한국교육정책의이념』,한국교육개발원, 연구보고 RR 85-20,1985

정인석(1991).『교과교육론』, 서울: 교육출판사.

정태수(1988). "미군정기한국교육행정의 기구와 요원의 연구-미군측 사료를 중심으로-,"『교육행정학 연구』, Vol. 6, No. 1.

조광제(1987). 체제이론의 기본개념정립,『교육학연구』, 25권 제 1호.

조선교육연구회(1946).『조선교육』, 제 1집, 서울: 문화당.

___________(1947).『조선교육』, 창간호.

조선일보사(1985).『사료 해방 40년』, 월간조선 85년 신년호.

조도근(1991). "사회과교육의 동향과 사회과교사 교육", 한국사회과교육학회,『사회와 교육』, 제 15집.

조영달(1990).『미국사회과 변동『, 교육개발원 연구보고 RR 90-21-2.

J.H. 터너, 김진균외 역(1987).『사회학이론의 구조』, 서울: 한길사.

중앙교육연구소 20년지 편찬위원회(1973).『중앙교육연구소 20년지』.

중앙대학교부설한국교육문제연구소(1974).『문교사』 (1945-1973), 서울: 삼화인쇄주식회사.

진덕규(1985). "미군정초기의 미국의 대한 점령정책,"『해방40년의 재 인식』, 서울: 돌베개.

_____(1990), "미군정의 정치사적 인식,"『해방 전후사의 인식 1』,서울: 한길사.

진덕규 외(1981).『1950년대의 인식』, 서울: 한길사.

차기벽(1978).『한국민족주의의 이념과 실태』, 서울: 까치.

_____(1990).『민족주의 원론』, 서울: 한길사.

차경수(1976).『발전교육론』, 서울: 교육출판사.

_____(1979).『교육연구 신방법론』, 서울: 한국고시연구원.

_____(1980). "신교육제도 도입과 교육관 변천에 관한 연구," 정신문화연구원,『한국교육연구』, 제 1집.

_____(1983). "사회교육의 연구방법," 서울대학교 사범대학 사회교육연구회 編,『사회교육』,

서울: 대한출판공사.

_____(1984). "고등학교 사회과교육의 목표로서 시민교육자질의 개념 연구, 서울대학교,『사대논총』, 제 28집.

차배근(1991).『사회과학연구방법, 서울: 세영사.

차석기(1982).『한국민족주의 교육의 연구: 역사적 인식을 중심으로』, 서울: 진명출판사.

최상룡(1988).『미군정과 한국민족주의』, 서울: 나남.

최원형(1987). "미군정기의 교육과정 개혁," 김기석編,『교육사회학탐구』, 서울: 교육과학사.

최양호(1992). "일제하 한국에 있어서의 초등교육과정 연구,"『역사교육연구』, 최양호 교장 정년퇴임 기념논문집, 서울: 청년문화사.

최장집 編(1988).『한국현대사I』, 서울: 열음사.

_____(1989).『한국현대사의 구조와 변화, 서울: 까치.

최장집·정해구(1990). "해방 8년사의 총체적 인식,"『해방전후사의 인식 4』, 서울: 한길사.

최지운(1979).『문헌연구의 이론과 실제』, 서울: 문종서관.

최해갑(1969). "진보주의 교육사조의 철학적 배경에 관한 소고," 진주교육대학,『논문집』, 제 3집.

최현섭(1983). "사회교육 탐구의 학문적 발전을 위한 방법론적 논의," 한국사회과교육학회,『사회와 교육』, 제 6집.

_____(1988). 사회민주화와 사회교육, 한국사회과교육학회,『사회와 교육』, 제 12집.

케네스 B. 파일, 박영신 외역(1986).『근대일본의 사회사』, 서울: 현상과 인식.

통일문제연구소(1990).『분단과 통일의 역사』, 서울: 민족통일.

한국교육사연구회 編(1983).『한국교육사』, 서울: 교육출판사.

한국교육10년사간행회 編(1960).『한국교육 10년사』, 서울: 풍문사.

한국교육30년 편찬위원회(1980).『한국교육30년』, 서울: 삼화서적.

한국정신문화연구원(1984).『한국신교육의 발전연구』.

_______________(1987).『한국현대사』.

한글학회 편(1971).『한글학회 50년사』.

한기언(1960). 『사회생활과교육』, 서울: 재동문화사.

_____(1968). 『한국 교육의 이념과 역사인식의 문제』, 서울: 서울대학교 출판부.

_____(1969). 『한국교육의 민주화과정에 관한 교육사상사적 연구』, 서울대학교 출판부.

_____(1971). 『한국교육사』, 서울: 박영사.

_____(1983). "해방후의 교육," 한국교육사연구회 編, 『한국교육사』, 서울: 교육출판사.

_____(1984). 『현대교육사조』, 서울: 법문사.

한만길(1989). "1950년대 민주주의 교육의 이데올로기적 성격," 『한국교육문제연구』, 서울: 푸른나무.

한면희(1988). "교육과정의 변천과 배경," 한국교육개발원, 『교육개발』, 제 10호.

_____외(1988). 『사회과교육론』, 서울: 갑을출판사.

한배호(1978). 『현대각국정치론, 서울: 법문사.

한성진(1989). "미군정기 한국 교육엘리트에 관한 연구," 『한국교육문제연구』, 제 2 집, 서울: 푸른나무.

한우근(1992). 『한국통사』, 서울: 을유문화사.

한준상編(1985). 『새로운 교육학』, 서울: 한길사.

_____(1987). "미국의 문화침투와 한국교육," 『해방전후사의 인식 3』, 서울: 한길사.

한준상· 김성학(1990). 『현대 한국교육의 인식』, 서울: 청아출판사.

한종화 · 이양우 · 안희천 編(1982). 『한국의 교과서 변천사』, 한국교육개발원.

함종규(1976). 『한국 교육과정 변천사연구』, 숙명여자대학교 출판부.

_____(1984). 『미군정 시대의 교육과 교과과정』, 한국교육개발원.

허현(1946). 『사회생활해설』, 서울: 제일출판사.

홍웅선(1981). "한국의 교과서," 한국교육개발원, 『교육개발』, 제 14 호.

_____(1990). "우리나라 교과서 변천사," 대한출판문화협회, 『한국교과서목록』.

_____(1991). 『광복후의 신교육운동』, 서울: 대한교과서주식회사.

_____(1992). "미군정하 사회생활과 출현의 경위,", 『교육학연구』, 제 30권 1호, pp. 111-128

〈 사회과 교과서 〉

고려선봉사 편(1947). 『신제 중등공민 교과서』, 서울: 고려선봉사.

군정청 학무국(1946). 『초등공민 제오륙학년함께씀』(속판).

군정청 문교부(1946). 『초등국사 교본 오류학년 임시교재』.

금룡도서주식회사 편(1949). 『중등 사회생활과 우리나라 생활』.

경기도 학무과(1946). 『초등지리교본 오륙학년용 (초등임시교재)』.

권상철,오수옥(1947). 『중등사회생활과용 고등공민』, 서울: 동심사.

__________(1948). 『중등공민 2』, 서울: 동심사.

__________(1948). 『중등사회생활과 중등공민 3』, 서울: 동심사.

__________(1949). 『고등공민; 법제』, 서울: 대한교학주식회사.

권재희(1952). 『중등사회생활과 공동생활』, 서울: 탐구당.

금룡도서주식회사 편(1949). 『중등사회생활과 우리나라 생활 (역사부분)』, 서울: 금룡도서주식회사.

김두헌,박종홍(1954). 『중등사회생활과 공민』, 서울: 백영사.

김상기(1948). 『신동양사』, 서울: 동지사.

김상호(1956). 『중학교 사회생활과 다른나라 지리』, 서울: 일조각.

김성근(1953). 『먼나라 역사』, 서울: 박문출판사.

김성식(1949). 『먼나라 생활 (역사부분)』, 서울: 금룡도서주식회사.

김성철(1949). 『중등사회생활과 우리나라 생활 역사부분』, 서울: 정음사.

김정기(1948). 『중등공민요의』, 서울: 새한출판사.

_____(1948). 『중등공민요의 (하)』, 서울: 새한출판사.

김종무(1954). 『사회생활과 이웃나라 역사, 서울: 백영사.

김창균(1948). 『중등사회생활과 이웃나라의 발달 (중등동양사)』, 서울: 동심사.

노도양(1947). 『사회생활과용 중등서양사』, 서울: 동방문화사.

_____(1950), 『중등사회생활과 이웃나라 (지리부분)』, 서울: 탐구당.

문교부(1946). 『중등 공민 하』, 서울: 조선교학도서.

_____(1947). 『중등 공민 상』, 서울: 조선교학도서.

_____(1948). 『초등사회생활과 6학년소용 우리나라의 발달1』.

_____(1949). 『사회생활과 3학년소용 여러 곳의 사회생활1』.

_____(1949). 『사회생활과 5학년소용 다른나라의 생활 2 .

_____(1950). 『사회생활과 5학년소용 다른나라의 생활』.

_____(1951). 『전시생활』.

_____(1951). 『초등사회생활과 우리나라의 발달 6-1』.

_____(1951). 『다른나라의 생활 (사회생활) 5-1』.

_____(1952). 『우리나라의 생활 (사회생활) 4-2』.

_____(1952). 『다른나라의 생활 (사회생활) 5-2』.

_____(1952). 『우리나라의 발달 6-2』.

_____(1953). 『우리나라의 발달 (사회생활) 6-1』.

_____(1953). 『고장생활 (사회생활) 2-1』.

_____(1953). 『사회생활 (이웃생활) 2-2』.

_____(1953). 『고징생활 (사회생활) 2-2』.

_____(1953). 『여러곳의 생활 3-1』.

_____(1953). 『사회생활 (이웃생활) 2-2』.

_____(1954). 『문화론』.

_____(1956). 『사회생활 5-2』.

_____(1956). 『사회생활 6-1』.

_____(1958). 『사회생활 6-2』.

문화교육연구회(1955). 『문교부추천 애국생활 5,6학년』.

박노식(1948). 『중등지리 이웃나라』, 서울: 동지사.

_____(1951). 『중등사회생활과 이웃나라의 생활 (지리)』, 서울: 동지사.

변희용,최재학(1950). 『중등사회생활과 중등공민 1』, 서울: 대한교학주식회사.

손진태(1950). 『중학교 사회생활과 우리나라 생활 (역사)』, 서울: 을유문화사.

신도성(1952). 『중등학교 사회생활과 공민2 (정치생활)』, 서울: 동국문화사.

오준영(1947). 『중등사회생활과 일학년용 이웃나라』, 서울: 동방문화사.

_____(1948). 『중등사회생활과 삼학년용 우리나라』, 서울: 동방문화사.

왕학수(1950). 『중등공민 국가생활』, 서울: 광문사.

유진오(1949). 『정치문제 제일학년용』, 서울: 일조각.

_____(1953). 『중등공민 공동생활 1년용』, 서울: 일조각.

_____(1953). 『중등공민 정치생활 2년용』, 서울: 일조각.

_____(1956). 『중등사회생활과 공동생활』, 서울: 일조각.

_____(1957). 『중등사회생활과 국제생활 (공민3)』, 서울: 일조각.

유홍렬(1953). 『중등사회생활과 우리나라 역사』, 서울: 조문사.

육지수(1949). 『중등사회생활과 먼나라의 생활 (지리)』, 서울: 동지사.

이병도(1950). 『중등사회생활과 우리나라의 역사』, 서울: 동지사.

이부성(1950). 『사회생활과 지리부 이웃나라』, 서울: 정음사.

이상선(1949). 『중등사회생활과 우리나라 경제생활 공민부분 3학년용』, 서울: 탐구당.

_____(1949). 『중등사회생활과 공동생활 1학년용』, 서울: 탐구당.

이지호(1953). 『중등사회생활과 최신 먼나라 지리』, 서울: 민교사.

_____(1953). 『중등사회생활과 최신 자연환경과 인류생활』, 서울: 민교사.

_____(1953). 『중등사회생활과 최신 우리나라 지리』, 서울: 민교사.

이준하,이원학(1947). 『중등사회생활』, 서울: 창인사.

일민주의연구원(1950). 『문교부추천 아름다운 생활 (소국민 일민독본 둘째 권)』.

전라북도 교육협의회편(1946). 『동양사』, 전주: 해방사.

정갑(1947). 『사회생활과 지리부 먼나라』, 서울: 을유문화사.

____(1947). 『사회생활과 지리부 이웃나라』, 서울: 을유문화사.

정홍헌 · 이기섭 · 이부성(1946). 『중등 조선지리』.

____________________(1947). 『사회생활과 조선지리』, 서울: 정음사.

조선어학회(1946). 『초등공민 5·6학년 합병용』.

조의설(1949). 『중등사회생활과 먼나라의 생활 (역사)』, 서울: 동지사.

______(1953). 『중등사회생활과 먼나라의 생활 (역사)』, 서울: 장왕사.

조좌호(1959). 『중등 세계사, 서울: 영지문화사』.

최남선(1948). 『중등 국사』, 서울: 동명사.

______(1953). 『사회생활과 이웃나라 역사』, 서울: 민중서관.

최문환,한춘섭,김상현(1958). 『중등공민』, 서울: 민중서관.

최재희(1951). 『중등사회생활과 공동생활 공민부분 1학년』, 서울: 탐구당.

홍우(1950). 『중등사회생활과 경제문제 (공민부문 5학년용)』, 서울: 탐구당.

한국교육문화협회(1954). 『중등공민 공동생활』, 서울: 일조각.

한춘섭(1950). 『사회생활과 중등공민3 경제생활』, 서울: 민중서관.

현상윤(1952). 『사회생활과 중등공민 1. 공동생활』, 서울; 민중서관.

〈 영미문헌 〉

Anyon,J.(1979). "Ideology and United States History Textbooks," *Harvard Educational Review*, 49, 3.

Apple, Michael W.(1988). "Social Crisis and Curriculum Accords," *Educational Theory*,Vol. 38, No. 2.

Archambault,Reginald D.(1964). J*ohn Dewey on Education*, London, The University of Chicago Press.

Baildon, M. & J. S. Damico(2011). *Social Studies as Nes Literacies in a Global Society*. Taylor & Francis.

Banks,James A(1977). ,*Teaching Strategies for the Social Studies*, Massachusetts, Addison-Weseley.

Berelson,B.(1954). "Content Analysis", G. LindZey(ed), *Handbook of Social Psycology*,Vol. 1.

Bernstein,B.(1975). *Class, codes and Control(vol.3):Towards a Theory of Educational Transmissions* (2nd edt.), London: PKP.

Bowles & Gintis(1976). *Schooling in capitalist America*, New York: Basic Books.

Cho Soon-Sung(1967). *Korea in World Politics,1940-1950:An Evaluation of American responsbility*, University of California Press.(형성사 편집부 역(1982). 한국분단 사, 서울: 형성사.)

Choe Byung-Sook(1971). "The Impact of the Government Policy on the Development of Education in the First Republic of Korea,1948-1960," Unpublished doctoral dissertation, The University of Pittsburgh.

Cremin, Lawrence A.(1975). "John Dewey and the Progressive-Education Movement," Dropkin,S.,Full H.,Schwarcz,E., *Contemporary American Education*, New York, Macmillan Co.

Cummings, B.(1974). "American Policy and Korean Liberation," Frank Baldwin ed., Without Parallel: *The American-Korean Relationship Since 1945*, New York:Pantheon. (사계절 편집부 역, 한국현대사 ,서울: 사계절,1984.)

__________(1981). *The Origins of Korean War:Liberation and Emergence of Seperate Regimes*, 1945-1947,Princeton University Press.(김주환 역, 한국전쟁의 기원 상· 하, 서울: 청사, 1986.)

Dewey, John(1938). Experience & Education, London,Macmillan Co.

________(1944), *Democracy and Education*, New York, Macmillan Co.

________(1970). "What is Social Study?," Gross, Richard E., Mcphie, Walter E., Fraenkel, Jack R.(ed.), Teaching The Social Studies What, Why, and How, Pennsylvania, International Textbook Co.

Dietz, Elizabith H.(1955). "Normal School Education in the Republic of Korea, 1945-1953," Unpublished doctoral dissertation, The University of New York.

Easton, David(1969). "Flow Characteristics of Policy-Making", *Policies,Desion and Organization*, Lyden, Shipman& Kroll, New York: Appleton-Century Crofts.

Fraser D. M. (ed.)(1969). *Social Studies Curriculum Development: Prospect and Problems*, National Council for Social Studies, 39th Yearbook.

Giroux, H. A.(1983). *Theory and resistance in education*, Massachusetts, M .A. Bergin & Garvey Publishers Inc.

__________(1987). "Citizenship, Public Philosophy, and the Struggle for Democracy," *Educational Theory*, Vol. 37, No. 2.

Greertz, Glifford(1971). "After the Revolution: The Fate of Nationalism in the New States", Bernard Barber & Alex Inkeles (etd.), *Stability and Social Change*, Boston: Little, Brown and Company.

Hunt, M. P.·Metcalf,L. E.(1968). *Teaching High School Social Studies*, New York. Harper & Row Publishers.

Jarolimek, John(1981). "The Social Studies:An overview," *The Social Studies*, National Society for the Study of Education,80th Yearbook.

Joyce and Gabriel Kolko(1972). *The Limits of Power:the World and United States Foreign Policy*, 1945-54, New York : harper & Row. (배용섭역, 미국의 한국해방:1945-1948, 『한국현대사의 재조명』, 서울: 돌베개,1982)

Kim Dong-Koo(1984). "Americann Influence on Educational Thought During The Period of U. S. Millitaryy Government,1945-1948,"Unpublished doctoral dissertation, The University of Connecticut.

Kobayashi, Victor N.(1964). *John Dewey in Japanese Educational Thought*, Michigan, Malloy Lithoprinting.

Mayer, M.(1962). *Social Studies in American Schools*, Harper Colophon Books.

Meade, E. G.(1951). *American Military Government in Korea*, New York, Kings Crown Press,

Columbia University.

Mehaffy, George L.(1987). "Social Studies in the World War One: A Period of Transition," *Theory and Research in Social Education*, Vo. XV, No.1, Winter.

Michaelis ,John U.(1950). *Social Studies in American Schools*, New Jesey, Prentice-Hall.

__________(1968). *Social Studies for Children in a Democracy*, New Jesey, Prentice-Hall.

Nam Byung-Hun(1962). "Educational Reorganization in Korea under the U. S. Army Military Government,1945-1948," Unpublished doctoral dissertation, The University of Pittsburgh.

Nelson, Jack L.· Michaelis, John U.(1980). *Secondary Social Studies Instruction, Curriculum, Evaluation*, N. J., Prentice-Hall,.

Oleneck, Michael R(1989). "Americanization and the Education of Immigrants, 1900-1925 :An Analysis of Symbolic Action," *American Journal of Education*, August.

Parsons, Talcot(1937). *The Structure of Social Action*, New York: McGraq-Hill Book Co.

__________(1951). *The Social System*, New York, Free Press.

Pelz, Stephen(1983). "U.S. Decisions on Korean Policy,1943-1950:Some Hypotheses," Cummings, B.(ed.), Child of Conflict : *The Korean-American Relationship 1943-1953, Seattle: University of Washington*. (박의경역, 『한국전쟁과 한미 관계』, 서울: 청사, 1987.)

Rejay, M.(1967). Democracy, New York, Atherton Press.

Stanley, William B.(1982). "A Reinterpretation of Harold Rugg's Role in the Education of modern Social Education," *Journal of Thought*, vol. 17, No. 4, Winter.

Smith, Bary D.(1985). "John Dewey of Consciousness," *Educational Theory*, Vol. 35, No. 3.

Toshio Nishi(1982). *Unconditional Democracy : Education and Politics in Occupied Japan* 1945-1952, Hoover Press Publication 244.

United State Army Military Government in Korea(USAMGIK)(1974). *Department of Education* ;Record Group 332.

Wallerstein, I.(1974). *Modern world system*, New York, Academic Press.

〈 일본문헌 〉

高久清吉(1968).『教授學-教科教育學の構造』, 東京: 協同出版.

高柳先男·古城利明 編(1986).『世界システムと政治文化』, 東京: 有新堂.

廣島大學教科教育學研究會(1986).『育學I-原理と方法』, 東京: 建帛社.

谷口雅子(1988)."社會科教育による子どもの發達,"『福岡大學紀要』, 第37號, 第2분冊.

谷本美彦(1989). "社會科教育學論の再檢討," 全國社會科教育學會,『社會科教育論叢』, 第 36集.

谷川彰英(1979).『社會科理論の批判と創造』, 東京: 明治圖書.

谷川彰英(1995).『問題解決學習の理論と方法』, 東京: 明治圖書.

教科教育百年史編輯委員會 編(1985).『美國教育使節團報告書』, 東京: 建帛社.

教育の戰後史編纂委員會(1986).『教育の 戰後史I: 戰後教育改革とその崩壞への 道』, 東京: 三一書房.

溝上 泰(1990). "Rugg, Social Sience Pamphlets"の成立," 全國社會科教育學會,『社科研究』, 第 38號.

宮本光雄(1989), "社會科教育研究の課題と方法," 全國社會科教育學會,『社會科教育論叢』, 第3集.

磯田一雄(1969). "戰後教育における『生活化』の問題," 國際基督教教育大學教育學研究所,『教育研究』.

內海 巖(1966). "社會科の性格,"『講座 社會科教育』, 第 1卷, 東京: 柳原書店.

東京大學社會科學研究所 編(1980).『戰後改革』第 3卷, 東京: 東京大學出版會.

梅根悟(1984). 生活學校 の理論, 東京: 國立書院

鈴木英一(1985).『日本占領と教育改革』, 東京: 勁草書房.

木原健太郞(1974).『教科教育の理論』, 現代教科教育學大系 第1卷, 東京: 第一法規,

木村博一(1986). "社會科教育研究の對象と研究方法論," 全國社會科教育學會,『社會科教 育論叢』, 第 33集.

社會認識教育學會 編(1989).『社會科教育の理論』, 東京: ぎょうせい

山本芳孝(1980). “アメリカ社會科と日本の社會科,” 歡喜隆司 編,『社會科教育の理論と展開』, 東京: 第一法規.

山住正己(1976). “民主教育と日本的民主主義,” 海後 監修,『戰後日本の教育改革』, 第 2 卷, 東京: 東京大出版會.

森谷宏幸·谷口雅子(1980). “戰後社會科三十年の歷史的展開と現狀,” 歡喜隆司 編,『社會科教育の理論と展開』, 東京: 第一法規.

上田 薰(1977). “戰後道德教育における改革と反改革,”『世界教育史大系-第 39卷』,東京: 講談社.

船山謙次(1971).『戰後日本教育論爭史』, 東京: 東洋館出版社.

_______(1971).『 續戰後日本教育論爭史』, 東京: 東洋館出版社.

小島軍造(1955). “民主主義の根底にあるもの,” 國際基督敎教育大學教育硏究所,『教育硏究』.

_______(1956). “民主主義教育の哲學的 基礎,” 國際基督敎教育大學教育硏究所,『教育硏究』.

小川利夫 編(1985).『戰後 日本の教育理論 (上,下)』, 東京: ミネルヴア書房.

小川誠一郎(1961).『世界史大系17-第2次世界大戰後の世界』, 東京: 誠文堂新社.

矢澤修次郎(1986). “アメリカ 1930年代の社會運動と知識人の課題, (上,下),”『一橋論叢』, 第 98 卷 第1號, 3號.

臼井嘉一(1988). “社會科のアイデンティティ-を問う,” 全國社會科教育學會,『社會科教育論叢』, 第 36集 特輯 II.

歷史學硏究會(1980).『現代史 IV』, 東京: 青木.

永井滋郎 外編(1987).『社會科教育學』, 東京: ミネルヴア 書房.

二十世紀硏究所編(1949).『社會科教育-disscusion-』, 東京: 思索社.

伊東亮三(1971). “社會科教育學の構造,” 內海巖 編,『社會認識教育の理論と實踐』, 東京: 葵書房.

_______(1984). “昭和 20年代の社會科,”『社會科教育』.

日本民間教育硏究團體連絡會編(1988).『社會科の歷史(上,下)』,東京: 衆社.

日比 裕(1985). “初期社會科の論爭史,”『社會科教育』.

佐島群巳(1982). "戰後30年の社會科教育研究の課題と總括," 全國社會科教育學會, 社會科教育論叢』, 第 28集.

佐藤三郎(1986)."アメリカにおける教育課程改革に見る理論と實踐,"『教育學研究』, 第53卷 第3號.

佐藤秀夫(1981)."被占領期教育改革に關する在美資料の狀況,"『教育學研究』,第 48卷, 第 2號.

佐野通夫(1981)."植民地朝鮮における日本の敎育政策,"『東京大學敎育學部紀要』, 第21卷.

朝鮮總督府(1940). 施政三十年史.

田中武雄(1983). "初期社會科思想の原像(1,2),"『社會科教育』.

田中史郎(1989)."社會科教育史研究の課題,"全國社會科教育學會,『社會科教育論叢』, 第 37集.

讚岐和家(1980). "アメリカにおける傳統主義の教育哲學," 國際基督敎教育大學教育研究所,『教育研究』.

川合 章(1961). "教育民主化 政策と社會科," 日高他 編,『社會科教育學大系』, 第1卷,東京: 三一書房.

土持ゲ-リ 法一(1985). "美國對獨教育使節團の 成立過程-第一次美國對日教育使節團との比較考察," 教育學研究 , 第52卷 第2號.

片岡德雄 編(1987).『教科書 社會學的 研究』, 東京: 福村出版刊.

片上宗二(1979). "社會科誕生の經緯," 浜田· 上田 編,『社會科教育の理論と 構造, 東 京:學習研究社.

片上宗二· 齊藤利彥(1981). "わが國における戰後の公民教育關係文獻·資料目錄- 戰後教育改革資料を中心として-,"『育學研究』, 第 48卷, 第 4號.

片上宗二(1982). "戰後 社會科教育の總括と展望," 全國社會科教育學會,『社會科教育論叢』, 第 28集.

_______(1982). " アメリカ側から見 わか國の社會科成立過程-CIE 課のわか國への 社會科導入理論-,"『教育學研究』, 第 49卷, 第 2號.

_______(1987). "社會科の成立と變遷,"『社會科教育』.

_______(1988). "わか國における社會科成立の意義と課題,"『社會科教育』.

海老原治善(1977).『民主教育實踐史』, 東京: 三省堂.

_________(1979).『教育政策の理論と歷史』, 東京: 新評論.

보론: 한국과 일본의 미군정 초기 교육정책과 사회과 도입에 관한 연구[1)]

1) 이 글은 『시민교육연구』, 제 35권 2호 (2003년 9월)에 게재된 논문을 일부 수정한 것이다. 내용 중 Ⅱ는 이 책의 '제 5장 2. 미군정 초기의 대한교육정책과 사회과의 도입'과 많은 부분 중복됨을 밝힌다.

Ⅰ. 들어가는 말

사회과(Social Studies)의 성립과 발달은 미국에서 이루어졌으며, 제 2차 세계대전 후 한국과 일본에 사회과가 도입되었다 (강인순, 1984: 456; 임영철, 1985: 147; J. Jarolimek, 1981: 6; 谷口雅子, 1988: 71; 片上宗二, 1979: 17; 關根明伸, 2001.1). 제 2차 세계대전은 반파시즘 민주주의 연합과 파시즘과의 투쟁이었다. 이 전쟁에서 연합국의 승리로 끝난 결과 다음 두 동향이 세계사의 기본 조류가 되었다. 하나는 사회주의 세력이 동유럽뿐 아니라 아시아에서도 크게 신장하게 되었고, 다른 하나는 피침략 민족들의 민족 독립운동이 더욱 세차게 전개되게 되었다(차기벽, 1990: 392).

그리고 제 2차 세계대전 후 연합국들의 합의에 의해 성립된 얄타체제는 파시즘 타도, 추축국의 비군사화, 민주주의 옹호, 세계평화의 확립을 위한 연합국의 일치원칙, 즉 반파시즘·민주주의를 그 원칙으로 하였다(歷史學硏究會, 1980: 21). 그리하여 오랫동안 세계사 형성을 주도해오던 서유럽을 중심으로 하는 제국주의는 몰락하고 미·소가 초강대국이 되어, 미국은 이른바 자유진영의 지도권을 확립하게 되었다(역사문제연구소편, 1989: 제 1장; 이상준 편역, 1990: 14).

제 2차 세계대전을 통해서 지도권을 확립하게 된 미국은 초기의 대 동북아 정책에서 친미적인 통일 한국의 수립, 일본의 '비군사화·민주화' 구상을 주도적으로 실천에 옮길 수 있었다(정영수,한만길,나정, 1985: 42; 김학준, 1990). 미군정 초기는 제 2차 세계대전의 얄타체제에서 확인된 파시즘에 반대하는 민주주의의 승리로 종결됨에 따라 포츠담회담에서 교육에 대한 합의사항 즉, 추축국의 파시즘과 군국주의를 불식하고 민주주의 이념을 발전시킨다는 합의사항은 실천에 옮겨지는 과정이었다(土持ゲ-リ-·法一, 1985: 31).

이후 세계질서 재편기에서 일본제국의 붕괴로 아시아에서는 힘의 공백이 초래되었고, 일본과 유럽의 식민지로부터 독립하여 자유를 갈망하고 있었던 아시아인들은 미국을 인권을 수호하고 자유를 위해 싸우는 국가로 환영하였다. 미국은 모든 국가들이 미국의 호의-'미국의 호의'란 미국의 주도권을 완곡하게 나타낸 말이다-어린 후원으로 정치적 독립과 경제적 자립을 꽃피울 수 있을 것이라고 확신하고 있었다(Toshio Nishi, 1982: 2). 이처럼 반파시즘 민주주의의 승리와 신생국의 민족주의 제고(提高)로 그 성격이 규정되는 제 2차 세계대전은 한국과 일본의 민주주의 교육을 발전시킬 수 있는 가능성을 제시하였다.

그런데 한국과 일본에 진출한 미군정은 민주주의를 보급하기 위한 수단으로 두 가지의 형태를 고려하였다. 하나는 영화, 라디오 방송 등 매스미디어를 통한 것이고, 다른 하나는 사회과를 통한 민주주의 교육이었다(Dong-Koo Kim, 1984: 144-151; Toshio Nishi, 1982: 181-186). 한국과 일본의 사회과 도입이 시기적으로 제 2차 세계대전 후 미군정 초기에 이루어져, 미국의 영향을 받았다는 사실(김용만, 1988; 박광희, 1965; 오준영, 1948; 이상선, 1946; 차경수, 2002: 35; 海老原治善, 1977: 20-23; 關根明伸: 2001.1)에서 미국의 대한, 대일 교육정책과 관련하여 사회과 도입과정의 특징을 살펴볼 필요가 있다.

II. 미군정 초기의 대한(對韓) 교육정책과 사회과 도입

1. 미군정 초기의 대한 교육정책

미군정은 한국 점령이 급작스럽게 이루어졌고 한국에 대해 거의 백지상태로 한국인에 대한 지식이나 정보는 물론 한국 문화에 대해 아무런 이해를 갖지 못했다(라우터. 백 R, 1983: 37-38; 한우근, 1992: 565). 이는 재 조선 미군사령관 하지(J. R. Hodge)의 일차적인 임무가 한국에 대한 각종 정보와 자료의 수집이었다는 사실(진덕규, 1985: 124)에서도 확인된다.

이러한 상황에서 1945년 9월 2일에 공포된 하지의 포고 제 1호에 "미군은 근일 중에 귀국에 상륙하게 되었다. ……미군은 연합군 대표로서 상륙하는 것으로 그 목적은 귀국을 민주주의 제도 하에 있게 하고 국민의 질서유지를 도모하는 데 있다.……"(조선일보사, 1985: 21)고 하여 민주주의 제도의 구축과 질서유지를 미군 진주의 목적으로 삼고있다. 그리고 9월 7일 맥아더 사령관의 포고문에 의하면 한국은 일제로부터 해방됨과 동시에 미국에 의한 점령지로 간주하고 있다. 당시의 미국의 한국점령은 해방 후의 정치적 혼란을 수습한다는 것을 제 1목적으로 하는, 독립국가를 수립할 때까지의 과도적인 조치에 지나지 않는 것이었다. 그러므로 미국은 한국의 정치·문화에 대한 예비지식이 없는 전투부대에 의한 군정을 개시한 것이다(브루스 커밍스, 김주환 옮김, 1986: 215-219; 한국정신문화연구원, 1987: 15-19).

미군정 초기의 통치방침은 '미 점령 하의 조선지역에 있어서의 민정에 관한 미국 육군 최고사령관에 대한 기본지령-SWNCC 176/8'(1945년 10월 13일)에서 엿볼 수 있다. 이에 따르면, 38도선 이남의 질서유지, 자유·독립의 국가수립, 이를 위한 일본 식민지 지배의 잔재 불식이 기본방침으로 되어있다(關英子, 1987: 56). 따라서 점령업무 중 치안과 질서유지가 가장 중요한 것으로 부각되어 교육분야는 특별한 관심사가 될 수 없었다(최원형, 1987: 324).

미군정의 기본적인 임무가 한반도에서 소련 공산주의의 팽창정책을 저지하고 한반도에 친미적인 민주주의 국가를 수립하는 것이었지만(정영수·한만길·나정, 1985: 42; 정영수, 1988: 178-179), 미군정 초기의 교육정책은 일제 잔재의 불식과 현상유지(평화와 질서유지)를 전제로 한 당면과제 해결방식을 그 특징으로 하고 있다(이광호, 1990: 493).

이처럼 미국은 한국에 대한 군정을 실시함에 있어서 한국에 대한 사전 연구가 없이 군정에 임하였으며, 다만 한국과의 관계가 미국의 안정과 정치적 목적만을 절대기준으로 삼고서 이를 수행하였다(한국정신문화연구원, 1984: 101-102).

미군정 초기의 대한 교육정책은 제 2차 세계대전 이후 세계교육의 동향이 민주주의 교육의 건설에 있었으며(박은묵, 1982: 16), 민주주의를 실천하는 이상적인 국가가 미국이라는 인식 속에서 민주주의 교육이 한국 교육의 재건을 위한 이념으로 등장하였다. 이러한 정신은 1945년 9월 18일 미군정 당국이 최초로 지시한 미군정 법령 제 6호 '신조선의 조선인을 위한 교육방침'에서 확인된다. 이 방침에는 교수 용어로서는 국어를 사용할 것과 교과목에서는 조선의 이익에 반하는 교과목의 교수 금지를 내용으로 하고 있다. 또한 이 정신은 "교육제도 재조직의 목적은 일본식의 것을 뿌리 채 뽑아 없애고, 그 대신에 미국식 제도를 세우려는 것"이라 하여 미군정의 기본 정책이 미국식 민주주의의 수립에 있음을 지적한 미드의 주장(E. G. Meade, 1951: 213; 손인수, 1991: 1482)에서도 드러난다.

제 1차 미 · 소 공동위원회(1946. 3. 30)가 결렬되고 좌 · 우의 정치적 대립이 심화되자, 이와 관련하여 분단이 지속될 것이라는 전망으로 미국의 대한 정책은 전체적으로 재검토될 수밖에 없었다. 이러한 정책적 고려와 함께 일반 국민의 생활고와 정치 테러 등으로 미군정에 대한 반감이 고조되어감에 따라 한국 국민의 이해를 증진시키기 위한 수단으로서 교육개혁은 필요한 절차이기도 하였다.

이와 같은 대내외 정세의 변화에 따른 적극적 교육 개혁의 필요성에도 불구하고, 화순탄광 노동자 사건(1946. 8. 15)과 대구 폭동사건(1946. 10. 2) 등 국내 상황의 악화로 정치적으로 시급한 문제를 해결하지 않을 수 없게 되자 구체적인 교육계획의 수립은 지연되었다. 또한 1946년 주한 미 군정청이 요청한 교육조사단의 한국 파견은, 그 당시 소련과의 협상에 장애가 될 것을 우려한 맥아더의 반대로 중지되어, 우선 한국의 교육에 대한 과학적 조사를 행하고 그것을 근거로 교육재건을 위한 응급책 및 장기간 계획을 세운다고 하는 국무성의 구상은 좌절

되었다. 그리고 미국으로부터 장기적 전망에 입각한 대한 교육 정책 및 그것에 의거한 한국 교육 재건을 위한 효과적이고 구체적인 정책을 명확히 세우지 못한 채, 현지의 군정청에게 교육 정책을 적절하게 실시하도록 맡기는 도리밖에 없었던 것이다(阿部洋, 1987: 23).

일단 포기되었던 교육조사단 파견문제가 다시 거론되어 1947년 안트(C.O. Arndt: 뉴욕시립대 교수)를 단장으로 한 '대한 교육 정보조사단'이 한국에 파견되었는데, 그 구성원은 5명이었다. 이 조사단의 보고서는 조사단의 파견시기가 늦은 점도 있고 해서, 미 군정하의 한국의 교육건설에 대해 그다지 큰 영향력을 미치지 못했다(손인수, 1992: 284)

이상과 같이 미군정 초기의 교육정책이 미군정의 한국에 대한 사전 정보의 부족과 미・소의 분할 점령이라는 한반도의 특수성으로 대한 정책에서 소련과의 협상 타결을 고려해야 한다는 점에서 응급조치의 성격을 띠게 된다. 그렇지만 한국에서 반공을 전제로 한 민주주의 국가의 건설이라는 일관된 기본 정책 수행만은 교육을 통해서 철저하게 이루어졌다. 이렇듯 미군정 초기의 대한 교육 정책은 그 당시 한국을 둘러싼 복잡한 국제 정세와 한국 내의 정치적・사회적 혼란으로 그렇게 정비된 방식으로 일관성 있게 전개되지는 못했다. 그리하여 일제 잔재의 불식과 민주주주의 교육을 그 목적으로 내걸었던 미군정 초기의 교육 정책은 실제 실천과는 많은 괴리가 있었다.

2. 사회과의 도입과정

광복 후 한국의 사회적 배경을 살펴볼 때, 한국은 일제의 전체주의적 잔재를 불식하고 국민의 자유와 평등을 보장하는 자주적 민주민족국가를 수립하는 것이 가장 시급하였다. 미군들은 한국 점령 후에 일본 제국주의 이데올로기로 가득 차 있는 초, 중등학교 교육과정을 발견하였는데 학교 수업시간의 대부분이 제국주의적이고 군국주의적인 이데올로기와 그 실천이었다(최원형, 1987: 335-339; 최양호, 1992: 403-420). 따라서 당시 광복된 한국이 일제의 제국주의로부터 벗어나 새로운 국가를 건설함에 있어서, 무엇보다도 우선적으로 교육혁신이 요청되었던 것이다(한국교육10년사간행위원회 編, 1960: 76-78).

군정이 실시되자 우선 교육내용의 개편에 착수하게 되었고 일제의 잔재인 군국주의적 색채를 없애고자 노력하였다. 이 과정에서 교육과정을 전면적으로 개혁하는 일이 시급한 과제로 되었으나, 이를 위한 인적·물적 여건의 미비로 교육과정개혁은 쉽게 이루어지지 못하였다. 그러나 민주주의 보급을 위한 수단으로서 사회과를 통한 민주주의 교육이 강조됨에 따라 교육심의회의 초등교육분과위원회에서 심의, 채택된 교육과정(1946. 1. 10)에서 일제의 '수신'을 대신하여 민주주의 교육을 위해 새로 대두된 분야가 '공민'이었다. 그러나 이때 등장한 '공민'은 사회과의 한 주요 영역의 하나일 뿐 '사회과'는 아니었다. 왜냐하면 사회과는 공민, 역사, 지리를 새로운 교육사조에 따른 교육과정의 구성원리에 의하여 구성한 통합교과이기 때문이다 (한국교육10년사간행회 編, 81; 이영기·김태영, 1979: 3; 김용만, 1988, 62). '공민'은 새로운 민주적인 공민을 양성하기 위해 등장하였던 점에서 민주주의의 일반 원리와 국가 건설기의 특수성에서 민족적인 것을 주요 내용으로 하고 있었다. 다음은 '공민'의 목차이다.

그러나 교수요목(나중의 교육과정) 제정과 교과서 편찬에 도움을 줄 자료는 거의가 일본 자료뿐이어서, 군정청 문교부는 일제의 잔재 청산과 민주주의 교육 창달을 위해 미국 여러 주의 교과서를 소개하기도 하였다. 그런데 사회과 도입을 둘러싸고 관계 편수관과 일반 교육자들간의 찬·반에 따른 갈등이 있었다. 사회과 도입에 대한 찬·반 논란은 크게 두 가지로 나누어 살펴 볼 수 있다. 하나는 사회과 도입 그 자체에 대한 논의이고, 다른 하나는 사회과의 학적 체계와 실천

〈표 1〉 공민교과서 목차

단원	단 원 명	단원	단 원 명
1	자유	9	세종임금과 한글
2	인격	10	시간지키기
3	민주정치	11	용기
4	정의	12	화랑도
5	노동	13	나라ㅅ사이의 교제
6	사회	14	우리 민족성
7	보건과 위생	15	우리 겨레의 구실(사명)
8	개천절		

조선어학회, 『초등공민 5·6학년 합병용』, 1946년 3월 27일 발행

에 대한 논의이다.

찬성론자들인 앤더슨(P. S. Anderson; 미군정 편수국 고문관), 오천석(문교부차장), 김상철(문교부 중등교육과 교육관), 이상선(편수국 번역사, 후에 편수관) 등은 획일적 지식을 주입하는 일제의 전제적 교육잔재를 청산하고 민주주의 교육의 창달을 위해서는 사회과의 창설이 필요하다는 입장이었다(이상선, 서문). 이에 대해 편수관 회의에서 반대론을 펼친 황의돈, 고석균은 사회과는 미국학제의 무비판적 도입이며, 학문의 체계에도 맞지 않는다고 주장하였다. 아울러 관련 내학교수들은 교사 재교육의 필요성과 사회과의 통합교과적 특성에 맞는 교과서의 미비를 들어 반대하였으며(박광희, 1965: 50-51), 초·중등 교육과정 개정에서 기존 전통적인 분과 교과(역사, 지리, 공민)를 통합 또는 광역 교과인 사회과로 대체하는 것을 중심으로 심각한 갈등이 일어났다(Byung Sook Choe, 1971: 54).

이러한 와중에서 주체적 수용을 주장하는 교육자들도 있었다. 허현은 『사회생활 해설』에서 미국의 'Social Studies'를 맹목적으로 영어의 뜻대로 'Social(사회) + Studies(공부)'를 합친 '사회공부'라고 할 것이 아니라, 우리가 적용할 때 검토할

필요가 있다고 주장하였다. 그는 'Social Studies'를 '사회생활'이라는 말로 쓸 것을 이론적으로 규명하여 사회과 도입・수용자세에서 주체적 인식이 필요함을 말하고 있다(허현, 1946, 1-3). 이러한 사회과 도입에서 주체적 인식의 필요성은 조선교육 연구회 주최의 제 1회 민주교육강습회에서 '사회생활과 교육론'의 강사였던 심태진의 다음과 같은 주장에서도 보인다.[2)]

> 미국의 Social Studies를 수입하자는 생각은 없습니다. 미국과 조선은 국정이 다릅니다. ……미국의 요목을 그대로 가져온다는 것은 반대합니다. 그것은 사회생활과의 본질에 위배됩니다. ……미국의 교재를 참고로 하여 받아 들 일 때 조선식으로 고쳐야 합니다. ……자연적, 사회적 환경이 다르고 보니까 우리가 사회생활과를 지도하는데 조선에 맞는 교재내용을 잘 연구할 필요가 있습니다.

라고 하여 사회과 도입에 있어서 주체적 입장에서 조선에 맞는 사회과 내용 구성이 되도록 연구할 필요가 있다는 점을 강조하고 있다.

그런데 일선 교사들은 "사회과는 도대체 어떠한 교과인가", "무엇을 어떻게 가르쳐야하는가"라는 의문과 문제를 내포한 곤혹과 혼미의 상태였다(심태진, 1955; 이상선, 946; 이준하・이원학, 1947: 서문; 박상만, 1959: 86; 한국교육10년사간행회편, 1960: 83). 이렇듯 사회과의 도입을 둘러싸고 논의를 계속하다가 최종적으로 결론짓기를 초등학교는 통합하고, 중학교는 다음으로 미루고 그러한 정신만은 통합교과인 사회과로 하기로 하였던 것이다.

그리하여 1946년 9월 1일부터 새로운 민주적인 각급 학교의 교과과정이 교육

---

2) 심태진, "사회생활과교육론", 조선교육연구회주최 제 1회 민주교육연구강습회 속기록, 1946, 115-147 (정영수.한만길,나정, 1985: 142에서 재인용). 그는 당시 서울대학교 사범대학 부속 국민학교 교감으로 사회과, 특히 국민학교 사회생활과의 새로운 학습방법의 연구보급에 앞장섰으며, 안호상이 주도하는 조선교육연구회의 중요 멤버였다.

심의회에 의해서 제정되어 모든 교육내용이 이를 중심으로 구성하게 되었고, 이때 사회생활과란 교과의 명칭이 공식적으로 등장하였다. 이 교과과정의 가장 큰 특징은 사회과의 내용과 형식이 모두 바뀐 데 있다. 사회과는 종래에 각각 독립된 과목이었던 역사, 지리, 공민을 통합하여 하나의 과목으로 만든 것으로서 사회생활을 영위하는데 필요한 기본적인 교양을 내용으로 하는 교과로 특히, 민주시민의 육성에 그 중점을 두고 있었다(함종규, 1976: 189; 유봉호, 1992: 303). 그런데 이 사회과는 세 과목을 단순히 합한 것이 아니라, 아동들에게 생활에 관한 기본적인 지식과 기능을 습득시키기 위하여 통합되고 재구성된 과목이었다.

1946년 9월 12일에 문교부가 중심이 되어 '신교육연구협회'를 창설함으로써 새교육 운동이 본격화되었다. 새교육 운동은 획일적 · 지식 주입식의 전통적 교육을 지양하고 민주주의 이념 위에 교육을 세우려는 운동으로서(오천석, 1975: 33), 먼저 일본의 잔재를 일소하고 그 위에 민주주의 원리를 건국이념으로 삼고 교육하는 일이 곧 새교육의 목표로 등장한 것이다(정영수, 1988: 183). 군정청 문교부는 민주주의 교육을 위한 신설된 사회과에 대한 올바른 이해와 교수 학습 방법을 보급시키기 위해 전국적인 강습회를 계속 개최하는 한편 교수요목 제정위원회로 하여금 사회생활과 교수요목 작성을 착수하게 하여 1946년 12월 7일에 초등학교 사회생활과 교수요목을 제정 · 공포하였다. 문교부가 제정한 초등학교 사회생활과 교수요목은 미국의 콜로라도 주의 8년 과정을 6년으로 단축한 것으로(심태진, 1955: 53), 이는 당시 편수국장 고문이었던 앤더슨이 콜로라도 주 출신이었으며, 그 주의 덴버 시(市)가 사회생활과를 시범적으로 채택하여 선진적인 발전을 하고 있었다(한기언: 79-80)는 것과 이상선이 편찬한 『사회생활과의 이론과 실제』(1946년 10월 발행)가 콜로라도 주의 사회생활과 요강을 참고한 것이었다는 사실과 관련이 있다고 생각한다.

그런데 이 교수요목을 접한 종래의 강의식 분과 교육에 젖은 일선 교육자들은 신설된 사회과를 이해하기 곤란하여 그 정체를 잡고자 우왕좌왕하였고(심태진, 1955: 53), 분과적인 내용을 나열식으로 가르치는 것을 벗어나지 못하였다(이경섭, 1997: 66). 그 당시 현장에서 교사로 재직한 경험을 토대로 교육사를 기술하였던 박상만의 다음과 같은 글은 당시 사정을 잘 말해 주고 있다(박상만, 1956: 94-95).

> …시방 우리들이 매일 매일 어떠한 교수를 하고 있는가, 이를 한번 조용히 살펴보자. 교수란 이 현실에 비추어 생활 중심으로 하여야 된다느니, 체험에 치중하여야 된다느니, 개성을 존중해야 한다드니 하는 것 등은 이를 상식적으로 알고 번연히 알고 있으면서도, 교사가 부족하느니, 무엇이 없느니 하며, 아직까지 구태의연한 교과서 중심교수, 획일교수, 주입교수, 암송암기 만을 강요하는 교수, 전연 개성을 몰각한 교수 등을 그냥하고 있으며, 이것이 초등보다 중등교육에 있어서 더욱 심하다. 갓 나온 선생님들 교재가 무엇인지 교수법이 무엇인지 도시 분간도 못하고 그저 학생시대에 필기한 노트만 가지고 어려운 글자를 백묵을 느긋이 거머쥐고 냅다 칠판에 갈겨가며, 대학 강의식 교수를 그대로 하고 있으니, 이래 가지고서 어찌 유용한 지식을 넣어 줄 수가 있겠는가?…

사회과의 교수요목에는 초등학교 사회생활과의 목적을 "사회생활과는 사람과 자자연환경과의 관계를 밝게 인식시켜 사회생활에 성실 유능한 국민이 되게 함을 목적으로 함"이라고 밝히고 있다. 그 교수방침은 다음과 같다(문교부, 1987: 2).

사회생활과의 목적과 교수방침에서 알 수 있듯이, 단체생활과 사회생활에의 적응과 민주적인 생활방법의 지식을 강조하고 있다. 따라서 도입기 사회과는 아동들의 사회생활에의 적응을 일차적인 목표로 하고 궁극에는 성실 유능한 국민

〈 표 2 〉 사회생활과 교수방침

1. 단체생활에 필요한 정신, 태도, 기술, 습관을 양성함
2. 단체생활의 모든 관계를 이해하게 하며 책임감을 기름
3. 사람과 환경과의 관계를 이해하게 함
4. 우리나라의 역사와 제도에 관한 지식을 얻게 함
5. 우리나라에 적당한 민주주의적 생활방법에 관한 지식을 함양함
6. 실천을 통하여 근로 정신을 체득케 함

이 되게 함을 목표로 한다는 것을 알 수 있다. 아울러 신생 독립국가로서 우리나라의 역사와 제도에 대한 강조는 민족주의적 색채가 반영된 것으로 보이며, 국가건설기에 필요한 자세로 근로정신을 강조한 것이 특기할 만하다. 그리고 교수요목의 '넷째, 사회생활과 교수에 관한 주의'에서는,

1. 개인차에 관한 주의
2. 단체활동의 지도
3. 활동시간을 다루는 방법
4. 다른 과목과의 연관에 주의할 것
5. 사회생활과에 대한 학습심을 환기시킬 것

을 들고 있는 데(문교부, 1987: 6-7), 아동들의 개성을 존중하고 아동중심의 학습이 전개되도록 요구하고 있다. 이는 일제의 획일적 · 지식위주의 교육을 지양하고 민주사회의 최고 이념인 인간의 존엄을 구체적인 학습활동에서 구현해야 한다는 것을 의미한다. 그러나 실제 교육현장에서는 사회과목을 가르치는데 있어 부적절한 준비와 절절한 자료의 결핍으로 교사들은 특별한 어려움을 겪고 있으며, 또 교수요목은 너무 형식화되어 있고 일상생활의 문제들과 충분히 관련을 맺

고 있지 못하였다(주한미군정청 본부, APO 235, 1947. 6. 20, 정태수, 1992: 1432 재인용).

Ⅲ. 미군정 초기의 대일(對日) 교육정책과 사회과 도입

1. 미군정 초기의 대일 교육정책

대일 정책의 제 초안은 '극동지역위원회'(FEAC)의 토의와 '전후계획위원회'(PWC)의 검토에 따랐다[3]. 대 일본 정책의 종합 문서로서 1944년 5월 '일본에 관한 미국의 전후 목적'이 있다. 여기서는 '일본이 미국 및 태평양 제국에 대해 위협이 되고 있는 것을 방지'한다는 것, '일본에 타국의 권리와 국제 의무를 존중하는 정부를 수립한다는 것'이 미국의 기본 목적인 점을 확인하면서 군국주의를 근절하기 위한 방책의 하나로서 '신문, 라디오, 영화 및 학교를 통하여 민주주의 사상을 장려하는 것'을 들고 있다. 여기서 일본에 대한 미군정의 목적이 '비 군국주의화'와 '민주주의화'라는 것을 알 수 있다(Toshio Nishi, 1982: 181-186, 鈴木英一, 1985: 12).

미국 정부의 대일 교육정책의 구상은 1943년 초기 이래 부분적 또는 단편적으로 전반적인 대일 점령정책 속에 혼재되어, 국무성에서 검토되고 있었다. 그러

3) 제 2차 세계대전 중, 미국은 대 일본 점령정책의 본격적 검토에 들어가서 1942년 8월 23일 미국무성 동아시아 정책 수립 책임자 블랙스리(G.H. Blakeslee)를 기용하였다. 그 후 일본 문제의 전문가로서 보톤(H. Boton), 피어레이(R. A. Fearey) 등이 참가하였다. 1943년 10월 20일 국무성에 '극동지역위원회'(Far East Area Committee, FEAC)가 설립되어 블랙스리가 의장이 되었다. 이어서 1944년 1월 국무성의 최고 정책 입안기관으로서 '전후계획위원회'(Post-War Program Committee, PWC)가 신설되었다(秦郁彦, 1976: 26-27; 鈴木英一, 1985: 6).

나 교육 역역을 별개로 독립하여 점령정책의 대상으로 검토한 것은 1944년 2월 4일 이후부터이다(教育の戰後史編輯委員會, 1986: 26). 미국 정부의 제 2차 세계대전 후 교육개혁 구상에서 일관되게 교육개혁을 단행하고, 일본인을 재교육할 필요성을 강하게 자각하고 있었다. 그리고 그 기본 방침은 군국주의 교육과 국가주의 교육을 제거하고 교육을 민주화하는 것이며, 이를 위해 일정한 정책 플랜과 안내서가 준비되어 점령요원이 양성되고 있었다(鈴木英一, 1985: 23-27).

1945년 4월 3일 맥아더는 미국 태평양육군 총사령관에 취임하였다. 8월 10일 일본이 항복을 연합국 측에 전달했을 때 특히 일본 점령을 위해 훈련받았던 2,000여명의 육・해군 장교가 미국 본토에 있었다. 1945년 9월부터 10월 사이에 '민간정보교육국'(CIE)[4] 발족 전후의 점령 교육정책이 형성에서 가장 중요한 문서로 된 것은 먼저 1945년 7월 26일의 '포츠담 선언'[5]과 8월 29일 맥아더에 전달된 '항복 후 미국의 초기 대일 방침'이다. 이 외에 전시기의 미국정부의 다양한 교육개혁안의 검토와 집적, 이러한 노력을 통한 교육개혁의 필요성에 대해서 공통인식도 크게 영향을 주고 있었다.

CIE에서 교육분야를 담당하는 교육과는 제 2차 세계대전 후 교육개혁의 입안과 실시에 큰 역할을 하였다. 교육과의 임무는 일본 교육제도로부터 교의, 실천, 훈련에 있어서 군국주의와 초국가주의의 여러 요소를 제거하는 것, 교육제도를 재건, 부흥하는 것, 교육과정에 민주적인 이상과 원리를 적절하게 보급하기 위하여 필요한 새로운 교과를 학교 교육과정에 포함하는 것을 확보하는 것이었다(CIE Records, Box No. 5629, WNRC, 鈴木英一, 1985: 46 재인용).

4) CIE는 일본과 한국의 교육・종교・정보에 관한 점령 정책을 연합국군최고사령관에게 조언하는 특별참모부이며, 일본뿐만 아니라 한국도 소관하는 것으로 명기되어 있었다. 그러나 CIE의 정책수행의 중점은 한국보다도 일본에 치중되었다. 그러다가 1948년 3월 13일 한국의 소관은 삭제되었다(鈴木英一, 1985: 43).

5) 포츠담 선언은 일본의 무조건 항복을 결정한 연합국의 일본점령에 관한 가장 중요한 문서이며, 여기에서 정한 일본의 '비군국주의화'와 '민주주의화'의 2대 방침은 점령 교육정책에서 기본방침이었다(海老原治善, 1977: 9).

먼저 제 1지령은 1945년 10월 22일 연합국군최고사령관으로부터 일본정부에 발표된 '일본 교육제도에 관한 관리정책'이다. 이 지령은 교육내용에서 군국주의적 및 극단적인 국가주의 이데올로기의 보급을 금지하고 의회 정치, 국제 평화, 개인의 권리와 사상 및 집회, 언론, 종교의 자유와 같은 기본적 인권 사상에 합치하는 제 개념의 교수 및 실천의 확립을 장려한다는 것(A 항)을 구하며, 교육에서 평화적이며 책임을 다하는 공민의 양성을 목적으로 하는 교과와 교과서의 준비를 지시하고 있다(海老原治善, 1977: 9-10; 鈴木英一, 1985: 66).

1945년 12월 31일 총사령부 제 4지령 '수신, 일본사 및 지리 정지에 관한 건'이 발표되었다. 이 지령은 수신 일본사 지리 3교과의 교수법을 규정한 법규의 정지, 교과서 교사용 참고서의 회수, 문부성에 의한 대행 계획안, 교과서 교사용 참고서 개정 계획의 작성과 총사령부에의 제출을 내용으로 하고 있다. 군국주의적 교육과 초국가주의 교육의 일소, 국가 신도적 색채의 교육내용의 불식을 목적으로 하고 있다. 미군정의 교육내용에 대한 엄격한 감독과 통제는 포츠담 선언을 위시하여 항복문서, 미국 초기 대일 정책 등 중요 문서에 따른 것으로 군국주의와 초국가주의의 제거, 민주적 경향의 부활 강화를 교육 내용 면에서 실현하는 것을 목적으로 한 것인데, 반파시즘 연합의 승리라는 세계사적 배경에 뿌리를 두었다.

대일 점령 정책의 검토를 임무로 하는 미국 정부의 '국무・육군・해군 3성 조정위원회'(SWNCC)[6] 는 '일본인의 새로운 방향에 관한 적극적 정책'에서 미국에서 선발된 민간 집단이나 단체가 새로운 방향을 정하는데 도움을 주도록 하는 것이다. 미국 정부의 방침으로서 교육의 새로운 방향 설정의 방침으로 사절단 계획의 구체화되었다. 교육사절단의 구성원은 4차례 논의를 거쳐 확정되었다[7].

---

6) 미국무성이 극동지역위원회(FEAC)와 전후계획위원회(PWC)로 대일정책을 검토하였는데 대하여, 육군성, 해군성은 통합참모본부의 통합전후위원회에서 그 작업을 진행하였다. 그러나 제2차 세계대전이 종말에 가까워지자 3성간의 조정체제의 확립이 강하게 요구되게 되었다. 그 결과 1944년 12월 29일 국무·육·해 3성 조정위원회(State-War-Navy Coordinating Committee SWNCC)가 발족되어, 독일·일본·한국 등을 대상으로 한 전후 정책을 검토하게 되었다. 1945년 1월 13일, 그 하부기관으로서 극동소위원회(Subcommittee for the Far East, SFE)가 탄생하였다.

이 과정에서 미국의 단체, 지역, 대학과 중등학교, 각종 교육 등의 전문가를 고려하여 결정되었다. 여기서 일본에 대한 미군정의 철저한 준비와 관심을 엿볼 수 있다.

1946년 3월, 점령군의 요청에 따라 미국교육사절단이 도착하여, '미국교육사절단 보고서'를 제출하였다. 이 보고서는 일본의 교육을 "① 극단적으로 중앙 집권화된 교육제도 ② 특권적인 학교 조직 ③ 관료 독선적인 교육행정이다"고 비판하였다. 이것은 그 후 일본의 민주주의 교육의 기본방침이 되었다. 문부성은 이것에 의거하여 1946년 5월에 '신교육지침'을 발표하고, 10월에 '공민과 교사용서'를 편찬하는 등, 민주주의교육의 보급에 노력하였다(船山謙次, 1971: 3-4).

1945년 12월 27일에 발족한 극동위원회(Far Eastern Commission FEC)[8]는, 일본 관리 전반에 걸친 정책 원칙 기준의 결정기능을 갖고 있었다. 그런데 극동위원회에는 운영위원회 외에 7개의 분과로 구성되어 있었는데 교육개혁은 제 4분과위원회(민주화 경향 촉진)에 속해 있었다. 극동위원회의 제 4분과 위원회에서 1946년 3월 12일의 1회 회의부터 1947년 3월 27일의 51회 총회까지 교육개혁방침의 수립에 진지한 노력을 다하였다. 특히 극동위원회를 구성하는 11개국 모두 이 문제를 제 2차 세계대전 후처리의 일환으로 중시하고, 일본의 교육개혁에 다양한 형태로 건설적인 의견을 제시하였다(鈴木英一, 1985: 248).

이상과 같이 연합국 11개국은 모두 제 4분과위원회에서 교육개혁안의 심의에 참가한 외에 수정안의 제출, 개혁의견의 표명 등 다양한 활동을 하였다. 제 2차 세계 대전의 승리자인 반파시즘 연합은 극동위원회라는 국제무대에서 신중한 토의를 거쳐 교육개혁의 기본방침을 제정하였는데, 이 사실은 제 2차 세계대전 후 교육개혁이 점령국 미국과 피점령국 일본의 협력의 산물이라는 것에 그치지 않

7) 사절단 구성을 위해 미국 측에서는 4차례나 인선한다. 구체적인 구성원의 명단과 경력은 鈴木英一, 1985: 148-156 참고.
8) 미국, 영국, 소련, 중국, 프랑스, 캐나다, 호주 등 11개국의 연합국에 의한 일본점령 최고기관이었다.

고, 북미, 동유럽, 아시아 등의 세계 각 지역으로 이루어진 연합국의 감시와 지도 아래 이루어진 것이라는 국제성을 나타내고 있다.

1947년에는 교육기본법이 공포되었는데, 이 법은 일본 헌법의 민주적, 평화적, 문화적 이념에 따라 제정된 교육에 관한 최고법이다. 기본법은 평화국가의 건설을 목표로 하는 일본 헌법에 따라 일본 교육의 민주적 목적과 그 실현 방법을 나타내고 있다. 교육기본법의 제정을 정점으로 제 2차 세계대전 후 교육개혁이 실천되었다. 1947년부터 49년에 걸쳐 교육기본법과 함께 성립된 학교교육법을 위시하여 각 종 법안이 제정되어 평화주의, 민주주의 교육 목표, 학습 지도요령의 간행 및 교과서 검정제도의 발족, 사회과의 발족 등 교육내용 개혁 등이 이루어졌다.

2. 사회과의 도입과정

문부성이 1945년 11월 설치한 '공민교육쇄신위원회'가 지금까지의 수신, 공민과에 대신하여 새로운 공민교육의 본질을 주체적으로 검토하였다. 그 결과 12월에 생활지도적인 내용이 많이 포함되면서 개인의 능동성 자각과 합리적 정신의 함양, 역사적 인식의 중시 등을 근본적인 방향으로 하는 '공민과'의 설치를 답신하였다. 여기서 "공민교육은 가족생활 · 사회생활 · 국가 생활 · 국제 생활에 걸친 공동생활의 구성자로서 필요한 지식 기능, 계발에 필수적인 성격의 육성을 목표로 한다." 고 하였다(佐藤照雄 編, 1997: 3; 熊谷一乘, 1992: 35-36). 공민교육의 기본 방향과 그 내용은 다음과 같다.

한편 GHQ(연합군최고사령부)는 몇 개의 교육방침과 정책을 발표하여 실시하였는데, 특히 1946년 4월에 제출된 제 1차 미국교육사절단 보고서는 일본 교육개혁에 큰 영향을 주었다. 보고서에는 신교육 속에 위치하는 것으로서 통합적인

〈 표 3 〉 일본 공민교육의 기본방향

1. 보편적 일반적 원리에 기초한 이해 철저
2. 공동 생활에서 개인의 능동성 자각
3. 사회 생활에 대한 객관적 구체적 지식과 이에 기초한 행위의 요청
4. 합리적 정신의 함양
5. 과학의 진흥과 국민 생활의 과학화
6. 순수한 역사적 인식의 중시
7. 공민 교육 방법에서 취할 약간의 지표(사회 현상의 상호 관계를 다각적이고 종합적으로 이해하기, 추상적 종합적인 문제도 구체적인 주위에 있는 사상을 통하여 이해하기)

〈 표 4 〉 일본 공민 교육의 내용

1. 인간과 생활---인격(정신과 신체), 자율과 공동생활
2. 가정 생활---가족, 의식주, 생계, 가족 제도
3. 학교 생활---수학 · 사제 · 붕우 · 규율과 자치, 직업의 선택
4. 사회 생활---연대성 · 공덕 · 공인, 이웃과 지방자치
5. 국가 생활---국가의 발전, 인권과 민주주의
   근대 정치---근대 국가의 정치 형태, 우리나라의 헌법(국헌, 국민)
6. 근대 경제---경제의 발달과 경제 질서 기술, 자본주의, 세계경제와 국민경제
7. 사회 문제---사회 정책, 사회개혁 사상
8. 국제 생활---국가와 인류 사회, 국제 평화
9. 사회 사상---인간성, 문화(과학 · 예술 · 종교), 공동 생활의 이상

사회과 학습을 시사하고, 앞서 문부성이 구상하였던 '공민과'는 이것과 매우 유사하다고 하였다. 이후 문부성은 학습지도요령 작성을 위한 소위원회를 설치하고, 교육사절단의 보고서에 나타났던 통합적인 사회과의 연구를 진행하였다(伊東亮三, 1996: 6).

1946년 5월, 문부성은 공민과의 교육 방침에 대해 지시를 내리고 같은 해 10

월에는 '초등학교 공민교사용서'를 출판하여 공민교육의 구체적 진전을 도모하였다. 지도 방법에 대한 항에서는 "공민과 교육은 단지 공민적 생활에 대한 지식을 주는 것만은 아니다. 양식으로서 몸에 익히며 동시에 그 정신이 아동이나 청년의 성격으로 형성되도록 키우는 것이다." 라고 하여(佐藤照雄 編, 1997: 4), 공민과가 신교육이 목표로 하는 인간 형성에 중심적 역할을 하는 교과로서 나타나고 있다.

1946년 9월 공민교육의 답신에 의한 '초등학교 공민교사용서', 10월에는 '중등학교, 청년학교용 공민교사용서'가 간행, 전국 교사들에게 배포되었다. 그러나 많은 교사들은 실제 교육현장에서는 계통적 지식을 주입하는 데 익숙하였던 교사에게는 새로운 사회과 수업에 충분히 익숙하지 않아, 그 내용 전개에 자신이 없었다. 그래서 공민교사용서에 따라 지적된 학습 전개법(강의법, 토의법, 문제법, 구안법)의 도입과 학습이 연구의 주류가 되었다. 문부성도 그 계몽에 힘을 쏟았다(海老原治善, 1977: 24).

그런데 사회과 도입을 둘러싸고 갈등이 있었는데, 野村武衛(교육과정개정위원회 위원장)은 계통적인 지식에 토대를 두고 조직된 각 교과를 중등학교에서 가르쳐야 한다고 주장하였다. 그리고 다른 위원들은 "통합하는데 있어서 지리는 통합하되 역사는 공민과 부분적 통합을 한다." 고 주장하기도 하였다. 그러나 CIE 스탭들은 "미국 30개 고교에서 8년간 실험하였던 결과를 토대로 통합 교과의 신설이 단순한 생각이 아니라 심리학적 원리로부터 기인하다"며 통합 교과의 성격을 갖는 사회과의 우위성을 주장하였다(日本民間教育研究團體連絡會 編, 1988: 37-38). 이러한 여러 차례 걸친 논의를 토대로 교과과정개정위원회는 1946년 9월 27일 사회과 도입을 결정하였다. 이어서 1946년 10월 21일 문부성 내에 설치된 사회과 위원회는 사회과의 학습지도요령의 작성에 들어갔으며, 제 7학년부터 10학년까지는 통합 사회과를 두는 것이 적절하며, 일본사를 어디에 둘 것인가의 문제는 계속 연구하기로 결론지었다(片上宗二, 1987. 4: 128 21).

1947년 3월 공포되었던 교육기본법 및 학교교육법은 신교육의 기본방침을 제시하였는데, 5월에 '학습지도요령 사회과 편(Ⅰ) (시안)'에 나타나 9월부터 실시되게 된 것이다. 이 서론에 '사회과 란'의 항에 사회과 설립의 취지가 다음과 같이 기술되어 있다(木下百合子, 船尾日出志 編, 1988: 144-145; 伊東亮三, 1996: 20).

> 이번 새로이 설치된 사회과의 임무는 청소년에게 사회생활을 이해시켜, 그 발전에 힘을 다하는 태도와 능력을 육성하는 것이다. 그리고 이를 위해 청소년의 사회적 경험을 지금까지보다도 더욱 풍부하고 깊게 하여야 한다. (중략)
>
> 사회과는 소위 학문의 계통에 따른 것이 아니라, 청소년의 현실생활의 문제를 중심으로 청소년의 사회적 경험을 널리 깊게 한 것이다. 따라서 이것은 종래의 교과를 한데 모은 것은 아니다. 이 때문에 지금까지의 수신・공민・지리・역사의 교수 모양은 이제는 사회과 중에 볼 수 없는 것이다.

즉, 사회과의 목표는 민주주의와 평화를 목표로 하는 일본을 건설하기 위하여 필요한 인재를 육성한다고 하는 목적의 기초에 아동들을 사회를 구성하는 한 개인의 인간으로서 파악하고, 사회의 질서와 법의 존중, 정보의 수집과 과학적 종합적 판단력 또는 사회적 연대와 상호의존성을 이해시켜 사회의 발전에 공헌하고 책임 있는 행동을 하는 인간의 육성에 있었다. 사회과를 볼 때 시민생활에 필요한 제 기능과 거기서 활동하는 사람들의 대한 이해를 통하여 상호의존 관계를 알게 하는 것이 기본성격으로 되었다.

사회과는 아동 학생의 생활경험으로부터 문제의 소재를 발견하여 그것을 해결하는 학습과정을 기본적인 것으로 출발하였다. 즉, 경험주의에 입각한 문제 해결학습을 기본적 성격으로 갖고 있었다[9]. 이 학습의 사고방법은 사회과뿐만 아니라 제 2차 세계대전 후 교육의 중심 저류를 이루는 사상이었다. 이 의미에서 '바람직한 사회인을 육성한다.'는 학교 교육의 목표와 학습 방법론의 두 측면에 있어서 사회과는 일본의 제 2차 세계대전 후 교육사상의 구현자이며, 동시에 제 2차 세계대전 후 교육의 중심교과로서의 성격을 가진 것이었다.

또한 사회과라는 교과는 종래의 수신・역사・지리라는 교과를 단순히 모은 것이 아니라, 미국 버지니아 플랜[10]을 참고로 하면서, 아동들이 직면하는 일상생활의 제 문제를 자주적인 학습활동에 의해 해결하여(문제해결학습) 그러한 행동을 통하여 사회의 상호의존 관계를 이해시키는 광역 통합 교과로 출발하였다(伊東亮三, 1996: 20).

IV. 결어 : 한국, 일본 사회과 도입의 특성

한국과 일본의 사회과 도입이 미군정 초기에 이루어졌으며, 미국의 영향을 받았다는 사실에서 미국의 대한, 대일 교육정책과 관련하여 한・일 사회과 도입 과정을 살펴보았다. 지금까지의 논의를 바탕으로 한・일 양국에 대한 미군정의 교육정책의 특징, 사회과 도입과정의 특징을 밝혀보면 다음과 같다.

---

9) 사회과가 학문의 계통이나 역사 지리의 계통적 지식의 주입을 거부하고 문제해결학습의 형태를 띠기 때문에 일상 생활의 경험을 중심으로 전개하여 학생들의 기초학력을 저하시켰다는 비판이 제기되었다(伊東亮三, 1996: 23; 佐藤照雄, 佐島群巳, 星村平和 編, 1988: 274-275).

10) 1934년부터 1942년에 걸쳐 버지니아 주 교육위원회가 개발한 연구로서 청소년의 공통욕구와 민주사회의 성원으로서 갖추어야할 인격적 특성을 기초로 한 교육목표를 설정하였다. 민주적 이상과 일치하는 행동 패턴을 지니게 하는 것과 같은, 모든 개인의 최적의 발달을 교육목표로 삼았다(이경섭, 1975: 70). 이 버지니아플랜은 중핵 교과과정(Core-Curriculum)의 전형적인 예로서 사회과는 다른 교과를 포괄, 종합하는 광역교과로서 교육과정 개정운동의 중심으로 기대되었다(山本芳孝, 1980: 221)

첫째 한・일 양국에 대한 미군정 교육정책의 특성이다. 미군정의 교육정책이 미국의 대 동북아 정책의 일환으로 자국 이익의 논리에서 구현되었다는 점에서는 공통점을 갖고 있으나, 일본에 대해서는 철저한 준비를 통해 이루어졌지만, 한국에 대해서는 임시방편적이었다. 즉 일본에 대해서는 1942년부터 점령정책에 대한 본격적인 검토와 함께 관련 전문가를 양성과 교육정책을 수립하고, 미군정 시 교육사절단 구성을 위해 4차례의 인선 단계를 거친데 대해, 한국에 대해서는 거의 백지상태였으며 교육사절단 구성도 일본보다 1년 후에 이루어졌으며 그마저도 5명으로 구성된 것을 보아서도 알 수 있다. 이처럼 미군정은 일본 에 대해 철저히 준비한 것에 비해, 한국의 경우는 사전 연구가 없이 군정에 임했으며, 해방 후의 정치적 혼란을 수습한다는 것을 제 1목적으로 하여, 일제 잔재의 불식과 현상유지를 전제로 당면한 교육문제의 해결방식을 특징으로 하였다. 그리하여 오히려 미국의 영향보다는 일본의 교과과정, 일제하에 교육받은 한국인, 학무국 내의 일본인의 잔존 등의 여러 가지 요인 작용하여 일본적인 교육요소가 일소되지 못하였던 것이다(유봉호, 1992: 287)[11].

둘째, 한・일 양국의 사회과 도입과정에서의 특징이다. 민주주의 국가 건설의 중요한 통로로서 '사회과(Social Studies)'의 등장, 도입에 따른 찬・반 갈등, 교육현장 실천에서의 혼돈 등에서 공통점을 갖고 있었다. 미군정 초기 양국에 대한 교육정책의 기본 방향은 미국의 가치와 제도의 보편성에 대한 강한 신념과 일본 군국주의를 극복하는 가장 효과적인 길은 민주사회를 건설하는 것이라는 신념에 토대를 두고 있었다. 그리하여 이러한 신념의 교육적 실천 교과로서 사회과가 등장한 것이다. 한・일 양국에서 신설되는 사회과에 대하여 관련 학자와 교사들의 논의와 갈등이 있었으며, 특히 교육현장의 실천에서 사회과의 성격과 교수 학습 방법에 대한 혼돈이 문제로 제기되었다. 이러한 혼돈에 대해 한・일 양국의 문교

11) 이런 면에서 이경호의 연구(1998)에서 식민지 조선에서 행해졌던 사회과 교육 실천과 그것이 해방 후 계승된 혹은 부정된 과정에 대한 면밀한 연구의 필요성을 지적하고 있다.

당국자는 전국에 걸친 강습회를 개최하고, 사회과 학습 방법에 대한 교사들의 연구단체와 연수를 적극 지원하였다(심태진, 1946; 海老原治善, 1977: 24).

셋째, 한・일 도입기 사회과의 구조가 갖는 특성이다. 사회과의 교육과정을 미국의 교육과정을 모델로 삼아 도입하였다는 점, 통합 교과로서 출발하였다는 점, 문제해결 중심의 내용 구성 등에서는 공통점이 있으나, 그 구체적인 모습에는 약간의 차이가 있었다. 즉, 교과 구조상으로는 한・일 양국 모두 종래에 각각 독립된 과목이었던 역사, 지리, 공민을 통합하여 사회과를 신설한 것으로 민주시민의 육성에 그 중점을 두고 있는데, 이 세 과목을 단순히 합한 것이 아니라, 학생들의 생활에 관한 흥미・관심을 토대로 사회 생활을 위한 기본적인 지식과 기능을 습득시키기 위하여 통합되고 재구성된 과목이었다(함종규, 1976: 189; 유봉호, 1992: 303; 伊東亮三, 1996: 20; 佐藤照雄 編, 1993: 5-6). 그런데 한국의 초등학교 사회생활과 교수요목은 미국의 콜로라도 주의 8년 과정을 6년으로 단축한 것이었으며, 일본은 중핵 교과과정의 전형전인 예인 버지니아 플랜을 모델로 삼았다. 이에 따라 상대적으로 한국 사회과에 비해 일본 사회과가 보다 더 문제 해결 중심적이며 중핵교과적 성격을 띠고 있었다[12].

넷째, 당시의 한・일 사회과의 교수 방침과 그 내용에서 드러나는 특성이다. 한・일 양국이 공통적으로 민주주의 교육이나 인간의 존엄성을 강조하고 있으나, 한국의 경우에는 민족주의적 성향이 두드러지게 나타난다. 한국의 공민교과서 목차(〈표 1〉)와 일본의 공민교육의 목차(〈표 4〉)를 비교해 보면, 한국의 경우에는 '세종 임금과 한글', '화랑도', '우리 민족성', '우리 겨레의 사명' 등에서 해방된 민족이며 국가 건설기라는 시대적 상황에서 민족주의가 강조되고 있다. 이에

12) 關根明伸(2001.1)은 한국의 초기 사회과가 학생들의 흥미와 관심을 바탕으로 한 생활학습으로 지식 획일주의 교육에서 벗어난 데 대해서는 의의가 있지만, 사회의 모순이나 문제점 등의 본질적인 부분을 주체적으로 탐구하는 문제해결학습까지는 나아가지 않았다고 지적한다. 또 이것을 짧은 기간에 콜로라도 주의 교육과정을 참고로 작성하면서 진지한 연구가 없었다는데서 기인한다고 보고 있다(66-67).

비해 일본의 경우는 경제 영역과 국제 생활(국제 평화)을 다루고 있는데, 이것은 일본의 전체주의로부터 벗어나 세계 평화에 기여하여야 한다는 시대적 요구와 함께 세계 각 지역으로부터 이루어진 연합국의 감시와 지도 아래 이루어진 것이라는 국제성을 반영한 결과인 것이다.

이상으로 한·일 사회과 도입에 영향을 주었던 미군정의 교육정책과 사회과 도입과정에 대해 논의해보고, 그 특성을 살펴보았다. 사회과 교과교육사 연구가 활발하게 진행되지 못하고 있는 우리의 실정에서 사회과 관련 사료의 발굴과 비교 사회과 교육에 대한 앞으로의 연구 성과를 기대하면서, 본 연구와 관련하여 좀 더 보완되어야할 점을 밝혀본다. 미군정 사료의 한국, 일본 관련 부분에 대한 체계적인 비교 연구의 필요성과 콜로라도 주의 교육과정과 버지니아플랜의 상호 비교, 해방을 전후하여 일선 사회과 관련 교사들의 회고록 구술, 교수 학습 지도안의 발굴과 이에 대한 논의가 후속 연구로서 필요할 것이다.

참고문헌

강우철(1977). "한국사회과교육 30년", 한국사회과교육회, 『사회과교육』, 제 10호.

강인순(1984). "미군정기 교육정책에 대한 비판적 고찰," 경남대학교,『논문집』 제11집.

關英子(1987). "미군정하에 있어서 한국인의 교육재건 노력," 阿部洋 編, 『해방후 한국의 교육개혁-미군정기를 중심으로-』, 서울: 한국연구원.

교육계획사절단(1953). "한국의 교육상황 예비조사 보고서," 『새교육』, 제5권 3호.

김용만(1988). "한국 사회과교육의 변천과 전망," 한국사회과교육연구회, 『사회과교육』, 제 21호.

라우터. 백 R(1983). 『한국미군정사』, 국제신문사출판사 옮김, 서울: 돌베개.

馬越 徹(1987). "독립후 한국교육재건과 미국의 교육원조", 阿部洋 編, 『해방후 한국의 교육개혁-미군정기를 중심으로』, 한국연구원.

문교부(1958). 『문교개관』, 문교부.

문교부(1987). 『교육과정』 사회과 · 국사과, 서울: 대한교과서주식회사.

미국무성 비밀외교문서(1984).『해방 3년과 미국 1 미국의 대한정책 1945-1948』, 김국태 옮김, 서울: 돌베개.

박광희(1965). 『한국사회과의 성립과정과 그 변천과정에 관한 일연구』, 서울대학교 대학원 석사학위 논문.

박남수(1999). "초기 사회생활과 교수요목의 편성 논리-저학년에 있어 '자연관찰'의 통합적 편성과 그 실천-, 한국사회과교육연구학회, 『사회과교육, 제 32호.

박상만(1957). 『한국교육사』, 대한교육연합회, 1957.

박은묵(1982). "제 2차세계대전 이후 한국교육의 역사적 의미-1945년에서 1959년-," 교육사연구회, 『한국교육사학』, 제 4집.

성내운(1983). "분단시대 교육이념의 변천과정," 『교육과 사회』, 서울: 민중사.

손인수(1991). 『한국교육사상사』 V,VI, 서울: 문음사

손인수(1992). 미군정과 교육정책, 한국사회학연구소.

심태진(1955). "갑오년의 회고-우리교육계의 걸어온 길," 『교육문화』, 제 3권 1호.
심태진(1963). "한국 새교육운동의 발자취," 『새교육』, 100호 특집.
심태진(1971). 『교육단상』, 서울: 대한공론사.
阿部 洋 編(1987). 『해방후 한국의 교육개혁-미군정기를 중심으로』, 서울: 한국연구원.
안상원(1982). 『한국교육 2000년사』, 서울: 한국청년문화연구회.
역사문제연구소(1989). 『해방 3년사 연구입문』, 서울: 까치.
오영태(1984). 『사회과교육』, 서울: 교학연구사.
오준영(1948). 『사회생활 교육원론』, 서울: 동방문화사.
유봉호(1992). 『한국교육과정사 연구』, 서울: 교학연구사.
이경섭(1975). "미국에서의 교육과정구성이론의 발전," 『교육과정연구』, 제 2집.
이경호(1988). "미일사회과 성립배경 및 그 논리에 관한 연구", 한국사회과교육학회, 『시민교육연구』, 제 27집.
이광호(1990). "미군정의 교육정책," 강만길 외,『해방전후사의 인식 2』, 서울:. 한길사.
이상선(1946). 『사회생활과의 이론과 실제』, 서울: 금룡도서문구 주식회사.
이상준 편역(1990). 『현대일본 보수혁신대립 투쟁사』, 서울: 민맥.
이종일(2001). "미국사회과 성립변천에 대한 지식사회학적 접근", 한국사회과교육연구학회, 『사회과교육』, 제 34호.
이진석(1992). "해방후 한국사회과의 성립과정과 그 성격에 관한 연구", 서울대학교 대학원 박사학위 논문.
이영기, 김태영(1979). "일반사회교육의 변천과 과제," 서울대학교 사범대학, 『사대논총』, 제 20집.
이찬(1971). "사회과교육의 도입과 변천과정 및 전망," 한국사회과연구회, 『사회과교육』, 제5집.
이태근(1979). 『사회과교수법』, 서울: 교학사.
일월서각 編(1986). 미군정 정보보고서 (G-2 Report) 서울: 일월서각.
조선일보사(1985).『사료 해방 40년』, 월간조선 85년 신년호.

정미숙(1989). "초기 한국 문교정책의 교육이념 구성에 관한 교육사회학적 분석,『분단시대의 한국교육』, 서울: 푸른나무.

정영수 · 한만길 · 나정(1985).『한국교육정책의 이념』, 서울: 한국교육개발원.

정영수(1988). "해방후 외래 교육사조 수용에 관한 비판적 고찰", 한국교육개발원,『한국교육』, 제 5권 1호.

정태수(1988). "미군정기 한국교육행정의 기구와 요원의 연구-미군 측 사료를 중심으로-,"『교육행정학 연구』,Vol. 6, No. 1.

정태수(1992).『미군정기 한국교육사자료집(상)』(1945-1948), 서울: 홍지원.

중앙교육연구소 20년지 편찬위원회(1973).『중앙교육연구소 20년지』.

중앙대학교 부설 한국교육문제연구소(1974).『문교사 (1945-1973)』,서울: 삼화인쇄 주식회사.

진덕규(1985). "미군정초기의 미국의 대한 점령정책,"『해방 40년의 재인식』, 서울: 돌베개.

차기벽(1990).『민족주의 원론』, 서울: 한길사.

차경수(2002).『현대의 사회과교육』, 서울: 학문사.

최원형(1987). "미군정기의 교육과정 개혁," 김기석 編,『교육사회학탐구』, 서울: 교육과학사.

최양호(1992). "일제하 한국에 있어서의 초등교육과정 연구,"『역사교육연구』, 최양호 교장 정년퇴임 기념논문집, 서울: 청년문화사.

최용규(1993). "한국사회과에서의 민족의식 교육", 한국교원대학교 대학원 박사학위 논문.

최용규(1996). "초기 사회과 시대의 '단원학습'에 대한 이해와 실천", 한국교원대학교 사회과교육연구회,『사회과교육연구』, 제 3호.

최용규(2001). "사회과교육사 연구의 동향과 과제", 한국교원대학교 사회과교육연구회,『사회과교육연구』, 제 8호.

케네스 B. 파일. 박영신 외역(1986),『근대일본의 사회사』, 서울: 현상과 인식.

한국교육10년사간행회 編(1960).『한국교육 10년사』, 서울: 풍문사.

한국법제연구회 編(1971).『미군정법령총람』, 한국법제연구회.

한기언(1960).『사회생활과교육』, 서울: 재동문화사.

한우근(1992). 『한국통사』, 서울: 을유문화사.

함종규(1976). 『한국 교육과정 변천사연구』, 서울: 숙명여자대학교 출판부.

함종규(1984). 『미군정 시대의 교육과 교과과정』, 한국교육개발원.

허현(1946). 『사회생활해설』, 서울: 제일출판사.

Choe Byung-Sook(1971). "The Impact of the Government Policy on the Development of Education in the First Republic of Korea,1948-1960," Unpublished doctoral dissertation, The University of Pittsburgh.

Cummings. B.(1984)."American Policy and Korean Liberation," Frank Baldwin ed., *Without Parallel: The American-Korean Relationship Since 1945*, New York: Pantheon. (사계절 편집부 역, 『한국현대사』,서울: 사계절)

Cummings,B.(1986). *The Origins of Korean War: Liberation and Emergence of Separate Regimes*, 1945-1947,Princeton University Press,1981. (김주환 역, 『한국전쟁의 기원』 상 · 하, 서울: 청사)

Fraser D.M.(ed.)(1969). *Social Studies Curriculum Development: Prospect and Problems*, National Council for Social Studies, 39th Yearbook.

Jarolimek,John(1981)."The Social Studies: An overview," *The Social Studies*, National Society for the Study of Education,80th Yearbook.

Kim Dong-Koo(1984). "American Influence on Educational Thought During The Period of U. S. Military Government,1945-1948," Unpublished doctoral dissertation, The University of Connecticut.

Nam Byung-Hun(1962). "Educational Reorganization in Korea under the U. S. Army Military Government, 1945-1948," Unpublished doctoral dissertation, The University of Pittsburgh.

Toshio Nishi(1982). *Unconditional Democracy :Education and Politics in Occupied Japan 1945-1952*, Hoover Press Publication 244.

谷口雅子(1988). "社會科教育による子どもの發達", 福岡大學紀要, 第 37號, 第 21分册.

關根明伸(2001.1). "韓國における社會生活科の教科的 特質-美軍政期 教授要目の 分析よ中心に-", 東北教育學會, 東北教育學會研究紀要, 第 4号.

熊谷一乘(1992).『公民科教育』, 東京: 學文社.

木下百合子. 船尾日出志 編 (1988), 社會科教育論, 東京: 東信堂.

鈴木英一(1985).『日本占領と教育改革』, 東京: 勁草書房.

社會認識教育學會 編(1989).『社會科教育の 理論』, 東京: ぎょうせい.

山本芳孝(1980)."アメリカ社會科と日本の社會科," 歡喜隆司 編,『社會科教育の理論と展開』, 東京: 第一法規.

森谷宏幸, 谷口雅子(1980). "戰後社會科三十年の歷史的展開と現狀," 歡喜隆司 編,『社會科教育の 理論と展開』, 東京: 第一法規.

船山謙次(1971).『戰後日本教育論爭史』, 東京: 東洋館出版社.

歷史學研究會(1980).『アジア現代史』IV, 東京: 青木.

永井滋郎 外編(1987). 社會科教育學, 東京: ミネルヴァ書房.

伊東亮三(1984.1). "昭和 20年代の社會科,"『社會科教育』, 東京:明治圖書

伊東亮三(1996).『社會科教育學』, 東京: 福村出版

日本民間教育研究團體連絡會 編(1988).『社會科の歷史』(上),東京: 民衆社.

佐藤照雄 編(1997).『社會科教育-課題と方法』, 東京: 建帛社.

佐藤照雄. 佐島群巳, 星村平和 編(1988).『社會科教育の理論と實踐』, 東京: 東洋館出版社.

教育の戰後史編輯委員會(1986).『戰後教育改革とその崩壞への道』, 東京: 三一書房.

土持ゲ-リ-.法一(1985.6). "美國對獨教育使節團の 成立過程-第一次美國對日教育使節團との比較考察-,"『教育學研究』,第52卷 第2號.

片上宗二(1979). "社會科誕生の經緯," 浜田・上田 編,『社會科教育の理論と構造』,東京: 學習研究社.

海老原治善(1977).『民主教育實踐史』, 東京: 三省堂.

지은이 이 진 석

서울대학교 사범대학 사회교육과를 졸업하고, 동 대학원에서 사회교육학 석사와 박사를 받았다. 서울 용산고, 잠실고 교사로 근무했으며, 서울대, 강원대 등에서 강사를 지냈다. 1996년부터 부산대학교 일반사회교육과 교수로 재직 중이다. 2003년부터 2005년까지는 학술진흥재단의 지원으로 '동남아시아의 한국 문화 확산과정'을 연구하였다. 호주 뉴사우스웨일즈 대학에서 다문화 교육을 연구 주제로 한 객원교수와 한국사회과교육학회장을 역임했다.
주요 논문으로는 「초기 사회과에서 문제해결 학습의 전개와 의미」, 「신사회과가 우리나라 사회과 교육과정에 끼친 영향에 대한 연구」, 「한국과 일본의 미군정 초기 교육정책과 사회과 도입에 관한 연구」, 「동남아시아 지역 한국 문화 수용과 확산과정의 지속화를 위한 전략으로서의 다문화교육 모형 개발과 그 적용에 대한 연구」, 「다문화 가정 중도 입국 청소년들의 시민성 탐색」등이 있다. 사회과 교육사와 다문화 교육 및 동남아 지역 연구를 계속하고 있다.

한국사회과의 성립과정과 그 성격
-한국민족주의 지향성과 관련하여-

초판 1쇄 인쇄 2015년 8월 25일
초판 1쇄 발행 2015년 8월 31일

저 자 이 진 석

발 행 인 김 기 섭
펴 낸 곳 부산대학교 출판부
주소-부산광역시 금정구 부산대학로 63번길2(장전동)
전화-(051) 510-1932~3
전송-(051) 512-7812
등록-제카 11-2 1992. 9. 10.

* 잘못된 책은 구입처에서 교환해 드립니다.

값 14,000원

ISBN 978-89-7316-504-9 93370